BEFREITE
SEELEN

Joachim Frössing 1996

BEFREITE SEELEN

DIE KATHARER IN SÜDFRANKREICH

HANS-GEORG DEGGAU

DUMONT

Umschlagvorderseite: Der tschechische Kirchenreformer Jan Hus wird als Ketzer auf dem Scheiterhaufen hingerichtet (6. Juli 1415). Holzschnitt, koloriert, von Martin Schön. Aus: Jan Hus und Hieronimus von Prag, Historia et monumenta (Gesamtausgabe), Nürnberg 1558.
Frontispiz: Die Burg Montségur, Südfrankreich

Die Deutsche Bibliothek – CIP-Einheitsaufnahme
Deggau, Hans-Georg:
Befreite Seelen: die Katharer in Südfrankreich / Hans-Georg Deggau. – Köln : DuMont, 1995
ISBN 3-7701-3429-X

Erstveröffentlichung

Druck : Rasch, Bramsche
Buchbinderische Verarbeitung: Bramscher Buchbinder Betriebe

Printed in Germany ISBN 3-7701-3429-X

Inhalt

Einleitung

Die Burgen. Meisterhaft auf einem steilen Felsenfinger errichtet; in den Himmel ragend, ohne ihn zu stürmen; so gebaut, daß sie nicht als Bauwerke zu erkennen sind – wie etwas Quéribus – oder längs eines Felsgrates hingeordnet, als sei die Burg aus dem steinigen Grunde herausgewachsen wie Peyrepertuse. Einsamkeit. Allein mit dem Himmel. Felsen und schwindelnder Himmelsblick. Ungesicherte Abgründe und Abstürze. Welt-

1 Die Burg Quéribus

isolierung, spektakulär und natürlich. Ausgeliefert sein und zugleich gerettet. Teufelswind und erlösende Sonne. So vermitteln diese Burgen eine Erfahrung von spiritueller Existenz, die sonst wohl schwerlich in solcher Intensität erfahrbar ist. Noch heute sind sie nicht ohne Anstrengung, da nur zu Fuß, zu erreichen.

Wir stoßen auf Abkehr, Weltflucht und Welternst, entdecken kein Element von Verspieltheit, von Schönheit. Ohne Leichtigkeit und ohne Abstand. Kein Glücksspiel und keine Liebeshändel sind hier vorstellbar – obwohl sich diese Plätze unserem romantischen Blick dafür gerade anzubieten scheinen. Reine Spiritualität, Geistigkeit, Konzentration ohne Ablenkung. Für uns heute nur erfahrbar als Abenteuer, oder ahnen wir hier etwas von einem Anderen? Von dem, um das es den Katharern als Bewohnern dieser Burgen ging? Denn hier haben wir die einzigen erhaltenen Lebenszeugnisse – steinerne Quellen, Vergegenständlichungen einer Religion, sei sie christlich-abendländisch gewesen oder nicht. Die Unterschiede zerstieben hier im pfeifenden Wind, in der Nässe des Nebels oder der Unwirtlichkeit des glühenden Gesteins. Diese kraftvollen Burgen sagen uns viel über die Katharer, wenn wir nur aufmerksam hinhören. In ihrem beseelten Stein erinnern sie an die Ausdruckskraft und Dichte mancher romanischen Kirche.

Und doch waren sie auch militärische Anlagen, die das Herz eines Burggrafen höher schlagen lassen konnten. Sie wurden gerühmt als uneinnehmbar. »Zitadellen des Schwindels« (Roquebert), die jeden Angreifer verzagen ließen. Einem organisierten militärischen Kampf gegen die Kreuzritter der katholischen Kirche haben sie jedoch kaum gedient. Sie bieten einen kämpferischen Anblick, dem kaum jemals ein militärischer Impuls entsprochen haben dürfte. So ist es ein anderer Kampf, der hier gekämpft wurde und von dem diese Ruinen uns berichten? Ist die militärische Perspektive, so naheliegend sie sein mag, vielleicht unangemessen?

Nur schwerlich können wir uns in das damaligen Leben auf diesen Felsennestern versetzen, ist unser Wissen über die Katharer doch spärlich. Die Intensität der Burgen aber lehrt uns etwas anderes. Sie verraten uns etwas, das mir für die Katharer zentral zu sein scheint, nämlich die Tiefe ihrer Suche in Weltferne und Abgeschiedenheit. Also das, was heute wieder viele suchen. Sollten wir nicht jedem, den die Katharer locken, dazu raten, dort oben still ein oder zwei Nächte zu verbringen?

Unsere Erfahrung mit den Burgen im gleißenden Licht des Roussillon sind für sich aber unabgeschlossen, erklären nichts, bleiben grundlos, beantworten keine Fragen. Was haben sie mit uns zu tun? Kein neues Bauwerk kann so singen, beseelen, furchterregend sein, unheimlich oder beglückend. Gewiß also findet sich in diesen alten Gemäuern etwas Modernes. Etwas Modernes, das den modernen Menschen fehlt, weil es verschwunden ist, und dessen Abwesenheit sie spüren. Aber sie wissen nicht, wo sie finden sollen, was sie suchen. Deshalb geht der Blick bei vielen nicht mehr nach vorne in die Zukunft, sondern zurück in die Vergangenheit.

Eine Rückschau in die Vergangenheit darf sich aber nicht nur auf ihre oft trügerische Intuition verlassen, sondern muß vor allem sich an dem orientieren, was wir wissen. Sie kann deshalb auf die historische Information und Reflexion nicht verzichten. In diesem Prozeß geht es letztlich um einen Vorgang der Vergewisserung der eigenen Identität in einem Anderen, Fremden und Fernen. Denn zielt nicht all unsere Beschäftigung mit der Vergangenheit auf uns selbst und unsere Gegenwart – und sei es in der Form ihrer Verdrängung oder einer Flucht aus der modernen Bedrängnis?

Was ist also damals passiert? Oder besser: Was ist unserer Ansicht nach passiert? Die Katharer tauchten auf, lebten und vergingen. Sie vergingen, weil sie als Ketzer von der römischen Kirche mit allen Mitteln bekämpft wurden und ihnen die (Über-)Lebenskraft fehlte. Wie aber wurden aus Katholiken Ketzer, aus kirchentreuen kirchenfeindliche Bürger und Bauern? Und was bedeutet dabei »Ketzer«?

Ich möchte plausibel machen, wie sich diese »Ketzerei« der Katharer bilden konnte, und aus welchen Gründen sie dann wieder verschwand. Es zeigt sich dann, daß ›der Ketzer‹ keine feste Größe ist, sondern sich entwickelt, verschiedene Formen annimmt und in seiner Gestalt von politischen und anderen Faktoren abhängt. Er ist keine Gegebenheit, sondern das Ergebnis eines Prozesses. Wir werden sehen, daß dieselbe Ansicht einmal vom Papst gelobt, dann wieder als häretisch verworfen wird. Die »Ketzer« sind nicht an sich ketzerisch, sie werden es erst als Ergebnis des Prozesses der Verketzerung. Dieser Vorgang wurde in hohem Maße von der Kirche gesteuert, die Verketzerung somit von ihr erzeugt.

Es fand – modern ausgedrückt – ein Kommunikationsprozeß statt, in dem manches nicht gedacht und nicht gesagt werden durfte, der also ›Filterinstanzen‹ einbaute und bestimmte Meinungen ausschloß. Dieser Ausschließungsprozeß brachte die »Ketzerei« zum großen Teil erst hervor. Mit dem Zwang zur Orthodoxie, die Gedanken- und Kommunikationsfreiheit stark einengte, hatte sich die Kirche ein außerordentliches Druckmittel geschaffen. Sie erzeugte eine Art ›religious correctness‹, deren Verletzung mit dem Tod bestraft werden konnte. Es entwickelten sich Methoden, die wir heute polizeiwissenschaftlich nennen würden und die das gesellschaftliche Klima bestimmten – Methoden, die auch noch in diesem Jahrhundert funktionieren.

Eine alte Erfahrung: Die Häresie widerspricht der Orthodoxie; die Abweichler denken und leben anders als der ›mainstream‹. Es prallen zwei Meinungen, zwei Weltsichten aufeinander, die sich nicht vertragen. Beide halten sich für Träger der Wahrheit und Bringer des Heils. Sie haben unterschiedliche Vorstellungen von der Wirklichkeit. Als Folge gibt es zwei Wirklichkeiten. Für den Außenstehenden ist keine von beiden ›wirklicher‹ als die andere. Es fragt sich jedoch: Welche ist stärker? Bei der Beantwortung dieser Frage bilden die Katharer keine Ausnahme von der Regel: Von Anfang an gab es eine starke Asymmetrie der Machtverteilung. Aber mußten die Konflikte gewalttätig ausgetragen werden?

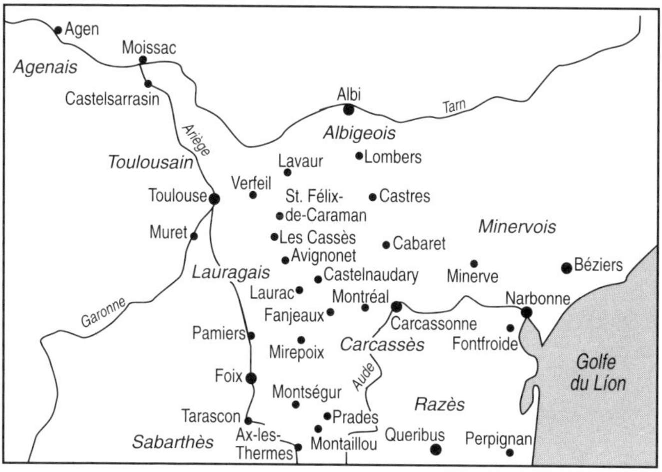

Die Schauplätze des okzitanischen Katharismus 12.-14. Jh.

Heute bewegen uns ähnliche Probleme. Nur können wir sie nicht gut erkennen, weil wir ihnen zu nahe sind. Der Abstand ist zu gering und Selbstbeobachtung daher schwierig. Anders können wir auf die Entfernung sehen, weil wir weniger in die Geschehnisse involviert sind. Und die Katharer sind recht weit entfernt. Nehmen wir ernst, was sich damals abgespielt hat, dann könnte das unsere siegessichere Miene in punkto Fortschritt und Technik etwas in Verlegenheit bringen und dasjenige relativieren, was wir für Wahrheit und Wirklichkeit halten.

Darüber hinaus zeigen diese Ketzer – wie übrigens auch die Mönche – Wege zur Distanznahme gegenüber der Welt. Zwar sind diese Lebensweisen heute im einzelnen nicht mehr praktikabel, aber sollten wir sie nicht als Erfahrungen für die Gegenwart reflektieren? Denn ist es nicht dieses Defizit an inneren Möglichkeiten, an dem viele trotz weltweiter äußerer Möglichkeiten leiden? Und das manche mit erstaunlichem Ernst durch Esoterik auszugleichen versuchen?

Die Katharer selbst können uns nichts mehr dazu sagen. Sie sind schon lange verschwunden. Aber unsere Beschäftigung mit ihren Problemen kann uns neue Dimensionen eröffnen und uns einiges über uns selbst sagen. Denn das einzige, was uns an der Vergangenheit interessiert, sind wir oft selbst.

Ich habe Dankesschulden abzutragen. Viel verdanke ich der sensiblen und scharfsinnigen Lektüre von Anke Kirchhoff, der dieser Text bei ihrer Suche nach dem Glück nicht helfen konnte. Michael Meppiel führte einen unerbittlichen Kreuzzug gegen Unklarheiten, Irrungen und Überflüssiges – mit Erfolg, wie ich hoffe. Christoph Hennigs kritische Durchdringung des Manuskripts förderte viele Schwächen zutage, zumal er konsequent auf Lesbarkeit bestand. Peter Beyer schließlich sprang vom Pferd und begab sich furchtlos mit kritischem Blick und Stift ins Labyrinth des ketzerischen Mittelalters.

Wir, die Armen Christi
Die Katharer treten auf

Bernhard von Clairvaux, der berühmteste aller Zisterzienser, sah sich zu Beginn der 40er Jahre des 12. Jh. genötigt, einen Predigtzug in das Gebiet des Grafen von Toulouse zu unternehmen, um die ketzerischen Anhänger von Heinrich dem Mönch zu bekämpfen. Um diese Zeit erreicht ihn ein Brief mit der Nachricht von einer weiteren, bis dahin unbekannten Ketzerei aus Köln. Diese Gruppe habe keinen Namen, wie Bernhard beunruhigt bemerkt. Wir können aber sicher sein, daß wir es hier mit den ersten Katharern zu tun haben, über die die Quellen berichten. Den Brief hatte der Probst der Prämonstratenserabtei von Steinfeld, Everwin, an Bernhard geschrieben. Er ist uns erhalten geblieben. Everwin fragt seinen großen Meister Bernhard darin um Rat, wie man mit diesen Ketzern umgehen solle. Denn er sei im Umgang mit »diesen so zahlreichen Monstern (...) unerfahren und dumm«.

Unbefangen und von den Ereignissen betroffen schildert Everwin diese neuen Ketzer. Er benennt viele Elemente, die die Lehre und das Leben der Katharer auszeichnen und die sich nicht in den alten Ketzerkatalogen finden. Der Probst schreibt:

»Hier in der Nähe von Köln sind kürzlich einige Häretiker entdeckt worden ... Zwei von ihnen – ein Mann, den sie ihren

2 Der heilige Bernhard predigt den zweiten Kreuzzug vor dem französischen König Ludwig VII. in Vézelay 1146. Um 1490. Paris, Bibliothèque Nationale, Ms. Fr. 5594, fol. 138.

Bischof nannten, und sein Assistent – ... verteidigten ihre Ketzerei mit den Worten Christi und des Apostel Paulus. ... (Das Verfahren wird auf ihre Bitte vertagt.) In dieser Zeit wurden diese Leute gegen unseren Willen vom Volk ... ergriffen, ins Feuer geworfen und verbrannt ...

Das ist die häretische Lehre dieser Menschen: Sie sagen, daß nur sie die Kirche seien, da nur sie Christus wirklich nachfolgten. Sie fahren fort, daß sie die wahren Nachfolger des apostolischen Lebens seien und nach nichts suchten, was die Welt bieten könne. ›Ihr aber‹, so sagen sie zu uns, ›fügt Haus zu Haus, Feld zu Feld und sucht die Dinge, die von dieser Welt sind.‹

Über sich selbst sagen sie: ›Wir, die Armen Christi, ... werden verfolgt wie die Apostel und die Märtyrer, obwohl wir ein äußerst strenges und heiliges Leben führen ... Wir erdulden dies, weil wir nicht von dieser Welt sind. Aber ihr, die ihr diese Welt liebt, lebt auch im Frieden mit ihr, weil ihr von dieser Welt seid. Falsche Apostel, verunreinigt ihr das Wort Christi. ...‹

Ihre Nahrungsvorschriften verbieten den Genuß jeder Art von Milch und von allem, was daraus hergestellt ist, und auch von allem, was aus Zeugung hervorgegangen ist ... Ihre Sakramente halten sie geheim ... Sie konsekrieren ihr Essen und Trinken durch das Vaterunser und verwandeln es dadurch in Leib und Blut Christi ... Sie taufen und sind getauft im Feuer und im Geist ... Wer von ihnen die Taufe empfangen hat, den nennen sie ›Erwählten‹, und sagen, daß er die Macht habe, andere zu taufen, die es wert sind, und den Leib und das Blut Christi bei Tisch zu konsekrieren. Durch die Handauflegung wird man aus dem Rang eines, den sie ›auditor‹ nennen, in die Reihen der ›Gläubigen‹ aufgenommen. So erhält man die Erlaubnis, an allen Predigten teilzunehmen, bis sie ihn für hinreichend erprobt halten, um aus ihm einen ›Erwählten‹ zu machen ...

Diejenigen von ihnen, die in den Schoß der Kirche zurückgekehrt sind, haben uns auch erzählt, daß eine große Zahl ihrer Anhänger über die ganze Welt verstreut sei, unter denen sich auch viele unserer Kleriker und Mönche befänden. Die Verbrannten haben uns während des Verhörs auch berichtet, daß sich diese Häresie von den Tagen der Märtyrer bis heute verborgen gehalten und in Griechenland und in gewissen anderen Ländern fortbestanden habe ... Diese Apostolischen des Satans ha-

3 Zwei hoffende Seelen im Fegefeuer. Niederländisches Stundenbuch. Utrecht, um 1430. Zürich, Zentralbibliothek. Ms. C 142.

ben Frauen unter sich, die Enthaltsamkeit gelobt haben, wie sie sagen: Witwen, Jungfrauen und ihre Ehefrauen, einige von ihnen als Erwählte, andere als Gläubige ...« (Wakefield/Evans, S. 128-132).

Was Everwin gänzlich unverständlich war und ihn bestürzte, war der unerschütterliche Glaube dieser Ketzer, die den Scheiterhaufen nicht nur klaglos, sondern offenbar freudig erklommen und auch angesichts des drohenden Feuers nicht daran dachten abzuschwören. Diese Lehre mußte eine außergewöhnliche Anziehungs- und Überzeugungskraft besitzen.

Auch Bernhard war von dieser Bewegung beunruhigt. Sie war anders als die bisherigen Ketzergruppen. Sie hatte kein Oberhaupt, nach dem sie sich benannte, und war offenbar anders einzuordnen als der sonst gewohnte lockere Zusammenhang von Anhängern eines Ketzerführers. Sie tauchte plötzlich auf als eine anonyme, nicht durch ihren Stifter ausgezeichnete Gruppe. Sie hatte, so schien es, eine eigene Organisation und eine nicht unerhebliche Anhängerschaft. Der Bericht Everwins stellt in kurzer Form eine Aufzählung der wesentlichen Merkmale dieser nur schwer faßbaren Sekte dar. Anders als bei anderen kann man ihren Wirkungsbereich nicht klar erkennen. Sie scheint über viele Länder verstreut zu sein. Ihre Organisation wird von »Erwählten« geleitet. Erschreckend ist für die Mönche auch, daß es ihr bisher offensichtlich gelungen war, im geheimen zu wirken und Anhänger zu gewinnen, ohne daß die Kirche es gemerkt hätte. Von ihrer dualistischen Theologie ist keine Rede, wohl aber von ihrem christlichen Anspruch: Sie machen geltend, die einzig wahre Kirche zu sein, »nicht von dieser Welt«, und sich auf den Spuren des Erlösers und der Apostel zu bewegen.

Dieser christliche Anspruch wird erhärtet durch ihre Lebensweise, die sich ganz an den Vorschriften des Evangeliums orientiert, durch ihre strenge, harte Zucht und am eindrücklichsten durch ihren unbezwinglichen Glauben, der auch vor dem lodernden Scheiterhaufen nichts von seiner Begeisterung verliert

– eine Haltung, die »sogar nur schwerlich unter Männern gefunden werden kann, die ihr Leben in höchstem Maße dem Glauben an Christus geweiht« haben, wie Everwin schreibt. Sie bezeichnen sich selbst als »Arme Christi«. Angesichts ihrer Lebensweise und ihrer Überzeugungen ist das schwer zu widerlegen. Ihre hohen Ideale werden von ihnen offensichtlich verwirklicht.

Von ihrer Lehre hören wir kaum etwas, da sie auch für die Katharer selbst nicht von herausragender Bedeutung ist. Das Gewicht liegt ganz auf der Lebensweise, auf der Nachfolge Christi, auf der *vita apostolica*, auf Armut, auf Askese, auf Weltabwendung. Das Wenige, das von ihren Riten überliefert ist, beinhaltet jedoch Wesentliches: die Geisttaufe und die Handauflegung, also Elemente apostolischer Praxis.

Wie aber konnten sie sich so unerkannt ausbreiten und immer neue Anhänger gewinnen? Zumal ihre weitere Expansion außerordentlich ist. Fest steht, daß sie kurz nach ihrem Auftreten in Köln, also im Jahre 1143, auch in Lüttich und wohl auch in der Champagne erscheinen. 1147 finden wir sie im Périgord. Ganz Südfrankreich wird in Windeseile von ihrer Bewegung erfaßt. Die mit der Ketzerei vertrauten Südfranzosen, vermutlich auch viele Anhänger von Heinrich dem Mönch, wenden sich ihr zu. Aber sie bleiben nicht auf den Raum zwischen Rhein und Pyrenäen beschränkt.

Die Bewegung ergreift auch Italien, vor allem die Lombardei, dann die Toskana und reicht bis nach Neapel. Auch in Deutschland fassen diese Ketzer Fuß. In Köln gewinnen sie nach ihrem ersten Auftreten zahlreiche Anhänger und gründen sogar Schulen. 1163 werden hier viele von ihnen verbrannt. Nur in England gelingt die Mission nicht. Ihre Bemühungen finden in der Bevölkerung keinen Anklang. Die Gruppe wird verhaftet, abgeurteilt und vom König ohne Erbarmen dem Tod überantwortet.

In Deutschland nennt man sie *cathari*, Katharer, das heißt »Reine«. Die Herkunft ihres Namens ist aber nicht ganz geklärt. Vermutlich geht er tatsächlich auf die griechische Be-

4 Incipit des Matthäusevangeliums. *Codex aureus* von Sankt Emmeram. Ende des 9.Jh. fol. 16 v. München, Bayerische Staatsbibliothek. Clm 14000.

zeichnung *katharoi*, »Reine«, zurück. Deshalb ist es möglicherweise eine bewußt herabsetzende Wortableitung des katholischen Gegners, wenn Alanus ab Insulis meint, sie hießen Ketzer nach der Katze: »Denn sie heißen Katharer nach der Katze, weil sie, wie man sagt, den Hintern der Katze küssen, in welcher Gestalt ihnen der Teufel erscheint«. Danach wäre das Wort aus der Unterstellung solcher kätzischen, dann ketzerischen Praktiken hervorgegangen.

Ihr Mißerfolg in England verhindert jedoch nicht ihren weiteren Siegeszug in Südfrankreich. Hier waren sie fast heimisch geworden und hatten es verstanden, wesentliche Teile der Bevölkerung wenn nicht zu überzeugen, so doch in ihren Bannkreis zu ziehen. Wie war das möglich gewesen? Die Gründe, die angeführt werden, sind umstritten. Die Wissenschaft ist sich nicht einig. Wir wollen trotzdem versuchen, einige Bedingungen des Erfolges der Katharer zu skizzieren.

Um die Mitte des 12. Jh. lag das Schwergewicht ihrer Tätigkeit und vor allem auch ihrer Selbstdarstellung sowie ihres Selbstverständnisses auf religiösen Aktivitäten. Sie fügten sich insofern gut in die damaligen inner- und außerkirchlichen Strömungen ein. Ohne Widerspruch zu ihrer Lebenspraxis konnten sie behaupten, daß sie die wahren Christen seien, in der Nachfolge des Herren stünden und das richtige Schriftverständnis hätten. Das apostolische Leben nach dem Evangelium – ein wichtiges Kriterium zur Beurteilung der katholischen Kirche – war auch Maßstab für die Wahrhaftigkeit dieser Gruppierungen. Sie argumentierten geschickt und wiesen mit kritischem Gestus auf die Bischöfe hin, »die weißleuchtende Kleider tragen und an den Fingern edelsteinbesetzte Ringe führen: Das hat Jesus ihnen nicht befohlen!« Insofern trafen sie einen Nerv der Zeit.

Das Languedoc ist im 12. Jh. ein Treffpunkt ganz unterschiedlicher gedanklicher Strömungen, vor allem aus dem Osten. Der Boden ist hier für die Aufnahme östlichen Gedankengutes gut vorbereitet. Schon die alten Legenden der Provence erzählen zum Beispiel, daß die heiligen Marien, die in Saintes-Maries-de-la-Mer an Land gegangen sein sollen, direkt aus dem Heiligen Land kamen. Viele andere Märtyrer und Heilige des Südens »waren Missionare des orientalischen Christentums« (Baier, S. 44). Auch zirkulieren apokryphe, inoffizielle alte Texte wie die *Vision des Jesaia* schon lange in diesen Gegenden.

Die frühe jüdische Kabbala entwickelt sich im Languedoc. Denn »im 12./13. Jh. war Südfrankreich Schauplatz einer geradezu einzigartigen religiösen Gärung, aus der die großen dualistisch-häretischen Bewegungen der Katharer bzw. Albigenser und im Judentum die Kabbalah hervorgingen, auch wenn eine direkte Beziehung zwischen diesen Strömungen nicht für die Entstehung der einen oder anderen verantwortlich gemacht werden kann« (Maier, S. 336). Es gibt gewisse gemeinsame Elemente oder Ähnlichkeiten der jüdischen und der katharischen Spekulation, auch wenn ihre Voraussetzungen, Anliegen und Absichten sehr unterschiedlich sind. Beide haben einen esoterischen Zug, der bei den frühen Kabbalisten stark ausgeprägt ist und kosmologische Spekulationen einschließt. Sie gehen beide dem Problem des Bösen nach und halten die Askese hoch. Die Ideen einer Wanderung der Seelen und eines unmit-

5 Europäische Ritter auf dem Marsch. Ms. Hrabanus Maurus, Monte Cassion.

telbaren Kontaktes zwischen dem Reinen und seinem Gott deuten eine gewisse spekulative Nähe zueinander an.

Allerdings ist das Languedoc kein traditionelles Ketzerland, in dem sich schon im 11. Jh. eine ausgeprägte Ketzerei bemerkbar gemacht hätte. Der Aufruf des Papstes zum ersten Kreuzzug findet unter den Rittern Südfrankreichs nicht weniger Widerhall als im Norden. Und auch die Geschichte der Katharer zeigt deutlich, daß sie hier kein leichtes Spiel hatten, auch wenn sich ihre Anhängerschaft als überdurchschnittlich groß erwies. Trotzdem gilt, daß sie sich im Languedoc relativ ungestört ausbreiten, ja öffentliche theologische »Turniere« mit katholischen Würdenträgern abhalten konnten. Wir werden uns einen solchen Fall gleich genauer anschauen.

Die oft zitierte südliche Kultur und die vielfach behauptete freie Entwicklung des Midi sind kaum zur Erklärung geeignet. Der Süden hinkte in einigem hinter dem Norden her. Bildung und Ausbildung wurden hier nicht besonders gepflegt. Die

Schulen des Nordens und die Bildung der Franzosen genossen einen hohen Ruf. Die Verhältnisse lagen nicht so, daß der Süden diesen Vorsprung ohne weiteres hätte aufholen können. Die zweite Hälfte des 12. Jh. sah unaufhörliche Kriege und Fehden, die das Land zerrissen und der kulturellen Entwicklung sehr abträglich waren. Der Gottesfrieden, ein kirchlicher Versuch der Bekämpfung und Zähmung der adeligen Aggression, setzte sich im Süden kaum durch.

Außer diesen geistesgeschichtlichen Bedingungen waren die politische und wirtschaftliche Lage sowie ein gewisser Antiklerikalismus besonders des Adels im südlichen Frankreich für den katharischen Erfolg ausschlaggebend. Die Lage des niederen Adels kann man nur als schlecht bezeichnen. Durch Erbteilung waren den Nachkommen immer kleinere Erbschaften überkommen, die sie nicht mehr ernähren und tragen konnten. Der niedere Adel geriet dadurch in eine dauernde wirtschaftliche Krise. Seine Witwen und Töchter, für die sich kein Heiratsgut mehr auftreiben ließ, fanden oft bei den Katharern Unterstützung und Hilfe. Wahrscheinlich läßt sich ohne Übertreibung sagen, daß fast jede Adelsfamilie zumindest Sympathisanten der Ketzer aufzuweisen hatte. Auch der Hochadel hegte gewisse Sympathien für die nicht-römische Kirche. Ihm war der Katharismus oft nur ein Vorwand, sich von der römischen Kirche zu lösen. Zugleich bot er den großen Herren die Möglichkeit, sich von ihren Frauen zu trennen, wenn sie dazu Lust hatten. Sie nutzten also die antifeudalen Ideen politisch zu ihren Gunsten aus.

Die antiklerikalen Tendenzen wurden von den Katharern noch bestärkt. Immer wieder tauchte die Ablehnung des Zehnten auf. Die Hinwendung vieler Adeliger zum Katharismus entsprang oft keiner Glaubensüberzeugung, sondern entsprach einfach ihrem Widerwillen gegen die finanzielle und politische Macht des Klerus. Die meisten Adeligen wurden deshalb keine wirklichen Katharer. »Die Mehrzahl von ihnen blieb katholisch oder wurde es wieder auf dem Totenbett. Und sie übernahmen von den Katharern oder Waldensern nur diejenigen ihrer Lehren, die sich gegen die Güter der Kirche richteten« (J. Guiraud). Darüber hinaus darf man die große Schwäche der Kirche nicht vergessen: Sie hatte keine klare Ketzerpolitik, war schwankend und unsicher, wie sie vorgehen sollte.

Auch die Zerfaserung der politischen Zusammenhänge kam der katharischen Bewegung entgegen. Das System des Feudalismus, das seine königliche Bindung verloren hatte und damit langsam auch das Prinzip der Treue des Vasallen zu seinem Herren auflöste, führte dazu, daß die Burgherren oft gleichzeitig unterschiedliche Vasallenbindungen eingingen, die sie in Konflikte stürzen konnten. Die Vasallenverhältnisse waren nicht mehr eindeutig, sondern selbst zu einem Gut geworden, das gehandelt werden konnte.

Der französische König war weit und sein Einfluß als Lehensherr nur formaler Art. Zwischen dem Königshaus und dem Grafen von Toulouse, Raymond V., bestanden außer den politischen auch verwandschaftliche Beziehungen: 1154 hatte er die Schwester des Königs, Constanze, geheiratet. Und 1159 unterstützt der König Raymond V. gegen die Angriffe des englischen Königs Heinrich II. auf Toulouse. Allerdings war der Einfluß des Grafen von Toulouse inzwischen eingeschränkt. Außer in den Gebieten, in denen er direkt herrschte, war er auf die Loyalität seiner Vasallen angewiesen.

Diese politischen Verhältnisse des Adels, bei dessen Händeln und Kämpfen das religiöse Element keine herausragende Rolle spielte, waren für den katharischen Erfolge im Languedoc wichtig. Denn auf dem Land hatte sich das Herrschaftsgefüge verschoben. Die eigentlichen Herren des Landes waren die Burgherren geworden, die Herren der *castra*.

Ähnliches hatte sich in den Städten vollzogen, wo sich das Bürgertum allmählich durchgesetzt hatte. Im 12. Jh. hatten sich die Verhältnisse hier geändert. In Südfrankreich war in vielen Städten das Konsulat eingerichtet worden: Das Bürgertum der Gemeinden verlangte und erhielt Teil an der Stadtherrschaft. Raymond V. herrschte selbst in seiner Hauptstadt nicht mehr wie früher. 1189 übernahmen in Toulouse die seit 1152 an der

Regierung beteiligten Konsuln das Stadtregiment. Damit schwand die ausschließliche Macht des Grafen über die Stadt. Die Konsuln traten an seine Stelle. Nur zwei Rechte hatte sich der Graf vorbehalten: das Recht, Münzen zu schlagen, und das Recht der Truppenaushebung, wenn Toulouse bedroht würde. Toulouse war so zu einer Republik unter der Herrschaft seiner eigenen Bürger geworden. Diese Entwicklung betraf das ganze

6 Ritterturnier. Miniatur aus den Chroniken von Jean Froissart (1333– um 1400)

Languedoc. Das früheste Konsulat ist aus Avignon überliefert: Schon 1129 wird es hier eingerichtet. Aber Konsule finden sich fast in allen Städten: in Béziers seit 1131; in Narbonne seit 1132; in St-Gilles seit 1143; in Carcassonne seit 1192, um nur einige zu nennen.

All das hieß: Die Grafschaft hatte keine festen Grenzen. Viele Orte wußten nicht genau, wer ihr Herr war, denn dies hing von der zufälligen politischen Konstellation und der Stärke der einzelnen ab. Manchmal unterlagen sie gleichzeitig verschiedenen Ansprüchen, wobei die unterschiedlichen Rechte nicht klar waren. Ganz zu schweigen von den Ansprüchen der Kirchenherren. Wenn wir also nicht von festen Grenzen ausgehen können, so doch von Bereichen, in denen die Macht des Grafen von Toulouse größer oder geringer war.

Sein Einfluß hing stark von dem Verhalten seiner Vasallen ab. Sein stärkster und auch schwankendster, ihm in alter Rivalität verhafteter Vasall war der Vizegraf von Béziers und Carcassonne. Hier regierte die Familie der Trancavel.

Das Kernland der Grafschaft war die Stadt Toulouse und ihre Umgebung. Sie zog sich nach Nordwesten in Richtung Bordeaux bis nach Marmande, umfaßte die Gegend um Agen, das Agenais, und das Quercy, südlich des Périgord. Richtung Süden und Südosten reichte der direkte Einfluß bis Foix und Carcassonne. Der Machtbereich erstreckte sich nach Osten aber bis in die Provence: Die Grafen von Toulouse legten Wert darauf, sich nach der Stadt St-Gilles zu benennen, die in der Nähe von Arles liegt, am westlichen Rand der Camargue. Zu ihr gehörte auch das Marquisat de Provence mit Avignon und dem Lubérongebirge.

Man kann wohl mit Élie Griffe davon ausgehen (S. 174 ff.), daß die vorkatharischen Ketzer wie Heinrich der Mönch nicht spurlos an dem Land vorbeigegangen waren und mindestens einige häretische Zirkel hinterlassen hatten. Das Konzil von Toulouse weist ebenso darauf hin wie einige Zeit später der Abt von Cluny, Petrus Venerabilis. In das Gebiet zwischen Toulouse und Albi führt auch die erste antiketzerische päpstliche Mission von 1145. Die Orte, die in den Quellen auftauchen, liegen alle in diesem Gebiet. Das erste Bistum der Katharer ist das von Albi. Der Bischof hat seinen Sitz in Lombers, südlich von Albi – vermutlich stammt daher auch der Name der Albigenser. Schon 1167 werden weitere Bistümer in Toulouse und Carcassonne eingerichtet.

Die Stützpunkte dieser außerordentlichen Expansion waren die Burgen des niederen Adels, die *castra*. Hier fanden die Katharer Schutz, hier konnten sie sich organisieren, hier hielten sie in aller Ruhe ihre Versammlungen ab. Nicht in den Städten. Außerdem befindet sich der größte Teil des ›katharischen Landes‹ auf dem Gebiet des Vizegrafen von Béziers. Auch hier ist die Unterstützung durch das Volk notwendig. Der Katharismus hätte niemals größere Bedeutung erlangt, wenn er sich nur auf

7 Ansicht des Schlosses von Rimini. Rückseite einer Medaille auf Sigismondo Malatesta von Matteo de Pasti, 15.Jh.

8 Siegel des Vizegrafen von Béziers und Carcassonne. Yan, Toulouse.

seine Führer, die Vollkommenen, die wirklichen Mitglieder der katharischen Kirche, hätte stützen können. Die antikirchliche Einstellung war lebhaft und weit verbreitet. Die katharische Predigt sollte sie verstärken. So war der Boden für die Katharer bereitet, und sie konnten unbehelligt sogar in aller Öffentlichkeit die Auseinandersetzung mit der katholischen Kirche suchen.

1165 wurde das sogenannte Konzil von Lombers abgehalten. Es war kein Konzil, sondern eine öffentliche Auseinandersetzung zwischen Katharern und Katholiken. Die Prominenz des ganzen Umlandes war erschienen: der Erzbischof von Narbonne, die Bischöfe von Lodève, Albi, Nîmes, Toulouse und Agde; die Äbte von sieben Klöstern, Archidiakone und Prioren. Anwesend waren auch die Vizegrafen von Béziers und von Lautrec. Der Graf von Toulouse nahm nicht selbst teil, wohl aber seine Frau Constanze. Viele bedeutende Persönlichkeiten des Languedoc waren gekommen, die der Chronist nicht im einzelnen aufzählt, und »fast die gesamte Bevölkerung von Albi und Lombers«.

Lombers war ein kleiner Ort etwa 15 Kilomenter südlich von Albi. Die Herren der Burg von Lombers, des *castrum*, waren

9 Der Papst als Ausgeburt der Hölle, 16.Jh.

den Katharern wohlgesonnen. Sie hatten die Veranstaltung ausgerichtet. Es war ein Kräftemessen der beiden Seiten beabsichtigt, das mit einem Urteil abschließen sollte. Ein Turnier der Ritter des Herren, das mit geistigen Waffen geschlagen werden sollte. Die katholischen Kirchenfürsten waren dazu bereit gewesen, sich nach Lombers zu begeben. Sie hatten nicht auf einem der Bischofssitze wie Albi oder Toulouse als Treffpunkt bestanden. Die Parteien begegneten sich in relativer Gleichheit. Gegenstand des aufsehenerregenden Gesprächs zwischen der Gruppe des Oliver – eines Katharerbischofs? – mit seinen Guten Leuten, den *boni homines*, und dem Klerus war der wahre Glaube. Das Protokoll berichtet uns:

»Das Urteil wurde von Bischof Wilhelm von Albi erlassen, der von Beisitzern unterstützt wurde, die von jeder der beiden Seiten ausgewählt und bezeichnet worden waren und die die Angelegenheit untersuchen sollten. ...

Zuerst fragte der Bischof von Lodève, den der Bischof von Albi und seine Assessoren dazu aufgefordert hatte, diese, die sich Gute Leute nennen ließen, ob sie das Gesetz Moses, die Propheten, die Psalmen, das Alte Testament und die Schriftgelehrten des Neuen Testamentes anerkennten. Sie antworteten vor der ganzen Versammlung, daß sie weder das Gesetz Moses noch die Propheten noch die Psalmen noch das Alte Testament anerkennten, sondern einzig die Evangelien, die Briefe des Apostel Paulus, die sieben kanonischen Briefe, die Apostelgeschichte und die Apokalypse.

Sodann befragte er sie nach ihrem Glauben, den sie selbst darlegen sollten. Sie erwiderten, sie würden dazu nichts sagen, es sei denn gezwungenermaßen.

Als drittes befragte er sie über die Taufe der Kinder und ob sie durch die Taufe gerettet würden. Auch dazu wollten sie nichts sagen, aber sie erklärten, sie würden sich zu Fragen über das Evangelium und die Briefe äußern.

Viertens befragte er sie über den Leib und das Blut des Herren: wo das Sakrament statt hätte, wer es spendet und wer es empfängt und ob es von einem guten Mann wirkungsvoller oder besser vollzogen werde als von einem sündigen. Sie erwiderten, daß diejenigen gerettet wären, die seiner würdig seien; diejenigen aber, die seiner nicht würdig seien, ihre Verdammung auf sich zögen. Und sie fuhren fort, daß das Sakrament von jedem Würdigen gespendet werden könne, sei er Kleriker oder Laie. Mehr wollten sie nicht sagen, weil sie nicht gezwungen werden dürften, sich zu ihrem Glauben zu äußern. ...

Sie gaben auch einige freiwillige Erklärungen ab. So erklärten sie, daß sie niemals einen Eid schwören würden, wie es Jesus im Evangelium und Jakob in seinem Brief sagten. Sie meinten auch, daß Paulus in seinem Brief festgelegt habe, was für Männer als Bischöfe und Priester von der Kirche ordiniert werden sollten; seien die ordinierten Männer aber nicht solcher Art, dann seien sie nicht Bischöfe und Priester, sondern reißende Wölfe, Heuchler und Verführer ... Sie trügen Chorhemden und glänzende Gewänder und juwelengeschmückte Goldringe an ihren Fingern, was Jesus nicht befohlen habe.

Zur Widerlegung dieser Behauptungen zitierten Pons, der Erzbischof von Narbonne, Bischof Aldebert von Nîmes, Abt Peter von Cendras und der Abt von Fontfroide viele Stellen des Neuen Testamentes. Nachdem man die Darstellungen und neutestamentlichen Autoritäten beider Seiten gehört hatte - denn diese (Ketzer) wollten keine Entscheidung annehmen, die nicht auf dem Text des Neuen Testamentes beruhte –, sprach der Bischof von Lodève das endgültige Urteil ...: ›Ich, Gauzelin, Bischof von Lodève, ... verurteile die, die sich selbst Gute Leute nennen, als Ketzer. Ich verdamme die Sekte von Oliver und seine Begleiter und alle, die der ketzerischen Sekte von Lombers angehören, wo sie auch sein mögen. ...‹

Die Ketzer erwiderten scharf, daß nicht sie die Ketzer seien, sondern der Bischof, der das Urteil gesprochen habe; daß er ihr Feind sei; daß er ein reißender Wolf sei, ein Heuchler, ein Gottesfeind. ... Der Bischof antwortete, daß das gesprochene Urteil auf dem Gesetz beruhe. Er sei bereit, es vor dem Gerichtshof des Papstes ... oder vor dem Gericht des französischen Königs ... oder vor dem Raymonds, des Grafen von Toulouse, ... aufrechtzuerhalten. ... Und daß sie erwiesenermaßen Ketzer seien und berüchtigt für ihre Ketzerei« (Wakefield/Evans, S. 190-194).

Die Gruppe um Oliver legte dann aber ein Glaubensbekenntnis ab, das gut katholisch war, welches sie aber nicht beschwören wollte. Diese Regelung hätten sie zuvor mit dem Bischof von Albi getroffen, was dieser bestritt. Nach einer weiteren Debatte bestätigte der Bischof von Albi das Verdammungsurteil.

Zwar bestand keine Waffengleichheit zwischen den beiden Parteien, aber der Erzbischof und seine Bischöfe ließen sich weitgehend auf die Vorgaben der Katharer ein, die nur die Schriften des Neuen Testamentes anerkannten. Das akzeptierten die Kirchenfürsten – aber konnten sich (nach dem Quellentext) eines kleinen Tricks doch nicht enthalten. Denn Gauzelin erklärte:

»Dieses Urteil haben wir auf der Grundlage der Texte des Neuen Testaments gefunden, das heißt, der Evangelien, der Briefe, der Psalmen (!), der Apostelgeschichte und der Offenbarung des Johannes.«

Der Streit wurde in der Form eines Gerichtsverfahrens ausgetragen, wobei die Kirchenmänner die Ankläger, die Katharer die Angeklagten sind. Aber das Verdammungsurteil, das der Bischof von Lodève ausspricht und der Bischof von Albi wiederholt, hat keine Konsequenzen. Die als Ketzer gebrandmarkten Männer und Frauen haben offensichtlich nichts zu befürchten. Die Kirche ist nicht nur in ihrer Haltung unklar, vor allem hat sie nicht das Durchsetzungsvermögen, diese Ketzer zu bestrafen oder auf den Scheiterhaufen zu bringen. Die politischen Machtverhältnisse lassen das nicht zu. Aus den vereinzelten Ketzerführern und ihren Anhängern ist inzwischen offensichtlich eine Art Kirche geworden, die auf den *castra* des Adels offene Türen findet. Doch damit nicht genug.

Nur zwei Jahre später findet eine große katharische Konferenz statt, die den Grundstein für ihre weitere Entwicklung legen sollte: das sogenannte Konzil von St-Félix-de-Caraman. Obwohl es einen tiefen Schnitt in der Geschichte der Katharer darstellt, liest sich das Konzilsprotokoll trocken und langweilig, da es fast ausschließlich Fragen der Kirchenorganisation behandelt. Seine Bedeutung kann man aber schon daran ermessen, daß drei fremde Gäste von weither teilnehmen: Niketas aus Konstantinopel, der Bischof von Nordfrankreich und Markus, der Bischof der Lombardei. Die Protokollnotiz berichtet:

»Im Mai des Jahres 1167 nach der Leibwerdung des Herrn brachte die Kirche von Toulouse den Papst (oder Vater) Niketas zur Burg von Saint-Félix. Eine große Menge von Männern und Frauen der Kirche von Toulouse und der Nachbarkirchen hatte sich eingefunden, um das *consolamentum* zu empfangen, das der Papst Niketas spenden sollte.

Es kam Robert von Épernon, Bischof der französischen Kirche, mit seinem Rat. Markus aus der Lombardei kam ebenfalls mit seinem Rat. Sicard Cellerier, Bischof der Kirche von Albi, kam mit seinem Rat. Bernhard Cathala kam mit dem Rat der Kirche von Carcassonne, und auch der Rat der Kirche von Agen war erschienen.

Als die unzählbare Menge versammelt war, wollten die Mitglieder der Kirche von Toulouse einen Bischof haben. Sie wählten Bernhard Raimond. Ebenso wählten Bernhard Cathala und der Rat der Kirche von Carcassonne, die die Kirche von Toulouse dazu aufgefordert und eingeladen hatte, mit der Zustimmung und dem Willen von Monseigneur Sicard Cellerier den Guiraud Mercier. Die Leute der Kirche von Agen wählten Raimond de Casals.

Sodann empfing Robert de Épernon das *consolamentum* und die Bischofsordination von Monseigneur Papst Niketas, um Bischof der Franzosen zu werden. – Ebenso empfing Sicard Cellerier das *consolamentum* und die Bischofsordination, um Bischof von Albi zu werden. – Ebenso empfing Markus das *con-*

solamentum und die Bischofsordination, um Bischof der Kirche der Lombardei zu werden. – Ebenso empfing Bernhard Raimund das *consolamentum* und die Bischofsordination, um Bischof der Kirche von Toulouse zu werden. – Ebenso empfing Guiraud Mercier das *consolamentum* und die Bischofsordination, um Bischof der Kirche von Carcassonne zu werden. – Ebenso empfing Raimond von Casals das *consolamentum* und die Bischofsordination, um Bischof von Agen zu werden« (Duvernoy, Histoire, S. 216 f.).

Dann wurden noch weitere Organisationsfragen besprochen, vor allem die Abgrenzung der Kirchenprovinzen.

Auf diesem Konzil legten die Katharer also den Grundstein ihres Wirkens als Kirche. In ihrer Organisation lehnten sie sich an die katholische Kirche an, ohne deren Einteilung in Bistümer zu übernehmen. Die Kirchen von Toulouse und Agen scheinen bereits unter einem Kollegium zu arbeiten, vermutlich mit einem Älteren an der Spitze. Wenn von den Bischöfen die Rede ist, so scheint damit nur ein Erster unter Gleichen, ein *primus inter pares*, bestimmt zu sein, und noch kein aus dem Kirchenvolk herausgehobener Funktionär. Auch gibt es wohl den älteren und jüngeren Sohn, den *filius maior* und den *filius minor*, als Ränge in der Hierarchie noch nicht. Das Kirchenvolk der Vollkommenen, das das *consolamentum* schon erhalten hatte, ließ es sich ein weiteres Mal spenden, um sich des Sakramentes aus erster Hand zu versichern.

Das Protokoll geht von der großen Bedeutung des Niketas aus, ohne sie besonders hervorzuheben. Aufgrund seiner Bezeichnung als »Papst« hat man spekuliert, daß auch die Katharer, wie die katholische Kirche, einen Papst gehabt hätten. Aber das Wort »Papst« bedeutete vemutlich nichts weiter als »Pope«, also Priester. Niketas´ Einfluß, von dem im Protokoll nicht die Rede ist, war ungewöhnlich. Es gelang ihm, die Versammlung davon zu überzeugen, den radikalen Dualismus, den wir im Zusammenhang der katharischen Theologie erläutern werden, als Glaubensgrundlage zu übernehmen. Zuvor hatte er vermutlich schon den Lombarden Markus von dieser Art des Dualismus überzeugt.

Die Vereinheitlichung der Lehre auf der Grundlage des Radikaldualismus hatte erhebliche Folgen. Sie fügte einmal die katharischen Kirchen enger zusammen; denn »der Schritt zum Radikaldualismus ist der Schritt von der Reformbewegung zur Kirche« (Borst, Katharer, S. 80). Zugleich aber bekam das noch ungefestigte Dogma eine wesentlich größere Bedeutung als bisher. Die radikaldualistische Begründung des katharischen Glaubens zeigte vor allem, daß er wesentlich von dem abwich, was man bisher für christlich gehalten hatte. Es stellte sich bald die Frage, ob denn diese Vorstellungen noch christlich oder ob sie als unchristlich zu verdammen waren. Damit war unbeabsichtigterweise eine Mine gelegt, die später detonieren sollte. Denn es wurde schwieriger zu begründen, wieso die Katharer noch als die besseren Christen auftreten konnten, wenn sie vielleicht etwas ganz anderes glaubten, als das orthodoxe Christentum der Kirche lehrte. Denn gewannen die Katharer ihre Anhänger nicht auch wegen ihres hohen Anspruchs, die besseren Christen zu sein? Und hatte ihr Glaubensbekenntnis in Lombers nicht genau diese Absicht verfolgt und deshalb dem orthodoxen Glaubensbekenntnis entsprochen?

Zugleich zeigt sich die große Schwäche der römischen Kirche. Trotz eines großen Aufgebotes ist sie nicht in der Lage, dem Treiben der ihr feindlichen Katharer Einhalt zu gebieten. Diese Unfähigkeit ist tief in der Kirchenpolitik Roms, der Konzilien und Synoden verankert. Diese Unsicherheit zeigte sich schon beim Auftritt der ersten Ketzer nach der Jahrtausendwende. Deshalb wenden wir uns in den beiden folgenden Kapiteln zwei Fällen früherer Ketzerei zu, die den Unterschied zu den Katharern zeigen: dem Bauern Leutard und der Ketzerei von Orléans.

Die Bienen des Leutard
Eine frühe Ketzerei

Ein Bauer, auf dem Land bei Châlons, verheiratet. Plötzlich überkommt es ihn in eigenartiger, bestürzender und unerklärlicher Weise. Hören wir den Chronisten Radulf Glaber.

»Um das Ende des tausendsten Jahres lebte in Gallien in einem Dorf namens Vertus im Gebiet von Châlons ein gewöhnlicher Mensch namens Leutard, den man, wie der Ausgang der Sache erwiesen hat, für einen Abgesandten Satans halten konnte. Sein hartnäckiger Wahnsinn brach folgendermaßen aus. Er hielt sich einmal allein auf dem Acker auf, um Feldarbeit zu tun. Von der Mühe erschöpft, schlief er ein, und es kam ihm so vor, als dringe durch die geheimen Öffnungen seines Leibes ein großer Bienenschwarm in seinen Körper ein. Er brach mit großem Getöse durch seinen Mund wieder aus und beunruhigte ihn mit zahlreichen Stichen. Und als er ihn lange sehr damit gequält hatten, schienen die Bienen zu ihm zu sprechen und viel Menschenunmögliches vorzuschreiben, was er tun solle.

Endlich stand er zermürbt auf und kam nach Hause. Dort verließ er seine Frau und vollzog angeblich nach der Vorschrift des Evangeliums die Scheidung. Dann ging er hinaus, wie um zu beten, betrat die Kirche, packte das Kruzifix und zerschlug das Bild des Erlösers. Alle, die das sahen, wurden von Entsetzen gepackt und glaubten – was auch zutraf –, er werde wahnsinnig. Er selbst aber brachte ihnen die Überzeugung bei – Bauern sind ja wankelmütig –, daß er all dies aufgrund einer wunderbaren Offenbarung Gottes vollbringe. Er strömte nun über von allzu vielen Reden, die weder Nutzen noch Wahrheit enthielten; er wollte als Lehrer auftreten und ließ (das Volk) dabei vergessen, was der Meister gelehrt hatte. Denn er sagte, den Zehnten zu geben, sei in jeder Hinsicht überflüssig und unnütz. Und wie sich andere Ketzereien, um möglichst behutsam zu täuschen, mit der Heiligen Schrift bemänteln, selbst wenn sie zu ihr im Widerspruch stehen, so behauptete auch dieser Mann, die Propheten hätten teils Nützliches, teils Unglaubliches erzählt.

Er gewann damit das Ansehen eines vernünftigen und frommen Mannes und zog in kurzer Zeit eine beträchtliche Menge Volkes an. Der greise Bischof Gebuin, ein grundgelehrter Mann, in dessen Bistum Leutard lebte, erfuhr von der Sache und ließ ihn herbeischaffen. Er fragte ihn nach allem, was man über seine Reden und sein Verhalten berichtet hatte. Da begann Leutard, sein nichtsnutziges Gift zu verbergen, und wollte nicht merken lassen, daß er Belege aus der Heiligen Schrift heranzog. Der höchst scharfsinnige Bischof hörte heraus, daß das nicht zusammenstimmte, vielmehr schädlich und verdammenswert war. Er legte dar, daß der Mann zu einem wahnsinnigen Ketzer geworden sei, brachte das zum Teil getäuschte Volk von dem Wahnsinn ab und festigte es noch gründlicher im katholischen Glauben. Jener aber sah sich besiegt und von der Volksgunst im Stich gelassen und ertränkte sich in einem Brunnen« (Nach Borst, Lebensformen, S. 588/9.).

Um das Jahr 1000 soll sich also diese Geschichte zugetragen haben. Die Menschen lebten damals in einer Welt voller Wunder und Zeichen, voller Befremdlichkeiten, von magischen und religiösen Vorstellungen bestimmt. Die Natur war von einer überwältigenden Macht, der der Mensch hilflos gegenüberstand und der er ausgeliefert war. Die Ernährungslage war mehr als prekär, der Hunger täglich Küchenmeister. Die landwirtschaftliche Erzeugung konnte die Bevölkerung nicht satt machen, oft nicht einmal auf niedrigstem Stand ernähren. Hungersnöte waren an der Tagesordnung. Der Ackerbau, die Grundlage der Ernährung, war sehr primitiv. Auf ein ausgesätes Korn rechnete man in guten Jahren drei geerntete Körner. In guten Jahren! Davon diente eines wieder als Saatgut. Die Werkzeuge waren wenig brauchbar. Die Früchte der Natur halfen, diese Kargheit zu lindern. Man aß Wildfrüchte, wilden Honig, Knollen und Wurzeln.

10 Bettler bitten um Almosen. Holzschnitt, Ende des 15.Jh.

Die Kindersterblichkeit war enorm hoch, das durchschnittliche Lebensalter sehr gering. Gesund, so dürfen wir vermuten, waren nur die wenigsten. Niemand lebte in Sicherheit. Weder vor den Gewalten der Natur, vor den Naturkatastrophen, die immer wieder hereinbrachen und die Ernten zerstörten, noch vor den wilden Tieren, die die Menschen bedrohten; nicht vor Kälte und Hitze und Epidemien. Ebensowenig bestand Sicherheit vor der gesellschaftlichen Gewalt der anderen Menschen, den Überfällen, Fehden, Plünderungen, Kriegen. Es gab nur wenige Siedlungen, Siedlungen von Lehmhütten, vielleicht das Herrenhaus aus Holz. Das Land war Brachland, auf dem da und dort Sklaven arbeiteten. Die Verkehrsverbindungen waren äußerst dürftig. Wie aber sah es in den Köpfen dieser Menschen aus, und wie fühlten sie?

Das meiste von dem, was wir wissen (wenn wir von Wissen sprechen wollen), ist uns von den Chronisten der damaligen Zeit überliefert. Sie stammten fast ausschließlich aus dem klösterlichen Milieu. Aber auch die Mönche lebten in dauernder Angst und in einer durch nichts gemilderten Unsicherheit der

Existenz. Sie richteten »beständig und fast krankhaft die Aufmerksamkeit der Vorstellung auf jede Art von Zeichen, Träumen und Halluzinationen« (Bloch, S. 98). Und entsprechend legten sie die Welt aus: als eine Welt der Zeichen, in die der göttliche Wille eingeschrieben ist. Und sie glaubten, die Welt liefe Gefahr, wieder in die Fänge des Teufels zu geraten. Sie begegneten dem Leibhaftigen sogar persönlich. Radulf Glaber ist der Teufel dreimal erschienen, und er hat ihn in seinen *Fünf Büchern Geschichte* genau beschrieben.

In dieser Welt der Angst und des Hungers, der Katastrophen und der Armut bedeutete der »Fall Leutard« nicht viel. Die Lage der Gesellschaft begann sich aber im 11. Jh. zu bessern. Radulf Glaber, Mönch in Cluny, profitierte schon davon. Die Häresie Leutards war für ihn nur ein Zeichen unter vielen, die es zu lesen galt. Sie gehörte in die Reihe der Naturereignisse und damit zu der von Gott beherrschten kosmischen Einheit. Ebensowenig schreckten falsche Propheten, zu denen wir Leutard wohl zählen müssen, hatte die Heilige Schrift sie doch vorausgesagt.

Verstünden wir diesen Bericht als eine Art Reportage über ein Ereignis, das sich zugetragen hat, so verfehlten wir seine Botschaft. Ich meine, daß diese Geschichte auch einige Widersprüche aufweist, die ihren Autor nicht interessierten, uns aber umso mehr.

Ein einfacher Mann, ein Bauer wird hier hochstilisiert zu einem Verführer des Volkes, der dieses vom richtigen und einzigen Weg des Heils abbringt und sich dann selbst umbringt. Die Fragen sind berechtigt, ob er nicht zum Stande der Kleriker zu zählen ist – offensichtlich belesen oder mindestens mit guten Kenntnissen der Heiligen Schrift ausgestattet sowie rhetorisch geschickt. Er scheint aber doch eher ein Lebensvorbild aus den Reihen der Bauern selbst abzugeben, zumal er ihre Sprache spricht.

Welche reale Gefahr geht von Leutard aus? Er zieht »eine große Menge Volkes« auf seine Seite (in der Stadt?), die er mit seinen »wahnsinnigen« Irrlehren überzeugen kann. Daß ihm das so leicht gelingt, erstaunt bei Leuten, die in ihrem Glauben doch gefestigt sind. Zur Erklärung dieses Phänomens werden sie als wankelmütige Bauern herabgesetzt. Aus diesem Grund ist es dann für den greisen Bischof nicht sehr schwierig, das Volk mit seinen Darlegungen wieder in den Schoß der Kirche zurückzuführen. So groß war die Gefahr also wohl nicht.

Leutard ist von seiner »Krankheit« offensichtlich ohne eigenes Zutun überfallen worden: Die Bienen haben ihn malträtiert und zu seinen Taten veranlaßt. Gleichzeitig erscheint er als ein »Abgesandter Satans«. Auch das war damals kein Widerspruch, da der einzelne Mensch nicht als ein autonomes Individuum gesehen wurde. Gleichwohl mußte er als willenloses Werkzeug des Teufels seiner Strafe gewärtig sein.

Es überrascht auch, daß dieses Volk, das Leutard zunächst für wahnsinnig hielt, ihm dann sogleich den Rang eines »vernünftigen und frommen Mannes« einräumte. Wie kann ein Wahnsinniger solchen Einfluß auf eine gläubige Gemeinde erlangen? Er lebte und predigte aus seiner Vision und überzeugte damit seine Dorfgenossen. Warum sollten sie also diesem charismatischen Mann aus ihren Reihen nicht folgen? Der Aufbau einer Gemeinde gelang ihm allerdings nicht, sollte er ein solches Ziel überhaupt vor Augen gehabt haben.

11 Tötung des Antichristen durch den Erzengel Michael.

Solche vordergründigen Unstimmigkeiten sprechen nicht von einer Unzuverlässigkeit des Verfassers, sondern vermitteln seine Denkweise. Dieser Mönch aus Cluny fühlte, lebte und dachte nicht anders als seine Mitmenschen. Er kannte »das Volk«, da er sich von ihm nicht sehr unterschieden haben dürfte. Der »Wankelmut« der

Bauern war kaum auf ihre Schicht beschränkt. Wir können ihn als ein Charakteristikum der mittelalterlichen Seele verstehen. Ihre Gläubigkeit ist nicht mit unseren Maßstäben zu messen. Die Menschen folgten in einer uns naiv anmutenden Weise ihren momentanen Regungen, überließen sich ihrem Gefühl und auch auf gesellschaftlich hoher Stufe dem Fluß ihrer Tränen.

Dieser bisher unauffällige Leutard war also plötzlich ins Rampenlicht getreten und hatte hohe Aufmerksamkeit erregt. Sein Verhalten mußte erklärt werden. Ein so ungeheuerlicher Wandel, wie er ihm widerfahren war, konnte nur auf eine andere Macht zurückgehen. Darum mußte er zu einem »Abgesandten Satans« erklärt werden. Denn in einer Welt voller Dämonen war es einleuchtend, daß eine solche Geschichte nur vom Teufel in Gang gesetzt worden sein konnte. Eine Unterscheidung zwischen dem Teufel und seinem Werkzeug war nicht nötig. Solche feinen Differenzierungen spielten keine Rolle. Alles war Zeichen und hatte auch eine religiöse Bedeu tung. Die Politik genoß keinen Vorrang vor der Religion. Denken wir daran, daß für Könige und Kaiser ein Gesetz, eine Schlacht und eine Pilgerfahrt von gleicher Bedeutung sein konnten.

Unser Befremden kann die Erzählung und die Überzeugungen des Chronisten Radulf Glaber nicht treffen. Sein Anliegen, die Beschreibung und Erklärung eines bestimmten Abschnittes der Geschichte der christlichen Welt, wird von der modernen Kritik nicht berührt. Und ihm Lüge oder bewußte Entstellung zu unterstellen, wäre mehr als gewagt. Was sollte ihn dazu bewogen haben?

War Leutard aber ein früher Katharer? In auffälliger Weise nähert sich sein Mißfallen an der Kirche dem, was wir 100 Jahre später bei anderen Ketzern finden. Er predigte offensichtlich sexuelle Enthaltsamkeit und trennte sich von seiner Frau. Er hielt nichts vom Reichtum der Kirche und wendete sich gegen die Zahlung der Kirchensteuer, des Zehnten. Er zerschlug das Kruzifix mit dem Leib des Erlösers, da es ihm vielleicht als ein Anschlag auf die völlige Jenseitigkeit des Allmächtigen erschien, den Körper des toten Gottes so zu exponieren. Er meinte, die biblischen Propheten hätten nicht nur die Wahrheit gesprochen, und griff die Heilige Schrift an, deren Texte er offensichtlich kannte. Denn auch für seine Verteidigung gegenüber dem Bischof zog er die Bibel heran. Aber offenkundig verstand er sie anders als dieser »grundgelehrte Mann«.

Als Katharer können wir den Einzelgänger Leutard trotzdem nicht bezeichnen. Doch es ist erstaunlich, wie seine Kirchenkritik Grundelemente der ketzerischen und der katharischen Kirchenkritik vorwegnimmt. Sollte er dies alles tatsächlich von den Bienen gelernt haben, die als keusch galten und eine positive religiöse Bedeutung hatten? Oder gab es doch zufällige Kontakte zu östlichen Ketzern, die vielleicht auf der Durchreise waren? Diese Frage müssen wir offen lassen.

Radulf Glabers Charakteristik der Ketzerei traf einen ihrer Kernpunkte, wie ihn die Kirchenväter überliefert hatten und wie er in der Ketzerverfolgung und auch noch später in der Hexenverfolgung eine große Rolle spielen sollte. Denn die Kenntnis der Bibel und Argumente, die ihr entnommen sind, sprachen nicht für einen besonders frommen Mann. Sie wiesen, entgegen aller Erwartung, auf einen Ketzer hin, der sich der Heiligen Schrift bediente, um seine Ketzerei so besser verbergen zu können. Das war ein Trick des Teufels, um den »Schein einer Religion« zu erzeugen, wie es schon bei Isidor von Sevilla hieß und wie es auch bei den späteren Schriftstellern wieder auftauchen wird.

Die Berufung auf die Bibel machte verdächtig. Nur die Kirchenleute sollten sie lesen. Sie hatten aufgrund ihrer Schulung und ihrer Kenntnisse als einzige Zugang zu dem geoffenbarten Wort Gottes. Die anderen Gläubigen sollten auf die Priester hören und nicht laienhaft selbst das göttliche Wort zu verstehen suchen, das nicht für sie geschrieben war und das sie auch nicht verstehen konnten. Echte Frömmigkeit war also Gläubigkeit, die nicht der Heiligen Schrift glaubte, sondern den Priestern. Hinter dieser Ketzerkritik stand eine Idee, die das ›Auslegungsmonopol‹ der Kirche deutlich machte: »Nur wenn die Bibel orthodox gelesen wurde, war sie wörtlich zu nehmen; nahmen Außenstehende sie wörtlich, so verstanden sie sie falsch« (Baier, S. 20).

In der Zeit, in der die Geschichte Leutards spielt, erwartete mancher den Weltuntergang, vollendeten sich doch die tausend Jahre, von denen die Apokalypse (siehe Farbtafel 1) spricht. Auch heute herrscht deshalb noch die Vorstellung, es habe um die Jahrtausendwende eine millenarische Unruhe geherrscht. Auch ein aufgeklärter Kopf wie Lothar Baier geht zur Beurteilung der Epoche davon aus und nennt die Erzählungen Glabers »Propaganda«.

Die Konstruktion dieser angeblichen Weltuntergangsvorstellung ist etwa die folgende. In der Apokalypse, der Offenbarung des Johannes, heißt es im 20. Kapitel, Vers 7/8:

12 Die Vision des Johannes. Mitte des 11.Jh. Beatus de Liebana, commentaire de l´ Apocalypse. Paris, Bibliothèque Nationale, Ms. Lat. 8878, fol.121v - 122.

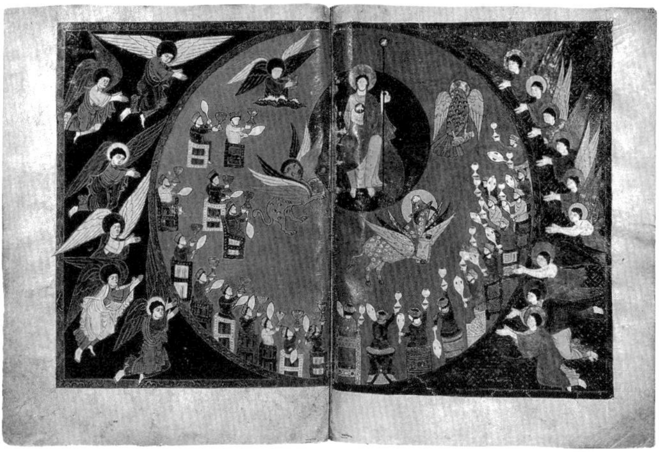

»Und wenn die tausend Jahre vollendet sind, wird der Satan aus seinem Gefängnis losgelassen werden, und er wird ausgehen, die Völker zu verführen, die an den vier Ecken der Erde sind.«

In den Berichten der damaligen Zeit wird das kritische Jahr 1000 – oder auch das Jahr 1033 – aber nicht hervorgehoben. Nur eine einzige Chronik der Feudalzeit berichtet von Erschütterungen, die die Jahrtausendwende mit sich gebracht habe. Sie ist allerdings nicht zeitgenössisch, sondern stammt vom Beginn des 12. Jh. und weist nur auf ein Erdbeben, einen Kometen und eine Reihe von Wundern hin. Von Angstepidemien, Untergangshysterien oder auch nur allgemeinen Endzeiterwartungen ist nicht jedoch die Rede. Daß die damalige Bevölkerung von einer solchen Stimmung erfaßt gewesen sei, sagen die Quellen nicht. Das unsägliche Ereignis des Weltuntergangs war offensichtlich so aufregend nicht. Die Quellen sind also enttäuschend. Sie bestätigen die Ideen von einer millenarischen Unruhe nicht.

Das ist bei näherer Betrachtung nicht erstaunlich, denn die These, die Jahrtausendwende habe unter einer Furcht vor dem Weltende und dem jüngsten Gericht gestanden, setzt Verschiedenes voraus, von dem wir ausgehen, weil es unsern eigenen Vorstellungen entspricht. Das betrifft hauptsächlich unser neuzeitliches Zeitverständnis, das von einer objektivierten, meßbaren, unerschütterlich linearen Zeit ausgeht. Zwar weiß niemand, was Zeit ist, aber man operiert mit Zeitpunkten, Gleichzeitigkeiten und Meßbarkeiten, die dem Mittelalter fremd waren. Insbesondere fehlte ihm das Bewußtsein eines festen Zeitpunktes, der genau definiert, erkenn- und berechenbar wäre und einen bestimmten Punkt in der Zeitreihe bildete. Dieses ist aber unterstellt, wenn ein bestimmtes Jahr wie das Jahr 1000 eine so mächtige Wirkung ausüben soll, wenn ein vorausberechenbarer Zeitpunkt das ganze Leben und den Lauf der Welt erschüttern soll. Alles das entspricht dem Zeitempfinden der Neuzeit, kaum aber dem der damaligen Epoche.

Unser Leben beginnt heute an einem bestimmen Zeitpunkt, den wir später ebenso kennen wie die Zeit, die seitdem verflossen ist, das Lebensalter. Jeder kennt sein Geburtsdatum. Auffällig anders ging es in einer Zeit zu, in der nicht die Geburt, sondern der Tod alle Aufmerksamkeit beanspruchte, in der die Riten des Begräbnisses und die Feier der Toten sich mit Macht entwickelten. Die Geburt war eher nebensächlich. So war auch nicht die Geburt des Erlösers das entscheidende Ereignis, sondern Ostern. Mit Ostern begann das Kirchenjahr, nicht mit Weihnachten. Ostern war das Zentrum des liturgischen Zyklus, um Ostern herum gruppierte etwas später der Mönch Jakobus von Voragine die Anordnung seiner Legendensammlung, der *legenda aurea*, der Goldenen Legende, des vielleicht meistgelesenen Buches des Mittelalters.

Die Gesellschaft der damaligen Zeit hatte auch keine genauen Geräte der Zeitmessung. Unsere heutige Präzision wäre ihr völlig fremd. Die Urkunden der damaligen Zeit, die als Formen der Bewahrung von Erinnerungen an wichtige Vorgänge aufgesetzt wurden, sind fast nie datiert. Das Mittelalter lebte vermutlich in einer »weitreichenden Gleichgültigkeit gegenüber der Zeit« (Bloch, S. 100). Da es kein allgemeines Bewußtsein einer objektiven geschichtlichen Zeit gab, konnte das Jahr 1000 keinen allgemeinen Schrecken verbreiten. Man richtete sich nicht nach Jahreszahlen, von ihnen hing nichts ab. Und außerdem gab es keine allgemein verbindliche Art, die Zeit zu berechnen.

Wir müssen also davon ausgehen, daß es die vielzitierte millenarische Unruhe nicht gegeben hat. Die Quellen und unsere Kenntnisse der Zeitvorstellungen des Mittelalters legen das nahe. Dann wäre aber diese Untergangsangst der Jahrtausendwende eine Fiktion, eine Erfindung und Entdeckung späterer Zeiten, die Projektion einer für ein bestimmtes Zeitalter notwendigen Vorstellung auf eine vergangene Epoche, die dann als Wirklichkeit dieser Epoche gilt.

Die erste Beschreibung der Schrecken der Jahrtausendwende erschien am Ende des 15. Jh. Die Renaissance, ein triumphierender Humanismus, ein Gefühl des Neuen, das sich von dem ›dunklen‹ Zeitalter unterscheiden wollte, setzte eine Antithese zu ihrer eigenen Erfahrung und ihrem Selbstverständnis: moderne Zeiten gegen ein ›finsteres‹ Mittelalter. Sie erfand sich diesen Gegenpol, schöpfte ihn nicht aus den historischen Quellen. Sie ging einfach davon aus. Denn vor ihr, einer Zeit des Lichts, konnte nur eine Zeit der Dunkelheit geherrscht haben, ein *dark age*. So wurde die Vorstellung, die sich die Renaissance vom Mittelalter machte, zur Wirklichkeit des Mittelalters.

Der Gemeinplatz von der millenarischen Angst des Jahres 1000 ist aber noch heute verbreitet. Wie das? Das moderne Bewußtsein am Ende des 20. Jh. steht erneut vor einer Jahrtausendwende. Es ist einer apokalyptischen Sichtweise aufgrund seiner eigenen Apokalypseerwartung und -erfahrung zugänglich. Die Mär der Renaissance ist deshalb auch heute noch und wieder brauchbar, in unserer »Wendezeit«. Apocalypse now.

Das ›dräuende Andere‹ dürfte es auch heute sein, das als eine kosmische Bedrohung empfunden wird. Deshalb müssen Gegenkräfte gegen den modernen Antichristen, gegen den modernen Moloch der Technik und gegen die Zerstörung von Mensch und Erde mobilisiert werden. Man muß sich wieder an die alten Geheimnisse der Menschheit erinnern, zum Beispiel an die verborgenen Geheimnisse der Katharer.

Bevor wir aber dorthin vordringen (sofern es möglich sein sollte), sehen wir uns eine andere Ketzerei an, eine Adelsketzerei des 11. Jh., die in Orléans in der Hofkapelle des französischen Königs entdeckt wurde.

Die böse Königin
Eine Infektion des hohen Klerus

In diesem Abschnitt wenden wir uns einer Geschichte zu, die sich in der königlichen Hofkapelle von Orléans unter Theologen zugetragen hat. Schon der Unterschied zwischen Bauer und Hochklerus zeigt, daß wir die Ketzereien keiner sozialen Schicht eindeutig zuordnen können, weder dem einfachen, sozial unterprivilegierten Volk noch der hochqualifizierten Theologie, weder dem Adel noch der Stadtbevölkerung von Händlern und Handwerkern. Wir finden sie vielmehr in allen gesellschaftlichen Gruppen vor.

Deshalb ist es nicht möglich, für diese Ketzereien einen einheitlichen Grund auszumachen, etwa als frühe Revolution der niederen Schichten gegen die Herrschaft der Kirche. Gemeinsam ist ihnen, daß sie sich alle in der Auseinandersetzung mit der orthodoxen Lehre befinden. Bei Leutard klang das scharf an, war aber in seiner wilden Aktivität untergegangen. Er trat nicht mit theologischen Finessen auf, sondern mit spektakulärer Aktion. Ganz anders bei einer Gruppe von Ketzern, deren Entdeckung und Vernichtung auf das Jahr 1022 datiert wird.

Wieder sind wir in Frankreich, diesmal in der Nähe von Paris, in Orléans. Rudolf Glaber, der uns neben einer Reihe anderer Schriftsteller über die Vorkommnisse in Orléans informiert, berichtet, daß diese Stadt »wegen ihrer Schönheit, ihres Bevölkerungsreichtums, der Fruchtbarkeit ihrer Böden und der reinen Wasser ihres Flusses die Hauptresidenz der Könige von Frankreich war«. Wir wollen hier aber nicht seiner Erzählung folgen, sondern dem Bericht von Paul von St-Père-de-Chartres. Denn in dieses Kloster war Aréfast, der aufmerksame und mißtrauische Entdecker dieser im Verborgenen wirkenden häretischen Gruppe, später als Mönch eingetreten. Wir müssen aber im Auge behalten, daß fast identische Geschichten auch über andere Ketzer berichtet worden sind.

Das »Gift der Ketzerei« ergriff nach teuflischem Plan nicht nur die Bauern auf dem platten Land, sondern konnte auch die Hochburgen des Glaubens infizieren, in diesem Fall die Hofkapelle von Orléans. Sie war Zentrum der weltlichen und theologischen Wissenschaft Frankreichs, und zugleich stand sie im Mittelpunkt dieser »verderbten und tödlichen Lehre, die schon begann, die Provinzen Galliens anzustecken«. Hier waren die beiden Kleriker Stephan und Lisoius tätig, »weitberühmt für ihre Weisheit, herausragend in ihrer Heiligkeit und sehr freigiebig«. Ihre »teuflische Ketzerei« verbargen sie »in der Süße der heiligen Schriften«.

Aréfast, ein normannischer Adeliger, hörte zufällig von dieser ketzerischen Gruppe in Orléans. Um ihr auf die Spur zu kommen, reise er dorthin, nachdem er seinen Herren, den Herzog der Normandie, über die Vorgänge informiert und gebeten hatte, den König zu benachrichtigen. Er

»begab sich zu dem Haus der Ketzer, um ihre Lehren zu hören, als sei er ein einfacher Schüler ... Zunächst lehrten sie ihn, Texte der heiligen Schriften zu zitieren und dabei bestimmte Redeformen zu benutzen. Als die Ketzer sahen, daß er sorgfältig zuhörte, wie es einem vollkommenen Schüler ziemt,«

erklärten sie ihm, daß er mit ihrer Hilfe aus dieser bösen Welt in ihre heilige Gemeinschaft aufgenommen werden könnte. Er zeigte sich so lange als wißbegieriger guter Schüler,

»bis sie glaubten, sie hätten ihn zu ihrer Häresie bekehrt. Dann fühlten sie sich sicher und weihten ihn in die Tiefen ihrer Verruchtheit ein, die sie in Worten der heiligen Schriften verbargen. Sie sagten: ›Christus ist nicht von der Jungfrau Maria geboren worden, hat nicht wie ein Mensch gelitten, ist nicht wirklich in seinem Grab begraben worden und ist nicht auferstanden‹. Sie fügten hinzu: ›Die Taufe reinigt nicht von den Sünden noch das Sakrament des Leibes und Blutes Christi, das ein Priester zelebriert. Nichts kann mit Gebeten zu den heiligen Märtyrern und Bekennern gewonnen werden‹.«

Auf Aréfasts Nachfrage, was ihm dann Rettung und Hoffnung bringen könne, weihten sie ihn tiefer ein.

» ›Es besteht kein Zweifel, Bruder‹, antworteten sie, ›daß du bis jetzt mit den Unwissenden in der Charybdis des falschen Glaubens verharrt bist. Jetzt haben wir dich zum Gipfel aller Wahrheit erhoben. Mit freiem Geist magst du beginnen, deine Augen zum Licht des wahren Glaubens zu erheben. Wir werden dir die Türe zur Erlösung öffnen. Indem wir dir unsere Hände auflegen, werden wir dich von jeder Befleckung durch die Sünde reinigen. Du wirst mit dem Geschenk des Heiligen Geistes erfüllt werden, der dich uneingeschränkt die tiefe Bedeutung der Schriften und die wahre Rechtschaffenheit lehren wird. Wenn du mit himmlischer Nahrung genährt wirst und die innere Erfüllung erreicht hast, wirst du mit uns oft engelgleiche Visionen erleben...‹ «

Auf Anzeige von Aréfast wird ein Prozeß gegen sie eröffnet. Vor der Synode und dem französischen König Robert II. sowie seiner Frau Konstanze wurden die Ketzer dann befragt. Sie gestanden zunächst nicht. Nach weiteren Aufforderungen vor allem von Aréfast ließen sie sich zu einer Erörterung ihrer Lehre provozieren. Der Bischof von Beauvais übernahm die Befragung von Stephan und Lisoius, die die Anführer zu sein schienen. Er fragte sie, ob sie seinen Glauben teilten, daß

»Christus von der Jungfrau geboren sei ..., in menschlicher Gestalt für uns gelitten habe, den Tod besiegt habe und am dritten Tage wieder auferstanden sei .... Sie antworteten mit gespaltener Zunge: ›Wir waren nicht dabei. Deshalb können wir nicht glauben, daß diese Dinge wahr sind‹. Als der Bischof die Frage nach der Jungfrauengeburt wiederholte, antworteten sie: ›Was die Natur verneint, ist nie in Einklang mit der Schöpfung‹.«

Obwohl alle versuchten, sie von ihrem Irrtum abzubringen,

»widerstanden sie härter als Eisen ... Die Königin hatte sich auf den Befehl des Königs vor das Kirchentor gestellt, um das Volk daran zu hindern, die Ketzer in der Kirche zu töten. Sie wurden aus der Kirche getrieben. Als sie herauskamen, stach die Königin mit einem Stab, den sie in der Hand hielt, Stephan, der ihr Beichtvater gewesen war, ein Auge aus. Die Ketzer wurden vor die Stadtmauer gebracht. Ein großes Feuer wurde in einer Kate angezündet, und sie wurden alle mitsamt ihrem teuflischen Pulver verbrannt, von dem ich oben gesprochen habe – außer einem Kleriker und einer Nonne, die reuig zu dem Willen Gottes zurückgekehrt waren« (Moore, S. 10-15).

Warum mußten diese Männer sterben? Auffällig ist zunächst, daß der König informiert wurde und sich auch sofort einschaltete. Er rief die Synode zusammen, und unter seinem Vorsitz fand sie statt. Die von dieser häretischen Gruppe ausgehende Gefahr schien also so groß, daß der König selbst gegen sie vorgehen mußte. »Das ansteckende Gift«, schreibt Duby über diese Ketzerei (Ordnungen, S. 195), »befiel die ideologischen Apparate des fränkischen Staates auf höchster Ebene«.

Von einem fränkischen Staat kann man aber für die damalige Zeit kaum sprechen. Im 11. Jh. hatte sich das karolingische Feudalsystem, das auf dem Vasallentum beruhte, tendenziell aufgelöst. Der König konnte kaum noch auf die Unterstützung, auf Rat und Hilfe durch die Großen seines Reiches rechnen.

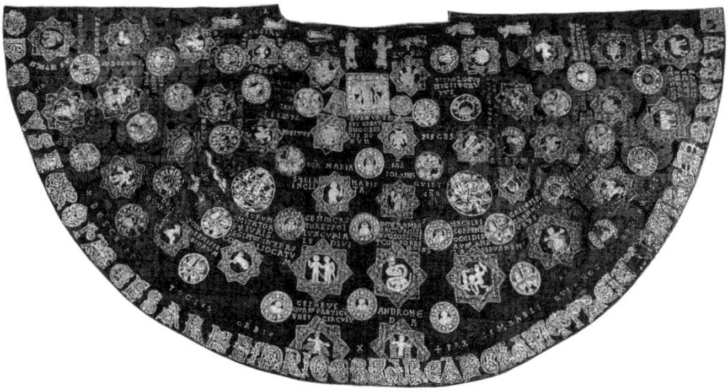

13 Mit Sternen bestickter Kaisermantel Heinrichs II. Um 1020. Bamberg, Diözesanmuseum.

Die Lehen waren erblich geworden. Grafen und Bischöfe gingen dazu über, Lehen gleichzeitig aus der Hand unterschiedlicher Herren entgegenzunehmen. Im 10. Jh. schon hatten auch die ›Kleinen‹, Kastellane und Burgherren, begonnen, sich zu verselbständigen: Sie betrachteten sich als Erben ihrer Väter, nicht als Vasallen ihrer Lehnsherren. Sie betrieben eine eigene Politik, erließen eigene Gesetze und übten die Rechtsprechung in ihrem eigenen Namen aus.

Der König als höchster Punkt der Lehenspyramide war nach karolingischer Tradition auch der *rector errantium*, der der Kirche Schutz gewährte und die Irrenden wieder auf den rechten Pfad zurückzubringen hatte. Er war der einzige Laie, der gesalbt und damit dem Priester gleichgestellt war. Gleichzeitig wuchsen ihm damit magische Kräfte zu, insbesonders die der Krankenheilung. Als gesalbter Laie war er Garant der politischen und religiösen Ordnung. Diese war nun durch das Auftreten der Ketzer empfindlich gestört. Der König mußte deshalb alles tun, um die Ordnung wiederherzustellen, deren Störung nicht zuletzt ihm selbst zuzurechnen war. Die Wiedererlangung dieses Gleichgewichts konnte am radikalsten durch die Vernichtung der Ketzerei an ihrer Wurzel erreicht werden. Die Todesstrafe, die als Strafmaß gewiß nicht notwendig war –

vermutlich handelte es sich um die erste Ketzerverbrennung in der westlichen Welt –, sollte Kraft und Macht des Königs unterstreichen und seine Legitimation bekräftigen. Insofern sind die Theologen der Königskapelle Opfer der Politik geworden.

Ihre fachliche Qualifikation unterschied sie vom Bauern Leutard: Hier haben wir es mit hochkarätigen Theologen zu tun. Die Ketzerei hatte die Elite der Geistlichkeit erfaßt; ihre Anführer waren Männer, die im Rufe großer Gelehrsamkeit und tugendhafter Frömmigkeit standen. Die Bischöfe sahen sich dieses Mal also nicht einem ungehobelten Bauern gebenüber, den sie mit dem Gewicht ihres Amtes, ihrem reichen Ornat und einfacher Rhetorik hätten überzeugen oder überreden können. Sie standen ihresgleichen, wenn nicht gar besseren Theologen gegenüber, denen sie argumentativ nicht gewachsen waren. Aber das spielte keine Rolle. Es ging dem Konzil nicht um Wahrheitsfindung, denn die Wahrheit stand fest. Sie ruhte im Schoß der heiligen römischen Kirche. Kraß gesagt, ging es um die Frage, ob diese Männer krank waren oder nicht, ob sie vom Teufel besessen waren oder nicht. Denn das Übel der Ketzerei war keine Sache freier Willensentscheidung oder ein Ergebnis von Überlegung und Gespräch, sondern eine gefährliche Krankheit.

Dies ist jedenfalls die Auffassung der Zeitgenossen. Radulf Glaber hatte Leutard als wahnsinnig bezeichnet. Unter dieser Voraussetzung kann man mit der Ketzerei nicht diskursiv, rational oder argumentierend umgehen, obwohl unsere Berichterstatter dies tun. Denn sie ist kein Ergebnis des Denkens und beruht nicht auf Schlußfolgerungen, sondern sie ist ein krankhafter Zustand. Deshalb ist sie auch keine denkbare Alternative zu der Lehre der Kirche, ist sie keine weitere mögliche Meinung unter anderen. Denn die Lehre der Kirche ist keine mögliche Meinung, sondern Ausdruck des göttlichen Willen, die Wahrheit, die in einem fundamentalen kosmischen Zusammenhang steht. Die Ketzerei ist demgegenüber Ausdruck und Werk des Teufels.

Wenn die Königin Konstanze dem Geistlichen Stephan, ihrem früheren Beichtvater, in brutaler Weise ein Auge aussticht, als er auf dem Weg zum Scheiterhaufen ist, so beginnt sie nur das Zerstörungswerk am Bösen. War sie nicht persönlich diesem Bösen auch ausgesetzt gewesen und hatte sie nicht in großer Ansteckungsgefahr gestanden? Dabei ist sie sicherlich auch von Rache beseelt, da sie ihm einst ihr Vertrauen geschenkt hatte. Zugleich zeigt sich, daß die ›Spitzen‹ der Gesellschaft ein Verhältnis zur körperlichen Gewalt hatten, das uns heute fremd geworden ist.

Zum Reich des Satans gehören deshalb auch die rituellen Praktiken der Ketzer. Paul von St-Père-de-Chartres beschreibt sie, wobei er die überlieferten Schauergeschichten aufgreift. Im Mittelpunkt steht das »himmlische Mahl«, wie die Ketzer ihre rituellen Mahlzeiten nach seiner Aussage selbst nennen.

»In gewissen Nächten trafen sie sich in dem von mir schon erwähnten Haus. Jeder hielt ein Kerze in seiner Hand und rief wie eine Litanei namentlich eine Reihe von Dämonen an, bis sie plötzlich den Teufel in der Gestalt eines wilden Tieres unter sich erscheinen sahen. Nach diesem Zeichen löschten sie ihre Lichter aus, und jeder griff sich die Frau, die sich gerade in seiner Nähe befand, und verging sich an ihr. Ohne Rücksicht auf die Sünde und darauf, ob sie Mutter, Schwester oder Nonne war, betrachteten sie diesen Geschlechtsverkehr als ein heiliges und religiöses Werk. Ein aus dieser ekelhaften Vereinigung hervorgegangenes Kind unterwarfen sie acht Tage nach seiner Geburt wie die alten Heiden der Prüfung durch die Flammen, nachdem sie ein

14 Ketzerverbrennung. Um 1250. Yan, Toulouse.

großes Feuer angezündet hatten, und verbrannten es. Die Asche wurde gesammelt und mit einer solchen Ehrfurcht aufbewahrt, wie sie die christliche Religion dem Leib Christi entgegenbringt. Sie reichten sie den Kranken als eine Art letzter Ölung auf dem Totenbett. Die Asche enthielt so viel satanische Macht, daß jeder, der der Ketzerei unterlegen war und davon auch nur eine Spur zu sich nahm, danach kaum noch in der Lage war, sich von der Ketzerei ab- und der Wahrheit wieder zuzuwenden« (Moore, S. 12/13).

Dieser Abschnitt des Berichtes Pauls stimmt inhaltlich mit Passagen aus dem Werk Tertullians *Verteidigung des Christentums* überein. Wie oft bei den mittelalterlichen Schreibern werden die Texte der Kirchenväter für die unmittelbare Wahrheit genommen und auf die eigene Wirklichkeit direkt angewendet. Hier aber mit der Besonderheit, daß die beschriebenen rituellen Praktiken laut Tertullian den Christen nachgesagt wurden.

Nach diesen Vorstellungen waren die Kräfte der Ketzer magischer Natur. In ihnen konkretisierten sich die magischen Teufelspraktiken, die Macht über andere Menschen verliehen. Hier war es das Zauberpulver, aus einem unbeschreiblichen Vorgang gewonnen, das sogar den Weg zurück zur Wahrheit der Kirche versperrt. Darum vergaß der Chronist nicht zu erwähnen, daß auch diese Asche bei der Verbrennung der Ketzer vernichtet wurde. Durch die Kraft dieses Stoffes konnte der Teufel Wirkungen erzielen, aufgrund derer die Seele fast unrettbar verloren gegeben werden mußte. Die Asche erzielte diesen Effekt des abrupten Wandels, in dem der Betroffene ein anderer Mensch wurde, sich aus einem Gottesgeschöpf in eine Kreatur Satans verwandelte.

Mit der Einnahme des Pulvers fiel der Mensch also dem Reich des Satans anheim. Der Satan war freilich nie so stark, daß der Rückweg ganz und gar ausgeschlossen gewesen wäre. Es bestand immer die Möglichkeit, daß der Ketzer sich wieder dem göttlichen Wort öffnete. Das geschah aber nur in wenigen Fällen. Normalerweise verharrte der Ketzer in seiner Ketzerei, verlachte die Wahrheit des priesterlichen Zuspruchs, verwarf die Aufforderung, seinem Tun abzuschwören. Die Möglichkeit einer Rettung erscheint in der Erzählung Radulf Glabers, wenn er die Geschichte folgendermaßen enden läßt:

»Als sie angefangen hatten, lichterloh zu brennen, riefen sie, so laut sie konnten, vom Scheiterhaufen herunter, daß sie von einer teuflichen Zauberei arg getäuscht worden seien, daß sie von Gott und dem Herrn des Universums schlecht gedacht hätten, und daß sie für diese Gotteslästerung durch die Strafe dieser Welt und die der anderen gemartert würden. Als die Zuschauer das hörten, wurden viele von Menschlichkeit bewegt und näherten sich ihnen, um sie halbverbrannt aus dem Feuer zu ziehen, konnten aber nichts mehr machen, da jene, von der rächenden Flamme verzehrt, auf der Stelle zu Asche zerfielen« (Duvernoy, Histoire, S. 89).

Dieses Ende ist also keine willkürliche Erfindung Radulf Glabers. Der Abschluß des Berichtes hat seinen eschatologischen Sinn darin, daß auch der Ketzer bis zuletzt in der Möglichkeit lebt, seinen Irrtum zu widerrufen und zu bereuen: Trotz des magischen Wunderpulvers siegt der Satan nicht, und das ist ein Zeichen dafür, daß er sich die Welt nicht wird unterwerfen können. Die abstrusen Praktiken, die der Autor den Ketzern unterschiebt, lehren uns also einiges über seine magische Weltsicht und über die Einordnung der Ketzerei in den kosmischen Kampf zwischen Teufel und Gott, weniger aber über das, was die Ketzer tatsächlich taten.

Das »Gift der Ketzerei« ist ein Mittel, das der Teufel in seinem Kampf gegen Gott verwendet. Die Menschen, die auf der Seite Gottes stehen, müssen sich deshalb auch mit allen Mitteln gegen den Teufel wehren. Gegen ihn aber kann man nicht mit denselben Mitteln vorgehen wie gegen Menschen. Gegen den Teufel hilft nur: Exorzismus, in Bann schlagen, die Mobilisierung höherer Kräfte, Vernichtung. Die Verbrennung der Ketzer samt ihrer magischen Asche ist also das radikalste Mittel, mit der teuflischen Häresie Schluß zu machen. Wie konnte es aber überhaupt zu dieser Ketzerei kommen? Radulf Glaber gibt uns auch darauf eine Antwort.

»Man erzählt sich, daß diese verrückte Ketzerei von einer Frau nach Gallien gebracht worden sei. Sie war vom Teufel besessen und verführte, wen immer sie konnte, also nicht nur Dummköpfe und einfaches Volk, sondern sogar viele von denen, die man für die gelehrtesten der Kleriker hielt. Sie kam nach Orléans, blieb hier eine Weile und steckte viele mit dem Gift ihrer Verruchtheit an. Wer diesen abscheulichen Samen in sich trug, tat sein Bestes, um ihn unter anderen zu verbreiten. Leider hielt man die beiden führenden Vertreter dieser widernatürlichen Ketzerei in der Stadt für Kleriker höchsten Ranges und höchster Gelehrsamkeit« (Duby, L´ an mil, S. 125).

Fragen nach Einflüssen und rationalen Zusammenhängen liegen ihm fern. Nicht anders als Adémar von Chabannes, der auch über den Vorfall berichtet: Bei ihm ist es ein Bauer, der sich auf die satanischen Verführungskünste versteht. Er trägt ebenfalls ein Pulver bei sich, das die Ketzer aus der Asche toter Kinder gewonnen hatten und das alle, die davon aßen, unfehlbar zu Ketzern machte. Doch blitzt bei Radulf Glaber auf, daß die Kanoniker von Orléans nicht einfach Teufelsanbeter gewesen sind, sondern daß es sich um unruhige Geister gehandelt hat, »die sich an den Mysterien von Schöpfung und Dreifaltigkeit stießen und für die das Böse in der Welt ein Problem darstellte« (Duby, L´ an mil, S. 124).

Diese Erläuterungen der Chronisten werfen ein Licht auf die damaligen Denkweisen, geben uns aber keine zufriedenstellende Antwort darauf, wie sich diese Lehren in der Königskapelle des französischen Hofes entwickeln konnten. Die Vermutung ist naheliegend, daß die ketzerischen Theologen damit auf Probleme antworteten, die systemimmanent (also innertheologisch) aus einer Unzufriedenheit mit der orthodoxen Lehre der Kirche erwachsen waren und die sie lösen wollten. Andererseits scheint es nicht unwahrscheinlich, daß die gelehrten Kleriker Elemente ihrer Geheimlehre aus fremden Zusammenhängen bezogen. Zumindest manche Ideen sind wenig abendländisch, zum Beispiel die These von dem Scheinleib Christi, die wir dann bei den radikalen Katharern wiederfinden.

Wäre es nicht vorstellbar, daß die Hoftheologen von Orléans ihre abweichenden theologischen Meinungen in einem Streit verschiedener Schulen entschieden oder beigelegt hätten, in dessen Mittelpunkt das Verhältnis von Inkarnation, Sakrament und Schöpfungslehre gestanden hätte? In einer solchen Perspektive wären die Kleriker von Orléans vielleicht gar keine Ketzer gewesen. Deshalb wollen wir uns, bevor wir schauen, woher der dualistische Katharismus stammt, in einer Atempause von den Geschehnissen etwas entfernen und fragen, was ein christlicher Ketzer eigentlich ist.

Erstes Zwischenspiel: Was ist ein Ketzer?

Das Christentum in seiner späteren Gestalt ist aus schweren Kontroversen unter seinen frühen Anhängern hervorgegangen. Es gab eine Vielzahl von divergierenden Meinungen. Erinnert sei nur an die Unterschiede zwischen Judenchristen und Heidenchristen, die beide recht unterschiedliche Vorstellungen über die Heilsgeschichte, die Gestalt Jesu und die jüdische Gesetzlichkeit hatten. Daneben gibt es im frühen Christentum starke gnostische Strömungen, die sich bei dem Apostel Paulus, vor allem aber im Johannesevangelium finden.

Für das Urchristentum selbst und die erste Zeit seiner Existenz kann man deshalb noch nicht von Häresie oder Ketzerei sprechen. Denn Ketzerei gibt es nur dort, wo es auch eine Orthodoxie gibt, also eine autoritative Festlegung der Wahrheit, sei sie theologischer, ritueller oder moralischer Art. Eine solche orthodoxe Lehrmeinung über die Gegenstände des Glaubens, des Ritus´ und der Moral hat es im frühen Christentum noch nicht gegeben. »So ist das hellenistische Christentum keine einheitliche Größe, sondern aufs Ganze gesehen ein merkwürdiges synkretistisches Gebilde, in sich Spannungen und Gegensätze enthaltend, Richtungen, die von einer in der alten Kirche sich dann durchsetzenden ›Rechtgläubigkeit‹ aus als ›Ketzerei‹ beurteilt werden mußten; deshalb auch Kämpfe der verschiedenen Richtungen, von denen schon die paulinischen Briefe einen Eindruck geben« (Bultmann, Urchristentum, S. 194).

Aber schon im Text des Neuen Testaments findet sich der griechische Begriff der *hairesis*. Ursprünglich bedeutete dieses Wort nur »Wahl« und bezeichnete in den griechischen Philosophenschulen eine bestimmte Meinung. Im hellenistischen Judentum benannte es die Religionsparteien der Sadduzäer und

15 Die dreiköpfige schreckliche Häresie. Aus einem antireformatorischen Flugblatt. Ende des 17. Jh.

Pharisäer. Die Juden betrachteten die Christen deshalb als eine jüdische *hairesis*, also als eine innerjüdische Gruppierung. Der Apostel Paulus bezeichnete sich in seiner in der Apostelgeschichte berichteten Verteidigungsrede selbst als der *hairesis* – manche übersetzen mit »Sekte« – der Nazarener zugehörig

(24,14; 28,22). Nachapostolisch wird das Wort zur Kennzeichnung von Irrlehren verwendet.

Ein Häretiker ist demzufolge jemand, der der falschen Auffassung anhängt. Die Wahrheit liegt dann auf der anderen Seite. Damit kann der Begriff zur Kennzeichnung und Herabsetzung von Gegnern benutzt werden, deren Meinung falsch sei. Und diesen Vorwurf können sich die Parteien wechselseitig machen: Jede Partei ist in den Augen der andern häretisch. Paulus wurde wegen seines Eintretens für die heidenchristliche Verkündigung von den Judenchristen der Irrlehre verdächtigt. Die Kirchenspaltung ist damit schon in der frühesten Zeit mit dem Begriff der Häresie verknüpft.

Paulus mußte sich also einerseits gegen den jüdischen Verdacht zur Wehr setzen, einer Irrlehre anzugehören. Andererseits mußte er genau die entgegengesetzte Position vertreten: Ihm oblag die schwierige Aufgabe, in den paulinischen Gemeinden die Entstehung von Irrlehren, von Häresien zu unterbinden. Denn in diesen Gemeinden wurden zum Teil heftige Auseinandersetzungen über den richtigen Weg geführt. Die Probleme der rechten christlichen Lehre mußte Paulus deshalb durch eine eigene Orthodoxie zu überwinden und zu bannen suchen. Dem dienten vor allem seine Briefe an die Gemeinden. Besonders klar zeigen das die Korintherbriefe: Im ersten muß sich Paulus – zunächst erfolglos, denn den Erfolg der Versöhnung bringt erst der zweite Brief – gegen massive Kritik verteidigen. Auch in den anderen Briefen finden sich forcierte Auseinandersetzungen mit anderen Kulten oder Philosophien. Erst allmählich bildete sich eine Lehrmeinung heraus, die allgemeine Anerkennung genoß.

Dieser Zwiespalt wurde für das Christentum in den ersten Jahrhunderten paradigmatisch: Einerseits mußte es in seinen eigenen Reihen abweichende Meinungen als Ketzereien brandmarken; andererseits erschienen die Christen im Römischen Reich als eine sehr merkwürdige Gruppe, die zwar nicht als Ketzer (wie hätte es solche in der römischen Religion geben können?), wohl aber als Verbrecher galten. Darüber unterrichtet Tertullians Schrift *Verteidigung des Christentums*, das *Apologeticum*, in der er mit juristisch geschulter Argumentation die Römer des schlechten Umgangs mit den Christen bezichtigt.

Nachdem sich das Christentum durchgesetzt hatte, sagte es den ketzerischen Strömungen einen energischen Kampf an. Es mußte sich aber mit verschiedenen Paulusworten auseinandersetzen, die sich zu den Häretikern äußerten. So heißt es im 1. Korintherbrief: »Denn es muß auch Ketzer unter euch geben, damit die Bewährten offenbar werden unter euch« (11, 19). Und im Titusbrief (3, 10) steht: »Einen ketzerischen Menschen meide, wenn du ihn ein- oder zweimal zurechtgewiesen hast«. Paulus spricht also von einer Notwendigkeit der Ketzer und empfiehlt zugleich, sich nicht auf sie einzulassen. Anweisungen, die im Mittelalter keine Anerkennung gefunden haben, hat sich die Kirche doch in massivster Weise, nämlich mit einem Ausrottungsprogramm, auf die Ketzer eingelassen.

Als die Ketzerei um die Jahrtausendwende mit dem Bauern Leutard plötzlich wieder auftauchte, gab es keine praktischen Erfahrungen, die Anleitung dazu hätten geben können, wie mit ihnen zu verfahren sei. Seit karolingischer Zeit waren die Ketzerschriften verschiedener Kirchenväter bekannt, aber man hatte praktisch keinen Umgang mit leibhaftigen Ketzern mehr gehabt. Deshalb griffen die gelehrten Männer einfach auf die überlieferten Schriften zurück, insbesondere auf die Ketzerkataloge, die sich bei Augustinus oder Isidor von Sevilla fanden. Jede neue Irrlehre wurde mit Hilfe dieser Klassifikationen eingeordnet, ob sie paßte oder nicht. Es ist deshalb oft schwierig festzustellen, was aus der Literatur entnommen wurde und was auf Erfahrung zurückging.

Diese sogenannten Ketzerkataloge zeigten auch noch in den Schriften des 12. Jh. Wirkung. Honorius Augustodunensis schrieb den Ketzerkatalog des Isidor von Sevilla aus dem 8. Jh. ab. Dieser hatte eine lange Liste von Sätzen aufgeführt, die er alle häretisch nannte. Aber in dem Bewußtsein, daß die Möglichkeiten der Ketzerei damit nicht erschöpft waren, hatte Isidor den später ins kanonische Kirchenrecht aufgenommenen Satz des Hieronymus an den Schluß seiner Aufzählung gesetzt: »Auch wer die heilige Schrift anders versteht, als es der Sinn des Heiligen Geistes fordert, kann ein Ketzer genannt werden, selbst wenn er sich nicht von der Kirche trennt.« Honorius hatte aus guten Gründen diesen Satz nicht übernommen: Eine andere Meinung war nicht sofort als Ketzerei zu verwerfen, nur weil ihr Verfasser die Schrift anders verstand, als der heilige Geist es vorsah. Aber er mußte sich korrigieren lassen. Sonst war er halsstarrig und damit doch ein Ketzer.

In dieser Spannung stand auch die Entwicklung der Scholastik. Schon die frühen Scholastiker hatte ein starkes Bewußtsein davon, wie bedeutungsvoll die Ketzerei für sie war. Sie stellten sich diesem Problem, weil sie selbst in ihrem Denken die Grenzen des Möglichen ausloten wollten. Dabei mußten sie manche Grenze überschreiten und standen damit immer in der Gefahr, den Boden der Orthodoxie zu verlassen. Denn in ihren Meinungskämpfen gab es natürlich auch falsche Meinungen. Den Frühscholastikern war deshalb klar, daß nicht jede Falschheit und jede Abweichung häretisch waren. Vor allem war sie es dann nicht, wenn der ›Abweichler‹ bereit war, auf andere zu hören und sich zu korrigieren. Gleichwohl war ihre scholastische Wissenschaft immer eine Gratwanderung, und einige der scholastischen Philosophen bekamen das am eigenen Leib zu spüren. Etwa Abaelard, dessen Thesen 1140 auf einer Synode verdammt wurden.

Bei Abaelard haben wir es aber mit einer theologischen Auseinandersetzung zwischen Gelehrten zu tun, die die volksreligiösen Bewegungen nicht oder kaum berührte. Gleichzeitig aber zeigt sie uns, wo diese Theologie die Auseinandersetzung mit der Häresie suchte: im theologischen Rahmen, also auf dem Gebiet der Lehrsätze und Dogmen, deren Für und Wider man erörtern konnte. Der religiöse Impuls, der die großen Ketzergruppen wie die Katharer oder die Waldenser trieb, wurde nicht erkannt. Das Armutsproblem und die Herausforderungen eines Lebens auf den Spuren der Apostel, der *vita apostolica*, entgingen diesen hochgelehrten Theologen. Zur Bewältigung der religiösen Grundprobleme ihrer Zeit haben sie konkret nicht viel beigetragen. Sieht man die Aufgabe der Theologie auch darin, so müssen wir an diesem Punkt ihr Scheitern feststellen.

Wie aber wurden dann die konkreten Erfahrungen mit den neuen Ketzerbewegungen verarbeitet? Die von den Bischöfen und Mönchen herangezogene Literatur der Kirchenväter war nur brauchbar, um zu allgemeinen Ergebnissen zu kommen, nicht aber zur Lösung der konkreten Probleme. Dennoch hat sie im gesamten Kampf mit den Ketzern eine maßgebliche Rolle gespielt. Denn der Ketzer ist in dieser Literatur zu einem Typus geronnen, der in fast dinghafter Weise charakterisiert wird. In diesem Bild können empirische Momente keinen Platz finden. Für eine eigenständige Beschreibung oder gar für Verständnis ist kein Raum. »Der Typus des Ketzers« (Grundmann) durchzieht die Kirchengeschichte als stets präsentes negatives Gegenbild zum Gläubigen.

Zwei Kennzeichen konnte man an diesem Gegenspieler ausmachen: Zunächst war er durch seinen Stolz gekennzeichnet, den das Mittelalter als die Wurzel aller Sünde betrachtete. Sein Stolz beruhte vor allem darauf, daß er sich ein höheres Wissen als die Kirche anmaßte. Die Ketzer »bestehen auf eigenen Gedanken – das sei die Ursache aller Ketzerlehren« (Grundmann, Typus, S. 316). Dieser Hochmut fügt sich gut in das abstrakte Bild von den Irrgläubigen, denn er ist kein beobachtbarer Tatbestand, sondern eine negative moralische Wertung.

16 M.C. Escher, Der Sündenbock.

Zum zweiten wird stets auf den von den Ketzern erzeugten »Schein der Frömmigkeit« hingewiesen. Wir sind diesem Ausdruck bei den Geschichten von Leutard und von den abtrünnigen Geistlichen in Orléans begegnet. Das, was von den Ketzern zu sehen und zu beobachten ist, ist falscher Schein, hinter dem sich das wahre Gesicht des Antichristen verbirgt. Besonders heimtückisch sind deshalb alle diejenigen, die besonders fromm erscheinen. Denn sie sind die schlimmsten Wölfe im Schafspelz. Jeder, der den Weg der apostolischen Armut wählt, ohne den Vorstellungen der Kirche zu folgen, ist damit a priori schon dem Verdikt verfallen.

Wer etwas nur zum Scheine tut, verbirgt sein wahres Gesicht, zeigt sich nicht und wirkt im Heimlichen. Er scheut die Offenheit und das Licht. Zur Heimlichkeit zwingt ihn seine scheinbare Frömmigkeit. Sein wirklicher Glaube ist so schandbar, daß er ihn verstecken muß. Allein seine Geheimhaltung zeigt schon an, daß er falscher Glaube ist. »Denn jeder, der Böses tut, haßt das Licht und kommt nicht zum Licht, damit seine Werke nicht aufgedeckt werden«, heißt es im Johannesevangelium (3, 20). Was sich verbirgt, kann nicht gut oder wahr sein.

Daraus folgt wieder zweierlei: Erstens geht das Argument fehl, ein frommes Leben zeige und beweise einen guten Christen. Denn auch ein fromm, ja ein sehr fromm erscheinendes Leben kann den richtigen Glauben nicht verbürgen. Im Gegenteil. Je schlimmer die Ketzerei, um so gläubiger muß sich der Ketzer gebärden. Für ihn ist eine solche scheinhafte Lebensführung notwendig, die nicht leicht zu durchschauen ist. Sie ist somit geradezu ein »Beweis des Irrglaubens«, und in der Glut der Frömmigkeit steckt ein »Merkmal des Ketzers und Antichristen« (Grundmann, Typus, S. 322). Zur Beurteilung eines anderen muß man also dessen wahren Glauben kennen, der sich aber bei dem Ketzer hinter einer frommen Fassade versteckt. Man darf also der Oberfläche nicht trauen, sondern muß sie durchschauen. Dazu sind große Erfahrung und hohe Schulung erforderlich. Denn wie soll man sonst echte von falscher Frömmigkeit unterscheiden?

Der zweite Punkt ist für das Bild vom Ketzer ebenso typisch: Das, was sich hinter der Maske verbirgt, bleibt geheim. Man weiß nichts darüber. Dieser Leerraum läßt der Phantasie freies Spiel. Sie kann sich nun ausmalen, was sich ›dahinter‹ befindet. Diesen freien Raum füllen die uralten Vorstellungen etwa über Dämonenverehrung, rituelle Unzucht und Kindesmord – Vorwürfe, die gegen die Christen erhoben wurden, als sie noch keine anerkannte Religion waren. Tertullian schreibt:

»Man sagt, wir seien die größten Verbrecher wegen des rituellen Kindermordes und des Fraßes von den Gemordeten und wegen der auf das Mahl folgenden Blutschande« (Verteidigung des Christentums, Kap. 7, 1).

Mit beißender Ironie fragt er nach den Beweisen für diese Anschuldigungen:

»Wer wäre ... jemals auf solch ein wimmerndes Kind gestoßen? ... Wer hätte solche Greuel, nachdem er sie einmal gefunden, verheimlichen können?« (Verteidigung des Christentums, Kap. 7, 5)

Wie uns die Geschichte vor allem zur Zeit der beginnenden Inquisition zeigt, hatte sich hier eine Vorstellung des Ketzers verselbständigt, die so stark wurde, »daß sie geradezu Häresien geschaffen hat« (Grundmann, Typus, S.325). Das gilt nicht nur für die christlichen Ketzer des Mittelalters, sondern genauso für die Horrorgeschichten, die im christlichen Europa über die Juden im Umlauf waren, für die Herausbildung des Bildes von »der Hexe« und auch noch für Hexen- und Ketzerprozesse in jüngerer Zeit, etwa im 18. Jh.

Solange diese Wahnvorstellungen geglaubt wurden und galten, war es beinahe unmöglich, sie aufzulösen. Jede Überlegung, die darauf zielte, daß sie vielleicht nicht der Wahrheit entsprachen, machte selbst schon zum Ketzer. Und so konnten diese (Wahn-)Vorstellungen als die Wirklichkeit erscheinen.

Denn jede Annäherung an die Wirklichkeit der Ketzer stand unter der Prämisse, daß sich die Wahrheit dahinter verberge. Leugnete ein Verdächtiger, sei es auch mit guten Gründen, so zeigte das nur seine Halsstarrigkeit. Gab er seine Untaten zu, so war der Beweis geführt, daß er ein Ketzer war. Jede Aussage von ihm sprach gegen ihn, sein Leugnen wie sein Geständnis. Dasselbe galt für seine Frömmigkeit, für seine Bibelkenntnis, für seine Keuschheit – für Charakteristika also, die einen guten Christen kennzeichneten. Fiktion und Wirklichkeit ließen sich nicht mehr von einander unterscheiden. Dieser Beurteilung des Ketzers entsprach die Vorstellung von seiner Genese.

Der Ketzer fiel gleichsam mit Naturgewalt in diesen kranken Zustand. Rationale Gründe dafür, daß er zu einem Ketzer wurde, persönliche Motive, Erfahrungen und Argumente waren irrelevant. Sie würden innerhalb der Welt erklärlich machen, wie es dazu kam. Nicht Kritik an den herrschenden Zuständen, nicht die Verwerflichkeit des Klerus, nicht eine dogmatische Schlußfolgerung waren Ursache der Ketzerei, sondern der satanische Widersacher Gottes. Der Ketzer gehörte damit zur Welt des Teufels (siehe Farbtafel 2). Und mit dem Teufel diskutierte man nicht. Der Ketzer hatte deshalb, wie Patschovsky sagt (Volksreligion, S. 145), »keine Genese: Ketzer wird man nicht, Ketzer ist man!« Damit stand der Ketzer außerhalb von Gesellschaft und Religion. Ein Aussätziger, ein Paria.

Ein aus Gesellschaft und Religion Ausgeschlossener, der der Welt des Satans angehört, war aber kein Mensch mehr. Man behandelte ihn dann auch nicht mehr menschlich. Was Bernhard von Clairvaux ein gutes Jahrhundert später zur Rechtfertigung der mordenden Kreuzfahrer vorbrachte, galt auch für die Ketzer. Wenn jemand

»einen Übeltäter umbringt, ist er nicht ein Menschenmörder, sondern sozusagen ein Mörder der Bosheit, und mit Recht wird er als Christi Rächer gegen die Missetäter und als Verteidiger der Christenheit angesehen« (Zitiert nach Diers, Tränen, S. 121).

In dem Ketzer wurde nicht der Mensch getötet, sondern der Satan, der von ihm Besitz ergriffen hatte.

Ein übriges bewirkte die Dialektik der Ketzerei selbst. Denn Ketzer mußte es nach dem Wort des Apostels geben. Sie waren auch der Kirche dienlich. Wer also die Kirche als Ketzer bekämpfte, handelte zugleich in ihrem Interesse, wenn auch auf eigene Kosten. Nach Augustinus wirkte die Auseinandersetzung mit ihnen klärend, stärkte die Geduld und die Weisheit der Kirche. Und nicht nur nach Augustinus. Denn die Verteidigung gegen die Angriffe der Häretiker führte zu klarer Erkenntnis und zu vertiefter Meditation. Deshalb sah sich der Ketzer immer schon in das Wirken der Kirche eingespannt. Die Kirche verdankte dem Ketzer viel.

Sein Ringen mit dem göttlichen Wort – das unter Innozenz III. dann dem Laien ganz verboten wird – konnte nie gelingen. Denn eben dieses Bemühen wies ihn schon als Ketzer aus. Die *glossa ordinaria* definierte: »Ketzer ist, wer durch Worte des Gesetzes das Gesetz bekämpft«. Damit war von vornherein dem vermeintlichen Ketzer jeder Bezug auf die Bibel, jede Wortquelle entzogen. Er konnte von ihr nur unlauteren Gebrauch machen. Daß das göttliche Wort so oder anders ausgelegt werden konnte, daß auch die Ketzer von ihm Gebrauch machen konnten und daß Gott das nicht verhinderte, ist nach Tertullian in Vergessenheit geraten. Die Kirche bemerkte so nicht, »daß auch die Ketzer Christen sind, bibelgemäß denken, leben und wirken, das Christentum ›verwirklichen‹ wollten« (Grundmann, Oportet, S. 362). Sie hat sich damit – im Lichte der vermeintlich hellsten Wahrheit – den Zugang zu ihren eigenen Schattenseiten versperrt.

Ein Priester namens Bogomil

Die Herkunft der Katharer

Weder der Bericht Everwins von Steinfeld noch unsere Quellen über das Treffen von Lombers oder das Konzil von St-Félix-de-Caraman präzisieren die Herkunft der Katharer. Nur Everwin zitiert die Verbrannten, nach deren Aussage die Anhänger dieser Lehre in vielen Ländern verbreitet seien und ihren Stammsitz in Byzanz hätten. Bis heute ist nicht geklärt, wie weit die Katharer von östlichen Strömungen beeinflußt oder sogar als Gruppe ins Leben gerufen worden sind.

Zunächst sind diese Häretiker Ketzer wie viele andere auch. Zwar klingen neue Töne an, aber ihr Hauptanliegen unterscheidet sich nicht oder nur geringfügig von dem, was wir als *vita apostolica* kennengelernt haben. Es geht um eine Lebensweise, um ein innerweltliches Verhalten. Deshalb spielt ihre Lehre nur eine untergeordnete Rolle. Aber spätestens seit dem Konzil von St-Félix-de-Caraman macht sich ein stärkeres Gewicht der Theologie bemerkbar: Mit Niketas, dem bogomilischen Bischof der byzantinischen Radikaldualisten, so heißt es, hat sich der radikale Dualismus durchgesetzt. Die altbogomilische Lehre, derzufolge der Teufel zwar die Welt geschaffen hat, aber doch Gottes Willen unterworfen ist, wird von der neuen Lehre abgelöst: Niketas vertritt die radikalen Dualisten, die Gott und den Teufel als gleichwertige Gegenspieler betrachten.

Wie aber konnte Niketas solchen Einfluß gewinnen, und woher kam er? Und wieso war das katharische Christentum gegenüber seinen Vorschlägen so ›anfällig‹?

Nun hatte es schon zur Zeit der Kirchenväter Auseinandersetzungen mit dualistischen Strömungen gegeben. Deren Inbgriff war der seit Augustin verpönte und bekämpfte Manichäismus. Er leitete sich von den Lehren des adeligen Persers Mani her, der etwa 277 n. Chr. in Persien gekreuzigt worden sein soll. In seiner Schrift *Arzeneikasten* (geschrieben gegen 375 n.Chr.) berichtete der Bischof Epiphanius von Salamis über die Manichäer:

»Manes beginnt sein Glaubensbuch folgendermaßen: Im Anfang waren Gott und Materie, Licht und Dunkelheit, Gut und Böse, die einander vollkommen feindlich gegenüberstanden und nichts gemeinsam hatten« (Spiegelberg, S. 564).

Damit ist der Ausgangspunkt eines kosmologischen Dualismus gekennzeichnet, den auch die Katharer vertraten. Dem Christentum aber waren solche Lehren wohlbekannt. Denn es ist immer wieder daran zu erinnern, daß die christliche Religion keine mitteleuropäische Angelegenheit war, sondern daß sie in der Auseinandersetzung mit den orientalischen Religionen wie etwa dem Judentum und der Gnosis ihre Form gewonnen hat. Eine enthistorisierte und verdünnte Vorstellung vom christlichen Wesen vergißt das zu leicht. Denn das Christentum ist weder historisch noch theologisch einfach in Rom anzusiedeln. Dabei wird nicht nur Byzanz übersehen, sondern der ganze Orient und ebenso die Übernahme von Motiven aus der griechischen Philosophie.

Der Dualismus ist eine zunächst plausible und naheliegende Philosopohie, denn er geht von den Polaritäten aus, die überall anzutreffen sind, und überhöht sie dann metaphysisch. Auch in der christlichen Lehre mußten viele Gegensätze verarbeitet werden. So hat sie eine Reihe von dualistischen Begriffen wie etwa Gott und Teufel, Christ und Antichrist, gut und böse, Er-

17 Caravaggio, Madonna dei Palafrenieri. Rom, Galleria Borghese.

lösung und Verdammnis in sich aufgenommen. Augustinus, der bedeutendste Kämpfer gegen den Dualismus, dessen Thesen er selbst als Manichäer vertreten hatte, stellte in seinem großen Werk *Über den Gottesstaat* diesen in dualistischer Weise dem Menschenstaat gegenüber. Deshalb ist es nicht verwunderlich, wenn der Dualismus im Christentum immer in irgendeiner Weise präsent war – und sei es auch nur in der negativen Form der »manichäischen Ketzerei«.

Gerade im östlichen Reich haben sich im Laufe der Jahrhunderte auch andere ketzerische Gruppen erhalten oder neu gebildet. Gegen Ende des 8. Jh. traten etwa die Paulikianer mit einer ins frühe Christentum zurückreichenden Tradition wieder hervor. Sie hielten in syrischer Tradition an einem grundlegenden Mißtrauen gegenüber Bildern fest und glaubten, Jesus sei von Gott bei der Taufe adoptiert worden, also nicht als Gottes Sohn geboren. Ins 9. Jh. fällt die Aufnahme gewisser dualistischer Elemente in diese Lehre, die die Existenz zweier göttlicher Wesen postulierte, von denen das böse Prinzip die Welt geschaffen habe. In der Folge wurde die Leiblichkeit Christi geleugnet und alles Materielle verdammt.

Paulikianische Ideen wurden auch in Bulgarien aufgenommen, das im Jahre 972 in das russische Reich eingegliedert worden war. Sie wurden von einem bulgarischen Priester vertreten, der unter dem Namen Bogomil – der des göttlichen Erbarmens Würdige – auftrat. Ein Priester namens Kosmas hat die Lehre Bogomils dargestellt, um ihre Falschheit aufzuweisen. Dadurch sind wir über Bogomils Lehren einigermaßen unterrichtet.

Sie geht davon aus, daß die Welt böse und der Teufel der Herr der Materie ist. Deshalb ist alles Materielle und alles Weltliche von Übel. Die Kirchengebäude wie auch ihr Schmuck, die Bilder und Kreuze werden verworfen. Ebenso die Sakramente, die sich der Materie bedienen. Die Taufe mit Wasser wird durch einen Initiationsritus der Handauflegung ersetzt. Weil der Teufel der Weltschöpfer ist, wird er mit dem Gott des Alten Testamentes identifiziert, der nach der Schöpfungsgeschichte der Bibel alles geschaffen hat. Konsequenterweise wird das Alte Testament deshalb nicht zu den heiligen Schriften gezählt.

In dieser bösen Welt ist also nicht gut sein. Es hat keinen Sinn, sie revolutionieren oder ändern zu wollen. Am besten versucht man, ihr zu entfliehen, sich von ihr ganz abzuwenden. Alles, was zum Bestand der Welt beiträgt, trägt zur Erhaltung des Bösen bei. Ehe und Zeugung sind deshalb genauso verboten wie der Genuß von Fleisch. Bescheidenheit, Buße und Rückzug in die Innerlichkeit werden gefordert, in der Nachfolge der Apostel.

Die Gemeinde Bogomils war sehr schlicht, nannte sich nicht einmal »Kirche«, betete als ihr einziges Gebet das Vaterunser und hielt sich für die einzig wahre christliche Gemeinschaft. Ihren Erfolg verdankte sie auch der politischen Situation im damaligen Bulgarien. Die Bogomilen bildeten ein Gegenstück zur griechischen Orthodoxie, die stark mit dem verhaßten Byzanz verbunden war. Der Bogomilismus konnte so als Religion einer patriotischen Opposition der gegen Staat und Kirche geeinten bulgarischen Bauernschaft verstanden werden. Bogomil selbst aber lehrte Unterwerfung und Rückzug aus der Welt – nicht Aufstand und Widerstand.

Als seine Lehre sich ausbreitete und auch in Byzanz Anhänger gewann, führte das zu ihrer Differenzierung und zur Ausbildung einer neuen Kosmologie. An der Frage, ob der Teufel nur ein Geschöpf Gottes sei oder selbst ein Gott mit einem eigenen Reich – der Welt –, schieden sich die Geister. Es kam zur Kirchenspaltung. »Die Anhänger der neuen Lehre von Satans Gleichberechtigung sammeln sich in der ›dragovitischen‹ Kirche, nach der thrakischen Landschaft Dragowitsa benannt; die Altbogomilen, jetzt nur noch eine Partei, nennen sich ›bulgarisch‹ « (Borst, Katharer, S. 62).

18 Fra Angelico, Die Verdammten. Ausschnitt aus dem *Jüngsten Gericht*. Florenz, Museo di San Marco.

Die bald darauf einsetzenden Verfolgungen durch den byzantinischen Kaiser führten dazu, daß die Bogomilen sich wieder in ihr Stammland zurückzogen, gleichzeitig aber mit einer landesübergreifenden Missionierung begannen. Die bogomilischen Botschafter zogen bis nach Italien und Frankreich. Sie verbreiteten ihre Lehre, die dann wohl auch von den Katharern aufgegriffen wurde. Über diese Missionen, die wir nur vermuten können, wissen wir nichts. Die anderen Kontakte mit den östlichen Ländern sollten aber nicht unterschätzt werden. Da gab es Handelsbeziehungen, die Händler mit den fremden Gebräuchen und Überzeugungen in Kontakt brachten, und auch die Kreuzzüge, die ihr Ziel im Nahen Osten hatten.

Nun finden sich Elemente der bogomilischen Lehre in den unterschiedlichen Ketzereien, die im Westen auftauchen. Zwar nennen unsere Chronisten diese Ketzer zunächst nicht Katharer (erst seit Eckbert von Schönau, 1163), wohl aber Manichäer. Darin dürfte aber eher ein Rückgriff auf die alte Ketzerliteratur zu sehen sein als ein Hinweis auf Lehrinhalte, denn der Bogomilismus war diesen Schreibern nicht bekannt. Wenn seine Lehren also Fuß fassen konnten, so sicher vor allem deshalb, weil der Boden dafür bereitet war, d.h. die Unzufriedenheit mit dem Angebot des Katholizismus groß war und man Alternativen suchte.

Für das 12. Jh. können wir davon ausgehen, daß in der religiös sehnsüchtigen und aufgewühlten Zeit bogomilische Vorstellungen Eingang gefunden haben. Wir finden schon in dem Bericht Everwins von Steinfeld an Bernhard von Clairvaux Elemente, die sich auch in dem Bericht von Kosmas dem Priester finden.

Wie im folgenden zu sehen sein wird, vertrug sich die Theologie des radikalen Bogomilismus aber mit den christlichen Vorstellungen von Gott und der Weltschöpfung nicht gut.

Der Teufel und der liebe Gott
Die Theologie der Katharer

Die Theologie hat in der religiösen Entwicklung der Katharer vermutlich seit dem Konzil von St-Felix 1167 zunehmend an Bedeutung gewonnen. Zwei Grundzüge charakterisieren sie: ihre Weltverneinung (die Welt ist schlecht) und ihr Dualismus (es gibt zwei Weltprinzipien: Gott und Teufel). Die daran anknüpfenden Überlegungen machen ihre Haltung gegenüber der Welt und der Erlösung verständlich und unterscheiden sie von der katholischen Kirche. Deshalb geht es in diesem Kapitel um religiöse und metaphysische Spekulationen, in denen die Grundlagen der Glaubensüberzeugungen formuliert und begründet werden.

Wir müssen dabei aber im Auge behalten, daß die katharische Lehre keine Einheit bildet. Man hat deshalb zu Recht auch von katharischen Sekten gesprochen. Immer wieder wird berichtet, daß die Katharer untereinander über viele Fragen verschiedener Meinung gewesen seien. Die übliche Unterscheidung in radikale und gemäßigte Dualisten erklärt diese Meinungsvielfalt nur bedingt, denn die Fülle der Vorstellungen läßt sich nicht in das Schema »radikaldualistisch – gemäßigt dualistisch« pressen.

Daß die Spekulation so blühte, lag auch an der Systematik des radikalen Dualismus selbst. Er ging stets von einem »ent-

19 Marc Chagall, Adam und Eva (Studie), 1912.

weder – oder« aus. Abstufungen, Ausnahmen, Differenzierungen oder ein »sowohl - als auch« kannte er im Grundsatz nicht. Da sich in dieser einfachen und zugleich schroffen Form der Entgegensetzung die Welt und die Menschen nicht fassen lassen, muß man im Einzelfall doch immer wieder von diesem »entweder – oder« abgehen, also differenzieren. Diese Differenzierungen finden in dem radikalen dualen Denken aber keine Stütze. Sie sind deshalb zahlreich und willkürlich. Streng dualistisch ist es schwierig, die Schaffung der Welt, den Sündenfall oder die Moral plausibel zu machen.

Ein weiterer Grund für das Fehlen einer geschlossenen Lehre liegt darin, daß keine zentrale und autoritative Macht bestand, die über Streitfragen hätte endgültig entscheiden können. So finden sich in den Berichten immer wieder Hinweise auf unterschiedliche Auffassungen; zugleich aber werden die Punkte notiert, in denen die Katharer sich einig sind. Als Beispiel dafür stehe eine Stelle aus einem mittelalterlichen Codex über die Lehre der Katharer.

»Wir vermögen allerdings nichts Bestimmtes über das Lebendigmachen und das Anblasen von Adams Leib zu sagen, weil die Häretiker fast ebensoviele Geschichten hierüber, wie sie selbst an Zahl sind, nach Belieben hinzutun. Hierin aber stimmen sie alle überein, daß der Teufel den Leib gestaltet habe« (Sloterdijk/Macho, S. 611 f.).

Für die Katharer ist also der Teufel der Schöpfer der Welt. Wenn die Schöpfungsgeschichte des Alten Testamentes stimmt, findet man in ihr – wenn man sie richtig liest und versteht –, die Bestätigung dafür. Die Auslegung des Textes belehrt über die Welt. Ein direktes Wissen über den Schöpfer gibt es aber nicht. In dem *Buch der zwei Prinzipien*, dem *Liber de duobus principiis*, heißt es dazu:

»Zu beachten ist, daß kein Mensch in dieser Welt, im Sichtbaren und im Zeitlichen, einen bösen oder einen guten Gott aufzuzeigen vermag, sondern die Ursache nur aus den Wirkungen erkennt« (Sloterdijk/Macho, S. 620).

20 Gott schafft die Welt. Mosaik. Sizilien, Dom von Monreale.

Die sichtbare Welt und ihre überlieferte Geschichte muß also auf das Wirken des Schöpfers hin gelesen werden. Nun zeigt aber die Lektüre des Alten Testamentes, daß sein Gott nur ein böser Gott sein kann. Denn die Taten dieses Gottes sprechen eine deutliche Sprache: Er tötet (auch Kinder), stiftet zu Raub und Mord an und bringt verheerendes Unheil über die Völker. Ist dieser Gott aber der Schöpfer der Welt, so ist er unmöglich der gute Gott der Liebe, von dem das Neue Testament erzählt. Der Gott des Alten Testamentes verdient dann den Namen des Teufels. Die Katharer bestreiten also nicht die Schöpfung der Welt durch einen göttlichen Schöpfer. Aber es ist »offensichtlich, daß dieser Schöpfer nicht der wahre ist« (Sloterdijk/Macho, S. 624), heißt es dazu im *Liber de duobus principiis*.

Wer aber ist dann der wahre Gott? Seine Schöpfung einer Welt des Guten, des Schönen, des Wahren, der Fülle des Seins wird von den Katharern vorausgesetzt. Er bildet den Gegenpol

21 Kathedrale von Autun, um 1120. Südliche Pfeilerreihe: Sturz des Simon Magnus vor Paulus und Petrus. Detail: Teufel.

zum teuflischen Weltschöpfer. Erst ihre Polarität macht den kosmisch gedachten Dualismus aus. Beides gehört zusammen. Das gute Prinzip ist das schlechthin Gute, das unfähig ist, etwas Böses zu bewirken. Es ist

»der wahre Gott selbst, der das Licht ist, der gut ist und heilig und der lebendige Quell und der Ursprung aller Wonne, Süße und Gerechtigkeit« (*Liber de duobus principiis*; Sloterdijk/Macho, S. 628).

Von diesem Lichtcharakter Gottes berichtet auch Jesaia in der apokryphen Schrift *Vision des Jesaia*, der *Visio Isaiae*, als er in die Sphären des Himmels aufsteigt. Er sieht dort im siebten Himmel ein »bewundernswertes und unsagbares Licht und unzählige Engel« (Nelli, Phénomène, S. 120). Dieser Gott ist das ewige Sein, das reine Licht und die Unendlichkeit der Güte.

In welchem Verhältnis aber stehen diese beiden Kräfte zueinander und wie bezieht sich ihr Handeln aufeinander? Dem Teufel war es nicht gelungen, seine Schöpfung von Elementen des Guten freizuhalten, ja sie hatte sogar zuweilen den Zweck, dieses Gute in der Form der Engelseelen in den irdischen Leibern gefangen zu setzen. Und umgekehrt schickt der gute Gott seinen Sohn in diese Welt, um die Seelen zur Befreiung und Erlösung zu führen.

In der Seele liegt deshalb der Streit zwischen Gott und Teufel beschlossen. Warum aber schafft die böse Kraft den Leib als Gefängnis für die gefallenen Seelen? Warum übt der Teufel nicht die Herrschaft über seine Welt aus und hält sich von der des Guten fern? Weil er selbst vom Guten abhängt. Er kämpft mit ihm. Er will Zerstörung und Macht. Aber das kann ihm nicht gelingen, denn er ist weder autonom noch souverän.

Diese Zwiespältigkeit der Existenz des Teufels, seine böse Macht und gleichzeitige Abhängigkeit von Gott, zieht sich durch alle katharischen Teufelsgeschichten. Drastisch zeigt sich das bei der Erschaffung des Menschen: Konnte der Teufel dem von ihm geformten Lehmkloß selbst Leben einhauchen oder nicht? Geht man davon aus, obwohl der Teufel eigentlich keine Lebenskraft ist, so billigt man ihm schöpferliche Autonomie zu. Ist die Beseelung Adams aber das Werk des Teufels, wieso sollten die Seelen dann ihren Ursprung in gefallenen Engeln haben? Dann hätte der Teufel in seinem Akt der Beseelung auch die Seele geschaffen. Ein Zusammenhang zur Welt des guten Gottes bestünde dann nicht. Als Werk des Teufels gehörte sie zum Teufel. Der Teufel wäre selbständig, und die Erlösung der Seele überflüssig. Dann bräche aber die an der Erlösung orientierte Konstruktion zusammen. Deshalb ist dem Teufel diese Selbständigkeit nur schwerlich einzuräumen.

Diese Schwierigkeit einer genaueren Bestimmung des Verhältnisses von Gott und Teufel zeigen auch andere Versionen vom Satan. Viele meinen, er sei selbst ein gefallener Engel, wie schon die *Befragung des Johannes*. Dort erzählt Jesus: Als Luzifer war der Satan

»der Herrscher aller Dinge und saß neben meinem Vater ... Seine Macht erstreckte sich von den Himmeln bis zur Hölle und reichte sogar bis zu dem Thron des unsichtbaren Vaters ... Und er sann nach und wünschte, seinen Thron über die Wolken zu erheben und zu sein wie der Allerhöchste« (Wakefield/Evans, S. 458).

Die Idee vom Satan als einem Geschöpf Gottes bringt diese Abhängigkeit am stärksten zum Ausdruck. Seine Auflehnung gegen Gott bedeutet dann die Auflehnung einer Kraft der

Schöpfung gegen ihren Schöpfer. Der stolze Satan erklärt seinen Abfall und immerwährenden Kampf gegen Gott. Es bleibt aber die Frage, wie es zu diesem Abfall des guten Engels Satan kommen konnte. Die alte Frage nach dem Bösen in der Welt nimmt eine neue Form an. Sie fragt nicht mehr nach der Herkunft des Bösen in der Schöpfung Gottes, sondern fragt: »Wie kam das Gute in diese böse Welt?« (Borst, Katharer, S. 112)

Die pointierte Symmetrie der beiden Fragen nach der Herkunft des Guten in der bösen Welt und des Bösen in der guten Welt weist auf den unlöslichen Zusammenhang zwischen dem Guten und dem Bösen, zwischen Gott und dem Teufel. Die Spiegelbildlichkeit der beiden Fragen zeigt die unterschiedlichen Auffassungen der katholischen und katharischen Seite ganz deutlich.

Denn der Teufel ist auch in der katholischen Vorstellungswelt nicht einfach ein unliebsames Geschöpf Gottes, sondern Gott benötigt ihn. Ohne das Böse in der Welt, das den Menschen in seinen Bann schlägt, das ihn von seinem göttlichen Schöpfer entfremdet, bedürfte es für den Menschen keiner Anstrengung, um zu Gott zu finden; er hätte sich von ihm gar nicht getrennt. Die Entfremdung von Gott und die Entstehung der Erlösungsbedürftigkeit wird seit Paulus und vor allem Augustinus in der Ursünde lokalisiert. Hier liegt die Wurzel des Unglücks, für das der Mensch selbst verantwortlich ist, da er in eigener Verantwortung der Verführung der Schlange gefolgt ist. Der Abfall von Gott ist der Grund der Vertreibung aus dem Paradies (siehe Farbtafel 4) und des beschwerlichen Lebens in der Welt. Was aber wäre ohne die Verführung der Schlange geschehen, die wir wohl dem Bösen zurechnen dürfen – lebten die Menschen noch im Paradies?

Es ergibt sich so ein fundamentales Paradox des Teufels: Ohne ihn als Schlange gäbe es keinen Sündenfall und damit keine Notwendigkeit einer Erlösung und eines Erlösers. Deshalb ist der Teufel ein treibendes Element des Weltlaufs und für den Heilsplan unverzichtbar. Denn ohne die teuflische Kraft hätte Geschichte – das Paradies kennt keine Zeit und keine Geschichte – nicht beginnen können. Deshalb ist das Böse für das Gebäude der römischen Lehre notwendig.

Für Katharer und Katholiken spielt also das Böse eine große Rolle, hat aber jeweils eine ganz unterschiedliche Bedeutung, die ihre gegensätzliche Sicht der Stellung des Menschen in der Welt scharf charakterisiert. Der Mensch hat in der katholischen Lehre seine ihm von Gott eingeräumte Freiheit mißbraucht. Als Folge dieses Mißbrauchs wird ihm die Verantwortung für den Zustand der Welt aufgebürdet – wie mir scheint, eine heillose Überlastung. Zugleich eine spürbare Entlastug für den katholischen Schöpfergott, der dafür keine Verantwortung zu übernehmen braucht: Die Schöpfung ist und bleibt eine gute Schöpfung. In dieser Theologie ist das Böse also, überspitzt gesagt, durch den Menschen in die Welt gekommen. Voraussetzung ist seine zu diesem Zweck von Augustinus erfundene Freiheit, die so schon bei Paulus angelegt war.

22 Masaccio, Die Verführung durch die Schlange, um 1425. Florenz, S. Maria del Carmine, Brancacci-Kapelle.

Die Katharer stehen auf der Gegenlinie dieser von Paulus angedeuteten und von Augustinus ausgearbeiteten Interpretation. Die Konsequenz einer Entlastung Gottes und einer in ihrem Ausmaß kaum zu überschätzenden Überlastung des Menschen müssen sie nicht ziehen. Paradoxerweise bringt ihnen der Teufel als Weltschöpfer Entlastung.

Zunächst bedarf es keiner Erklärung des Bösen in der Welt. Denn die Welt ist an sich böse, Werk des bösen Gottes, und nicht gut. Es bedarf somit keiner Rechtfertigung des guten Gottes wegen des Bösen in der Welt: Dieser hat sich gar nicht auf die Welt eingelassen und daher mit ihr nichts zu tun. Es gibt, modern gesagt, kein Theodizee-Problem. Zudem liegt die

Verantwortung für das Übel in der Welt nicht mehr beim Menschen und dem Mißbrauch seiner Freiheit, sondern dort, wo sie auch hingehört: bei dem bösen Weltschöpfer Satan. Die Erlösung von dieser Welt wird durch Wissen und Erkenntnis (griechisch: *Gnosis*) erreicht. Aber dieser Weg ist dem einzelnen überlassen, ohne daß ihm sofort mit Höllenqualen und ewiger Verdammnis gedroht wird, wie es im biblischen Jüngsten Gericht (siehe Farbtafel 9) geschieht:

»Dann wird er auch sagen zu denen zur Linken: Gehet hinweg von mir, ihr Verfluchten, in das ewige Feuer, das mein Vater dem Teufel und seinen Engeln bereitet hat. ... Und diese werden in die ewige Strafe gehen, die Gerechten aber in das ewige Leben.« (Matt. 25, 41 und 46).

23 Die Scheidung von Böcken und Schafen. Mosaik, 6. Jh. Ravenna, S. Appolinare Nuovo.

Für die Katharer hat also nicht Gott die Welt geschaffen, sondern der Teufel. Dieser ungewohnte Gedanke steht in scharfem Gegensatz zur katholischen Schöpfungslehre. Für diese ist die Welt als Schöpfung aus dem Nichts, als *creatio ex nihilo*, aus dem Willen Gottes hervorgegangen. Der eine und einzige Gott hat alles geschaffen, es existiert nichts, das er nicht geschaffen hätte. Gott selbst ist nicht geschaffen, sondern steht außerhalb der Schöpfung, zu der er nicht gehört. Sein Tun ist in keiner Weise mit dem menschlichen Tun vergleichbar.

Bei Gott versagt deshalb das übliche Modell des Machens und Produzierens: Durch ein Handeln wird aus einem Etwas ein anderes Etwas hergestellt. Die Produktion vollzieht sich immer so, daß ein Material umgeformt wird, daß etwas anderes daraus entsteht, ein Neues. Die Dinge und die Vorgänge in der Welt stehen unter einem Modell von Kausalität: Alles hat seinen Grund, aus dem es hervorgegangen ist. Jeder Gegenstand, jeder Zustand, jede Struktur ist Folge einer Ursache.

Die Formel von der *Schöpfung aus dem Nichts* hebt Gott nun aus dieser Kausalkette heraus. Er soll nicht selbst wieder einen Grund haben. Gott kann nicht nach der menschlichen Kausalitätsvorstellung gedacht werden. Er soll die erste Ursache sein, aus der die Welt hervorgegangen ist. Die ohne Ende zurückreichende Kette der Ursachen wird so spekulativ abgebrochen: Gott *hat* keine Ursache, er ist nur Ursache. So erscheint Gott als Grund der Welt, der nach Prinzipien handelt, die der Welt unbekannt sind.

Die Folgen sind gewaltig. Ist die Schöpfung der Welt aus dem Nichts ein Willensakt Gottes, so bedeutet dieser Wille den alleinigen Grund der Welt und alles Seienden. Als ihr allgegenwärtiger Bestandsgrund darf er nicht aufhören. Gott muß daher treu zur Welt stehen, um sie zu erhalten. Muß er dann aber nicht, so die naheliegende Folgerung, auch das wollen, was in der Welt geschieht? Denn ohne seinen Willen könnte es nicht geschehen. Dann will Gott auch alles Leiden und alle Übel dieser Welt, also das Böse. So liegt in der Lehre von der Schöpfung schon das Problem des Verhältnisses von Gut und Böse beschlossen. Denn umfaßt Gott auch das Böse, ist er nicht mehr das Gute schlechthin. Dann wäre aber die Geschichte als der Kampf des Guten mit dem Bösen ein Kampf Gottes mit sich selbst.

Den Vorgang der göttlichen Schöpfung der Welt erzählt die Schöpfungsgeschichte des Alten Testamentes ausführlich (siehe Farbtafel 8). Diese Vorstellung der Weltentstehung faßt ein Satz des Johannesevangeliums (1, 3) äußerst knapp zusammen:

»Alles ist durch das Wort geworden, und ohne das Wort ist nichts geworden, das geworden ist.«

Ausgerechnet mit diesem Satz des Neuen Testamentes begründen nun die Katharer ihre dualistische Schöpfungsvorstellung. Sie nehmen an dem Text eine »kleine Korrektur« vor:

»Alles ist durch das Wort geworden, und ohne das Wort ist das Nichts geworden, das geworden ist.«

Das Nichts aber ist die Welt. Das lateinische Wort *nihil* wird so zu einem Substantiv, Nichts, und wird nicht auf die Existenz bezogen. Es wäre sinnlos, die Existenz der Welt zu leugnen. Es gibt sie ja offensichtlich. Das Wort *Nichts* ist wertend gemeint. Es bedeutet ein Nichtiges, ganz Wertloses. Die Realität, die Welt werden als Nichts bezeichnet, um ihren bösen und negativen Charakter zu benennen. Ein solches etwas gezwungenes Verständnis dieses Satzes aus dem Johannesevangeliums dient zur Begründung des Dualismus zweier Schöpfungen: »Alles« ist die göttliche Schöpfung, »Nichts« ist die böse satanische Schöpfung. Dieses Nichts ist die sichtbare Welt des Bösen.

Oder anders gesagt – und das ist der Ausgangspunkt der dualistischen Lehre der Katharer: Hat Gott eine Welt geschaffen und ist er das Gute, so kann diese von Gott geschaffene Welt nicht die uns bekannte Welt sein, weil in ihr das Böse herrscht. Die von Gott geschaffene Welt muß also eine andere, uns unbekannte Welt sein. Folglich ist die uns bekannte, schlechte und vergängliche Welt, in der wir leben, nicht die Schöpfung des guten Gottes. Hören wir noch einmal den schon zitierten mittelalterlichen Autor über die Schöpfungslehre der Katharer:

»Alles Sichtbare, das den Blicken der leiblichen Augen der Menschen ausgesetzt ist, sei von dem bösen Gott, den sie den Fürsten der Finsternis nennen, geschaffen worden, wobei sie auch behaupten, daß eben dieser seine bösen Engel geschaffen habe; Gott der Vater aber, sagen sie, habe alles Himmlische oder den oberen Himmel und die guten Engel geschaffen, und er selbst, vermuten sie, sei allmächtig in seinem Reich, wie der Teufel entsprechend in seinem Reich allmächtig sei ...« (Sloterdijk/Macho, S. 610).

Der Verfasser berichtet uns dann aber sogleich, daß diese dualistische Auffassung nicht von allen Katharern geteilt werde. Denn die gemäßigten Dualisten sagen,

»es gebe nur ein Prinzip und einen Gott und einen Schöpfer. Und daß Gott Engel geschaffen hat, die zu Fall kamen, und daß er zugleich mit den Engeln die vier Elemente geschaffen hat. Und Luzifer sei von Gott hervorragender und weiser geschaffen worden als alle anderen Engel ...« (Sloterdijk/Macho, S. 611).

Neben diesem Argument aus der Heiligen Schrift stützen sich die christlichen Dualisten auf zwei weitere Überlegungen: Wie sollte ein absolut guter Gott das Böse, also die Welt, geschaffen haben? Wie sollte man noch an ihn glauben können? Die reine Liebe kann nichts Böses bewirken. Gottes Allmacht kann sich deshalb nur auf das Reich des Guten beziehen. Zudem sei schwierig einzusehen, wie zwei gegensätzliche Prinzipien in einem vereint sein sollen. Wie sollte Gott als das Gute sein Gegenteil aus sich entlassen können? Dann müßte Gott zugleich auch böse sein.

24 Marc Chagall, Der Engel, 1919.

Halten wir also fest: Ein Teil des Geschaffenen ist gut, ewig und unzerstörbar, ein anderer Teil der Schöpfung dagegen schlecht und böse, also des Teufels. Deshalb ist die Welt in ihren guten und bösen Elementen Schauplatz des Kampfes zwischen Gut und Böse. Denn nicht alles in der Welt gehört zum Bösen.

Die menschliche Seele ist ein gefallener Engel, stammt vom Guten und will dorthin zurückkehren. Um ihre Erlösung dreht sich alles. Im Menschen sind also Elemente des Guten und des Bösen verwoben. Diese Koexistenz des Bösen und des Guten im Menschen ist grundlegend. Denn wäre die Welt nur und ausschließlich eine Domäne des Bösen, so bräuchte sie niemanden zu kümmern. Das Problem rührt vielmehr aus dem Zusammenprall beider Mächte im Menschen, das den Drang zur Lösung von dem Bösen zeigt – zur »Erlösung von dem Übel«, wie es im Vaterunser heißt.

Für die katholische Lehre trägt der Mensch die Verantwortung für den Zustand der Welt, hat aber die Möglichkeit der Erlösung. Für die Katharer ist der Mensch eine Art Schnittstelle beider Kräfte. In ihm sind sie beide präsent. Insofern erscheint er als Doppelwesen: teuflische Materie und göttliche Substanz gleichzeitig. Sein Kern ist seine Seele, ein gefallener Engel aus der göttlichen Welt. Dieser Engel wurde durch satanische Machenschaften in das Gefängnis des Leibes gezwungen. Der Leib aber gehört zur Materialität der Welt und ist eine teuflische Schöpfung, mit der der Teufel die Engelseele beherrschen kann. Im Menschen liegt also Gutes und Böses gemischt. Wer im Einzelfall siegen wird, bleibt unsicher. Es ist ein Kampf um jeden einzelnen Menschen, den Gott und der Teufel ausfechten. Der Ort dieses Kampfes ist der Mensch. Und er entscheidet sich beim Tod des Menschen.

Der Mensch und seine Seele haben einen Platz in dieser Welt. Aber zumindest die Seele, der göttliche Funke, gehört nicht zu ihr. Sie gehört in die Welt des Guten, die Welt des unvergänglichen Gottes. Im einzelnen Menschen existieren also diese beiden Welten gleichzeitig. Er hat einen Leib – Welt –

und eine Seele – Himmel –, so daß er gleichzeitig zwei unterschiedlichen Sphären angehört. Wie aber kam die Seele dorthin, und wie kann sie wieder entkommen? Antworten auf die Frage nach der Gefangenschaft der Seele geben unterschiedliche Geschichten, die bei den Katharern erzählt werden.

So wird etwa in der *Befragung des Johannes* die Schöpfungsgeschichte folgendermaßen erzählt:

»Und der Satan dachte sich aus, den Menschen zu seinen Diensten zu erschaffen, und nahm Lehm und machte den Menschen, ihm selbst ähnlich. Und er befahl dem Engel des zweiten Himmels, in den Körper aus Lehm zu gehen; und er nahm ein Stück davon und machte einen anderen Körper in der Gestalt der Frau und befahl dem Engel des ersten Himmels, in ihn zu gehen. Die Engel weinten sehr, als sie auf sich diese sterbliche Hülle in unterschiedlichen Formen sahen« (Baier, S. 55).

Das ist aber nur eine Version der Geschichte von der Schöpfung des Menschen. Sie wird auch anders erzählt.

»Überdies behaupten sie, daß Gottvater einen guten Engel ausgesandt habe, der nachsehen sollte, wie Luzifer die Elemente getrennt und wie er daraus sein Werk hergestellt habe. Luzifer aber habe den Engel ergriffen und durch seine Kraft überwältigt und in den Leib getan, den er gestaltet hatte, indem er ihn würgte. ... Und den ergriff und würgte er, und er warf ihn ins Gefängnis, das heißt er verband ihn mit dem Leib, den er aus Erde gestaltet hatte, und so wurde der Leib Adams lebendig gemacht. Der Leib des Weibes aber, glauben sie, sei aus einer Rippe des schlafenden Adam ... gemacht worden. Hinsichtlich des Geistes aber, der den Leib Evas in Bewegung setzte, ... sind die Meinungen unter ihnen geteilt« (Die Lehre der Katharer, Sloderdijk/Macho, S. 612).

Stets also ist die Trennung des Teufels von Gott vorausgesetzt. Der vormals gute Engel trennt sich von Gott, wird zum Bösen.

25 Das Satanische löst sich aus Gott.

Er richtet seine Gelüste aber immer noch auf die himmlische Sphäre. Denn daraus geht der Mensch als Produkt des teuflischen Wollens und des himmlischen Seins hervor. Die Initiative geht vom Teufel aus. Deshalb steht die Erschaffung des Menschen immer im Zusammenhang mit dem Fall der Engel (siehe Farbtafeln 6 und 7), mit der Entmachtung des höchsten Engels. Die Vorgeschichte der Schöpfung des Menschen ist also der Engelfall. Auch er wird in vielen Variationen berichtet.

»Nach der Ansicht der Gemäßigten verlockte der verführte Luzifer andere Engel; die Radikalen erzählen, Satan habe 32 Jahre vor dem Himmelstor gewartet, ein weiteres Jahr sich im Himmel verborgen und den Engeln insgeheim von seinen Schätzen berichtet, insbesondere von den Reizen einer Frau. Da die neugierigen Engel nicht wissen, was eine Frau ist, führt Satan heimlich ein schönes Weib in den Himmel ein: die entflammten Engel, von Begehrlichkeit schwer geworden, brechen durch den gläsernen Himmel durch, oder aber sie kämpfen vorher noch an Satans Seite um die Herrschaft im Himmel: bis an die Bäuche der Pferde floß das Blut – der 78. Psalm berichtet davon. Und dann werden ihre Körper niedergestreckt, und ihre Seelen fallen; ein Hundertstel, ein Zehntel, ein Drittel, fast die Hälfte, oder gar alle Engel Gottes fallen; neun Tage und Nächte lang stürzen sie aus dem Himmel ›dichter als Grashalme und Regentropfen‹, bis endlich Gott voll Zorn bemerkt, was geschah, und schwört, nie solle zum zweitenmal ein Weib in den Himmel kommen« (Borst, Katharer, S. 112).

Diese Geschichten berichten also von der Vor- oder Urgeschichte der menschlichen Seele, die im Jenseits der Engelwelt liegt und eigentlich nur Geschichten der Auseinandersetzung zwischen Gut und Böse sind. Sie erklären, warum die ewige Seele im Körper gefangen liegt, aber doch eine Möglichkeit der Befreiung hat. Es sind Geschichten einer fortdauernden Urkatastrophe, eines Kampfes der Grundmächte des Universums.

Diese Vorstellungen finden auch Anhaltspunkte in der Heiligen Schrift. In der Apokalypse (12, 4 ff) wird vom Engelfall berichtet. Aus der ursprünglichen Einheit des göttlichen Reiches, so legt der Text nahe, entsteht durch die versuchten Engel eine zweite Welt. Die Engel bauen eine nichtgöttliche, gleichwohl aber hierarchische Ordnung auf.

Genauso wird auch behauptet, daß die göttliche Einheit nie bestanden habe und der Teufel mit Gott gleich ursprünglich und gleich ewig sei. Vorausgesetzt ist aber immer eine Engelwelt mit Gott an der Spitze, in die dann der Teufel als Verführer einbricht. So wird also die Wirkung des Bösen in der Welt des Guten beschrieben, in der es noch keine Menschen gibt, sondern nur Engel. Erst aus der Tat des Teufels entsteht der Mensch.

Der Teufel hat sich also, das ist im Ergebnis überall gleich, des Menschen bemächtigt, oder genauer: aus Lehm und einer Engelseele den Menschen hergestellt. Er will ihn beherrschen, ihn sich dienstbar machen und sich so für das ihm Angetane rächen, für die Vertreibung aus dem Himmel und für das Mißlingen seines Anschlages auf die göttliche Macht. Die Schaffung des Menschen hat für ihn nur im Verhältnis zu Gott einen Sinn. Deshalb lockt und verführt der Teufel die Menschen mit allen Gütern dieser Welt. Daher kämpft der Teufel nicht mit Gott um die Seelen, sondern mit den Seelen selbst. Aus deren Perspektive ist der Teufel ihr Feind, ihr Hauptwidersacher. Gegen ihn kämpft die Seele für ihre eigene Freiheit und Erlösung.

Das Ziel heißt also: Die Lösung von der Welt, die Lösung aus dem Leib, die Befreiung der Engelseele zur Rückkehr in den Himmel. Die Gewißheit, ein gefallener Engel zu sein, läßt das Bewußtsein der Situation und die Sehnsucht nach dem früheren Zustand entstehen. Sofern die Versuchungen der Welt nicht dazu führen, daß die Seele sich ganz an sie aufgibt, muß

26 Ein Engel verschließt die Hölle. Psalter des Heinrich von Blois. Winchester, Mitte 12. Jh. London, British Museum, Cotton Ms. nero C.IV, fol.39.

ihr ein Weg der Befreiung offenstehen, um der Welt als der Hölle zu entkommen. Dieser Weg ist ein Weg des Wissens und der Erkenntnis, der sich in der rituellen und religiösen Praxis der Katharer niederschlägt.

Gott greift zur Erlösung der Seelen nicht in diese Welt ein. Er enthält sich jeder Tätigkeit in der Welt. Allerdings schickt er seinen Sohn auf die Erde, wie die *Vision des Jesaia* schon berichtet:

»Und darauf hörte ich die Stimme des Ewigen, der zu seinem Sohn, unserem Herrn, sagte: ›Gehe hinaus und steige durch alle Himmel hinab und halte Dich in der Welt auf und gehe bis zu dem Engel der Hölle. Dabei nimm immer ihre jeweilige Form an‹« (Nelli, Phénomène, S. 124).

Dieser Sohn wirkt dann auf der Erde als Lehrer und Prediger, aber nicht als Erlöser. Er kann die Menschen an ihre Vergangenheit erinnern und ihnen das Wissen zur Erlösung verschaffen, mehr nicht.

Als Folge dessen fehlt einer der Grundpfeiler der katholischen Theologie: die individuelle Sünde, die der einzelne begeht und die ihm zugerechnet wird, so daß er der göttlichen Gnade bedarf. In der katharischen Theologie ist der Abfall der Engelseele erklärungsbedürftig – und in ihm nur kann die Sünde des einzelnen als eines Engels liegen. In seiner menschlich-leiblichen Gestalt ist er kein Engel mehr, sondern nur ein »Engel im Wartestand«. Ihr Vergehen in der Vergangenheit muß die Seele durch ihr weltliches Dasein büßen. Ihre Schuld liegt

27 Paul Klee, Engel-Anwärter, 1939, 856 (UU 16); 48,5 x 34 cm; Aquarell und Tempera auf Papier; Metropolitan Museum of Art, New York.

darin, daß sie sich vom Teufel hat verführen lassen. An der Auflehnung Satans gegen Gott, seinem Stolz und seinem ›Sein-Wollen-wie-Gott‹ hat der gefallene Engel auch teil. Die Sünde ist damit verlagert und gründet in diesem vorgeschichtlichen Verhalten.

Der Abfall von Gott zu Beginn der Welt ist die Ursache der satanischen Herrschaft und der Gefangenschaft der Seele. Der Sündenbegriff als Begriff eines subjektiven moralischen Vorwurfs an die Adresse des Menschen, als grundlegende Verfehlung gegenüber Gott, ist dann nicht mehr haltbar. Vielmehr ist das Einlassen auf die Welt und ihre Macht der Inbegriff der Sünde: »Sünde ist die Unterwerfung unter die Welt« (Borst, Katharer, S.132). Auch die weiteren Voraussetzungen der Sünde – der freie Wille und die Wahl zwischen Gut und Böse – entfallen.

Die Sünde der Engel ist also kein Verstoß gegen ein moralisches Gesetz, sondern liegt ganz in der kosmologisch-metaphysischen Dimension. Es gibt keine Regeln, gegen die zu verstoßen sündig wäre. Oder krasser ausgedrückt: Es gibt keine Sünder auf der Erde. Das ist eine Folge des Dualismus, für den die Welt als ganze, ohne Abstufung, ohne Ausnahme böse ist. Deshalb gibt es für den Menschen in der Welt kein sündiges Verhalten. In einer Welt, die schon an sich böse ist, ist es nicht sinnvoll, noch Stufen des Bösen zu unterscheiden. Sie ist ohne Unterschied zu verwerfen. Das hat für die gesellschaftliche Moralauffassung enorme Folgen. Pierre de Vaux-de-Cernay sagt es deutlich:

»Wir glauben, nicht verschweigen zu sollen, daß manche dieser Häretiker behaupten, daß niemand unterhalb des Nabels sündigen könne. ... Sie sagen weiterhin, daß es nicht sündiger ist, mit seiner Schwester zu schlafen als mit irgendeiner anderen Frau« (Historia Albigensis, S. 8).

Die dualistische Auffassung der beiden Weltmächte läßt deshalb eine Sünde durch individuelles Handeln nicht zu. Innerhalb der Welt kann es keine Sünde geben. Obwohl damit »Ehe, Blutschande und jegliche Art der Perversion auf dieselbe Stufe gestellt werden« (Borst, Katharer, S. 137), dürfte diese radikale Konsequenz kaum praktisch geworden sein. Was moralisch möglich erscheint, muß deswegen nicht gelebt worden sein. Zumal kaum anzunehmen ist, daß ein solcher (un)moralischer Satz ausreichen könnte, tief verwurzelte Tabus aufzuheben. Auch das soziale Umfeld, in dem Ausschweifungen dieser Art kaum an der Tagesordnung gewesen sein dürften, hätte solches schwerlich akzeptiert. Die scheinbar, nämlich nur in der Theorie, vorhandene »unbegrenzte Freiheit der Gläubigen« (Borst, Katharer, S. 136) wird nur selten konkret sexuelle Gestalt angenommen haben.

Fest steht aber, daß der Gläubige im Unterschied zum Vollkommenen keinen strengen Forderungen der katharischen Kirche unterlag. Er war in ihren Augen ganz und gar ein Kind des Teufels und folglich dessen Herrschaft unterworfen. Weder galt es, ihn zu beeinflussen noch ihn auf den rechten Weg zu bringen. Der Gläubige konnte in aller Freiheit als katholischer Familienvater an der Messe teilnehmen und seine Kinder taufen lassen. Ob er ein im katholisch-moralischen Sinne gutes oder gar vorbildliches Leben führte, war gleichgültig. Er konnte mit denselben Folgen für sein Seelenheil auch ein großer Bösewicht sein. Es machte keinen Unterschied. Denn in beiden Fällen stand ihm nur eine Möglichkeit der Erlösung offen: ein Katharer zu werden, also ein Vollkommener.

Der strenge und radikale Dualismus kennt, wie schon erwähnt, nur ein »Entweder-Oder«. So bleibt die gefallene Seele entweder unter der Herrschaft des Satans – oder sie wird gerettet und erreicht wieder den Zustand eines Engels. Der Übergang in den Engelstand erfolgt durch die Aufnahme in die Gruppe der Vollkommenen. Diese unterliegen nicht mehr dem weltlichen Gesetz des Fleisches. Sie sind in eine andere Welt eingetreten. In dem von ihnen damit erreichten Zustand können sie nicht mehr sündigen. Sie stehen jenseits der bösen Welt.

Da sie nicht mehr unter der Herrschaft des Satans leben, hat die Welt sich ihnen entfremdet. Die völlige Enthaltung von der Welt, die als moralisches Gesetz der Vollkommenen erscheint, ist nur Ausdruck ihres Engelseins. Die Regeln des Fastens, des Betens oder der Enthaltsamkeit sind deshalb nach dieser radikalen Vorstellung keine eigentlich moralischen Vorschriften. Ihre Befolgung steht nur als Zeichen dafür, daß ein Mensch dem Satan nicht mehr untersteht. Er kann gar nicht anders, ist er doch sündenfrei geworden. Die Erbsünde der Katharer, der Fall der Engel, ist für ihn rückgängig gemacht und aufgehoben. Er kann nicht mehr sündigen. Die Lebensführung befreit nicht und führt auch nicht zur Befreiung, aber sie zeigt deutlich, daß jemand in die Schar der erlösten Engel aufgenommen ist.

Damit ist die völlige Reinheit erreicht und die Seele wieder unbefleckt und zur Himmelfahrt bereit. Deshalb konnten die Vollkommenen dieses fast unmenschlich harte Leben führen,

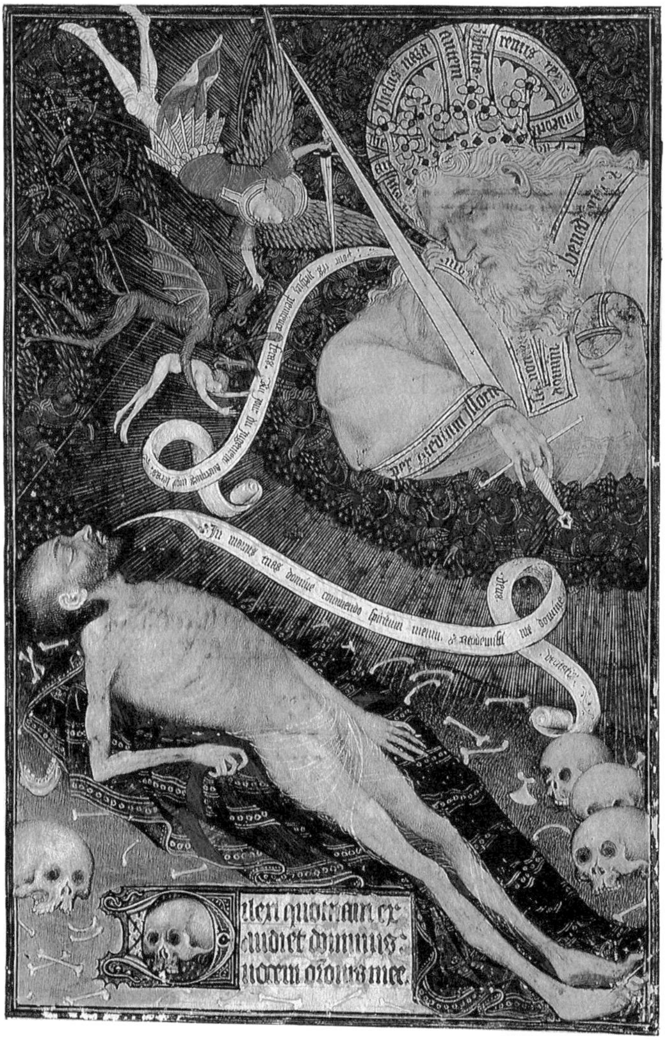

28 Der Tote vor seinem Richter, sog. Grandes Heures de Rohan, etwa 1418. Paris, Bibliothèque Nationale, Ms. lat. 9471.

das ihnen in den Augen der Bevölkerung ein so hohes Renommee eintrug. Deshalb scheint es so, als deckte sich ihre Lebensweise mit derjenigen der radikalen Wanderprediger oder Mönche. Das Erscheinungsbild konnte sich gleichen. Die grundlegenden Ideen waren aber sehr unterschiedlich. Zudem lag in ihrem Glauben der Grund dafür, daß den überzeugten Vollkommenen der Feuertod nicht schrecken konnte. Eine leibliche Auferstehung wäre ihm eine entsetzliche Vorstellung gewesen. Allein der Gedanke, den Leib, dieses teuflische Machwerk, mit in den Himmel zu nehmen, widerstritt seinen grundlegenden Vorstellungen. Hierin liegt auch der Grund dafür, daß die Katharer von neuen Vollkommenen für ihr bisheriges Leben weder Reue noch Wiedergutmachung verlangten, auch wenn es sich um einen Dieb oder Räuber handelte. Dazu bestand kein Anlaß. Solche Forderungen stammen aus der teuflischen Welt und messen mit ihrem Maß. Der ›unmoralische‹ Dualismus aber kennt den Lohn- und Strafgedanken des Ausgleichs nicht.

Erlösung als eine »Erlösung von dem Übel«, wie es auch im Vaterunser der Katharer heißt, kann sich deshalb nicht auf die Welt beziehen, meint keine Besserung der Welt und ihres Zustandes. Sie bedeutet ein Verlassen der Welt beziehen und den Rückweg der Seele zum Licht. Eine genauere Vorstellung über diesen Prozeß von so weittragender Bedeutung findet sich aber nicht.

Die Erlösung bedeutet für die einzelne Seele das Ende ihrer Geschichte. In der Erlösung vollendet sich der Kreislauf der Seele, die aus dem göttlichen Licht in die satanische Welt kam, um dann wieder zum Göttlichen aufzusteigen. Dieser Weltlauf läßt sich leicht in den Begriffen von Fall, Sünde und Erlösung denken.

Der Ursünde des Engelfalls, die in kosmischer Urzeit geschah, entspricht die Erlösung der einzelnen Engelseele aus ihrem weltlichen Zusammenhang. Sie erfolgt durch die Aufnahme in den Kreis der Erlösten, der Vollkommenen, in denen der Heilige Geist wohnt. Der Vollzug des *consolamentum* als des zentralen Ritus überwindet die Welt und erlöst die Seele.

Der Vollkommene ist frei von Sünde. Das Heil der Seele ist garantiert.

Diese radikalen Vorstellungen haben jedoch ihre Tücken. Die starre Zweiteilung in Erlöste und Böse – nicht im moralischen, sondern im ontischen Sinne – läßt sich in der Realität kaum durchhalten. Das erste Problem: Wenn ein Vollkommener doch sündigt – was er eigentlich gar nicht kann, da er in einem Zustand des Heils ist –, zieht der Heilige Geist, der in ihm wohnt, dann wieder aus? Was passiert also, wenn etwas geschieht, das gar nicht geschehen kann? Eine mögliche Antwort: Dieser Vollkommene hat kein wirksames *consolamentum* empfangen, so daß er gar kein wirklicher Vollkommener war. Der Heilige Geist wohnte nicht in ihm.

Eine andere Antwort, die die bisherigen Voraussetzungen auch aufhebt: Auch Vollkommene können sündigen. Es gibt ein Oszillieren zwischen gut und böse, böse und gut. Dann geht aber die Alternative »entweder Teufel oder Engel« verloren. Beides sind demnach Zustände, die man wechseln kann. Der Engelszustand hat dann aber nicht mehr die Reinheit, die bisher von ihm behauptet wurde. Er garantiert das Heil nicht mehr – eine furchtbare Konsequenz. Das *consolamentum* nimmt damit den Charakter eines Sakramentes an, das wiederholt gespendet werden kann. »Man kann jetzt mehrmals vom Teufel zum heiligen Engel werden und umgekehrt« (Borst, Katharer, S. 136). Der für endgültig gehaltene Heilsstand relativiert sich und verliert so seine seinsmäßige Bedeutung.

Diese Wendung, die sich im letzten Drittel des 12. Jh. vollzieht, hat Rückwirkungen. Den sündenfreien und erlöst geglaubten Engel gibt es in seiner Absolutheit also doch nicht. Die erhoffte Wirkung der Aufnahme in den Kreis der Vollkommenen kann ausbleiben. Das bestätigende Zeichen der gelungenen Erlösung, das reine Leben selbst, verliert seine Beweiskraft.

Mit der Erlösung aller Seelen aber wird das Böse, so lehren die radikalen Dualisten, wieder in seinen Urzustand des Nichts zurückkehren. Die Reiche des Guten und des Bösen werden wieder unvermischt nebeneinander stehen. Damit ist der Konflikt innerhalb der Welt aufgelöst. »Die Rückkehr aller guten Kreaturen zu Gott bedeutet das Ende der Herrschaft des bösen Prinzips über sie, und die beiden Reiche werden wieder ohne Vermischung getrennt sein« (Dondaine über Jean de Lugio, 57). Indem beide wieder für sich bestehen, ist der kosmische Dualismus zwar nicht gelöst, wohl aber das Fundamentalproblem des Menschen: Es gibt keine Menschen mehr. Die gemäßigten Dualisten halten demgegenüber daran fest, daß es verfluchte Seelen gibt, die auf immer unerlöst bleiben.

Diese katharischen Vorstellungen kennen also weder eine individuelle Sünde, noch benötigen sie einen Erlöser und eine Erlösungstat. Wenn die Lehre der Katharer aber eine christliche Religion sein soll, dann muß sie die Gestalt Christi integrieren können. Denn ohne die Erlösergestalt Christi ist das Prädikat »christlich« ausgeschlossen.

Wie verstehen die Katharer also die Existenz Christi? Zunächst scheint Jesus ein Mensch, eine leibliche Kreatur mit einer Engelseele wie andere auch. Er befindet sich in der Lage aller Menschen. Wie unterscheidet er sich aber von den anderen Menschen? Da alles Leibliche zur Welt des Bösen gehört, darf seine Gefangenschaft im Leib nicht wirklich sein. Zwar wird die Erscheinung Jesu auf Erden nicht bestritten. Aber er kann keinen von der teuflischen Materie beherrschten Leib gehabt haben, kann deshalb auch nicht real gestorben sein und nicht wirklich gelitten haben.

In dem schon zitierten Traktat über die Lehre der Katharer heißt es dazu:

»Sie behaupten nämlich, Christus sei, weil er in ihr (Maria), nicht von ihr einen Leib angenommen habe, nicht Teil dieser Schöpfung; er sei vielmehr durch das Wirken des Heiligen Geistes aus einer anderen Materie als Geistleib erschaffen worden ... Sie alle glauben, Christus habe keinen wirklichen, sondern einen Scheinleib gehabt, und alles andere, was Anzeichen wirklicher Zugehörigkeit zum Menschengeschlecht ist, ... habe nicht wirklich ... im Leib Christi bestanden ... Die Folge dieser häretischen Ansichten ist die, daß Christus nicht wirklich gelitten hat, nicht wirklich gestorben ist noch in die Hölle hinabgestiegen noch wirklich in seinem Leibe auferstanden noch mit seinem Leibe in den Himmel aufgefahren ist...« (Sloterdijk/ Macho, S. 616/7).

Jesus war nur der Lehrer, der den gefallenen Engeln das mit dem Fall vergessene Wissen über ihre Engelseele wiedergebracht hat. Nach dem Vergessen muß die Seele sich wieder erinnern und ein Gedächtnis des Heilswegs entwickeln. Dann kann sie ihrer Erinnerung entsprechend handeln und sich auf einem bestimmten Weg aus der teuflischen Welt lösen – eben auf dem Weg der Katharer.

Sie sind also diejenigen, die das soziale Erlösungsgedächtnis besitzen, bewahren und entwickeln. Dieses Wissen ist rituell fundiert. Nur die Geisttaufe ermöglicht die Aufnahme in die Gemeinschaft der Befreiten, die Gemeinschaft der Vollkommenen. Die Gewinnung der erlösenden Erkenntnis ist ein Prozeß, der in dem *consolamentum* kulminiert und durch den Akt der Handauflegung vollzogen wird. Darin liegt der Erlösungsvorgang und zugleich eine Initiation, weil der Neue damit in die Gemeinschaft der Erlösten aufgenommen wird. Er ist jetzt vom Heiligen Geist durchdrungen. Diese Feuertaufe, in der die Flamme des Geistes auf den Novizen übergeht, bedeutet die spirituelle Lösung von der Welt und ihre endgültige Aufgabe.

Mit wallendem Haar
Wanderpredigt im 12. Jahrhundert

Die katharische Theologie widerstritt also der katholischen Lehre in vielen Punkten. Wie aber war es dann möglich, gegen die katholische Alltäglichkeit solche Erfolge zu erzielen? Meines Erachtens waren dafür vor allem zwei Elemente ausschlaggebend. Einmal ging es den Katharern nicht um die im letzten Kapitel geschilderten Fragen der Lehre. Ihnen ging es vielmehr um die Lebensführung. Deshalb interessierten sie die theologischen Erörterungen nur am Rande. Außerdem – und das hing mit ihrem theologischen Desinteresse eng zusammen – war das 12. Jh. eine religiös sehr unruhige und bewegte Zeit, die radikalen Lösungen gegenüber aufgeschlossen war. An zwei Gedanken – dem der Armut und dem der Nachfolge auf dem Weg der Apostel – entzündeten sich die Geister. Beide Ideen waren »zum Brennpunkt einer neuen Auffassung vom Wesen des Christentums geworden« (Grundmann, Bewegungen, S. 15). Und genau an diesem Punkt setzten die Katharer an: Sie beanspruchten für sich ein apostolisches Leben in Armut.

Dies fiel in eine Zeit katholischer Aufbruchstimmung, die im päpstlichen Kampf gegen den Kaiser und in dem ersten Kreuzzug (1096) ihre Niederschlag gefunden hatten. Die päpstlichen Reformen hatte das Verstummen der Ketzer für das halbe Jahrhundert von 1050 bis etwa 1100 wesentlich mitverursacht.

29 Belagerung von Antiochien. Ende 13.Jh. Paris, Bibliothèque Nationale, Ms. Fr. 9084, fol. 53 v.

Denn »in der Zeit, wo der Papst der größte Revolutionär ist, sind die, die man sonst Ketzer nennt, seine Getreuesten« (Borst, Katharer, S. 69). Aber war die kirchliche Reform eigentlich gelungen? Hatte der Papst sein Ziel erreicht, und hatte das Volk diesen Erfolg auch begriffen?

Der Kampf gegen den Ämterkauf, die Simonie, war im großen und ganzen gewonnen, der Einfluß der Laien auf die Kirche zurückgedrängt. Das Ideal des benediktinischen Mönchsstaates hatte einen hohen Rang gewonnen und blühte im 12. Jh. noch einmal auf. Die Ordnung der Kirche war durch den Sieg über die simonistische Praxis und über die Priesterehe wieder hergestellt. Der Kaiser war nicht vollkommen besiegt, aber der päpstliche Vorrang in gewissem Umfang bestätigt. Jedenfalls aber war durch das Wormser Konkordat (1122) der Frieden zwischen beiden Mächten rechtlich wiederhergestellt. Die Politik der Kirche hatte also Früchte getragen. Wie aber stand die römische Kirche in den Augen des Volkes da?

Die Kirchenkritik und die Reformideen waren nicht nur von oben gekommen, also innerhalb der Hierarchie lebendig gewesen, sondern hatten auch die Basis bewegt. Diese betrachtete den Papst, von dem sie sich viel erhoffte, als die bewegende religiöse Kraft. Denn das päpstliche Handeln, die Durchsetzungsfähigkeit des Papstes und der Ernst seiner Reformbemühungen hatten großes Aufsehen erregt und durch den Investiturstreit (ab 1075) enorme Publizität gewonnen.

Der Reformimpuls war, wenn auch aus anderen Gründen und mit anderen Vorstellungen, von Papst Gregor VII. aufgegriffen und umgesetzt worden. Aber er hatte damit – das war die andere Seite der Medaille – Erwartungen gegenüber einem Leben in der reichen und mächtigen Kirche geweckt, die nicht realisiert werden konnten. Eine Umsetzung des Reformprogramms in die unmittelbare Erfahrung des einzelnen, eine radikale Änderung der kirchlichen Praxis oder Hierarchie, eine Akzeptanz des Armutsideals hatten sich nirgends ergeben. Die Auseinandersetzungen, die der Papst führte, lagen auf anderen Ebenen. Das nötigte den Papst auch zu Kompromissen, in welche die radikalen Strömungen und ihre Forderungen nicht mehr integriert werden konnten.

Die Reform hatte sich für den erwartungsvollen Gläubigen in einem kleinlichen Hickhack verlaufen und zu keinen großen, respektheischenden Aktionen mehr geführt. Außerdem war durch das unübersichtliche Wormser Konkordat, das nur einen rechtlichen Kompromiß darstellte, keine befriedigende und populäre Lösung gefunden worden. Der Wille zur Reform war zwar immer noch lebendig, hatte sich aber für einige Zeit aus dem Inneren der Kirche auf die ›außenpolitische‹ Seite, nämlich die Kreuzzüge, verlagert.

Am Ende des 11. Jh. fand vor allem durch diese Kriege eine Kanalisierung der Kräfte auf das Heilige Land und den Kampf gegen die Ungläubigen statt: Im Jahrzehnt nach Gregors Tod war der erste Kreuzzug in Sicht. Die Kreuzzugsidee erfaßte das Volk sehr schnell und war dann nicht mehr kontrollierbar. Eine kaum vorstellbare Begeisterung machte sich breit. Das Volk identifizierte sich mit dieser Idee und dem Kampf gegen die Mohammedaner, hoffte auf ein strahlendes Königreich in Jerusalem. In seiner religiösen Begeisterung und im Mitgefühl mit dem Leiden seines göttlichen Herren ließ es auch seinem Haß auf die Juden freien Lauf. Es kam in dieser Zeit und im Zusammenhang mit dem Kreuzzug wiederholt zu Pogromen gegen die jüdische Bevölkerung. Diese einerseits gewollte, andererseits nicht mehr beherrschbare Volksbewegung führte zu starken Gefühlsbewegungen, die von Rom aus nicht mehr gesteuert werden konnten.

Die blutige Einnahme Jerusalems war aber nicht der Sieg. Denn nach der Wende zum 12. Jh. erlebte die Kirche erneut eine Bewegung, auf die sie nicht eingestellt war. An vielen Orten traten Wanderprediger auf, die organisatorisch nicht zusammenhingen, die aber alle ein ähnlicher Impuls trieb. Sie waren ernsthafte Männer, oftmals Kleriker, denen die Verkündung des Evangeliums außerhalb der Kirche das entscheidende Anliegen war. Norbert von Xanten zum Beispiel gab seine vielversprechende Karriere in der kirchlichen Hierarchie auf, um durch die Lande zu ziehen und die »Armen Christi« um sich zu sammeln.

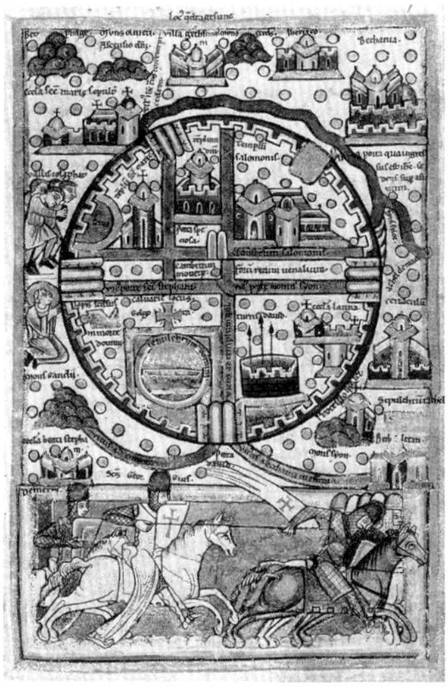

30 Landkarte Palästinas. Collectar St. Bertin. Um 1170.
Den Haag, Koninklijke Bibliotheek, Ms. 76 F 5, fol. 1r.

Die innerkirchlichen Fragen nach den verbindlichen Möglichkeiten einer religiösen Lebensweise, die dem Anspruch des Evangeliums genügte, wurden so aber nicht beantwortet. An der Jahrhundertwende – Jerusalem war 1099 von den Kreuzfahrern eingenommen worden – setzt sich der Gedanke eines Lebens in der Nachfolge der Apostel, einer *vita apostolica*, immer stärker durch. Er war das Grundmotiv einer Reihe von Bewegungen, die sich innerhalb und außerhalb der Kirche vollzogen. Untrennbar gehörten Askese und Armut zu ihnen. Beides war in der christlichen Welt nichts Neues, gehörte doch ein asketisches Leben in völliger Armut zu den Idealen der Mönche: arm wie Christus und die Apostel. Die Mönche hatten dieses Ideal in strenger Abgeschiedenheit hinter den Klostermauern verfolgt. Ihre Armut war aber nicht radikal, da zwar der einzelne Mönch kein Eigentum mehr hatte, die Klöster aber sehr reich wurden. Nun sollte dieses Ideal in das Zentrum des religiösen Volksbewegungen treten.

Diese Bewegungen verstanden sich als gut christlich. Ihr Ziel war eine Reform der Kirche, nicht ihr Umsturz. Da sie sich Forderungen zu eigen gemacht hatten, die – wie wir noch sehen werden – auch der Papst vertreten hatte, konnte man sie nicht einfach als ketzerisch beiseite schieben. Das Christliche wurde von ihnen nicht in Dogma und Lehre gesehen, sondern in einer den Evangelien entsprechenden Lebensweise. Im Evangelium aber fehlten viele Elemente, die das kirchliche Leben ausmachten, wie das Fegefeuer und die Priesterweihe, die Reliquienverehrung und die dogmatischen Lehrsätze. Die Kirche mußte sich also eine Prüfung anhand der Evangelien gefallen lassen.

Sie wandte sich gegen diese evangelientreuen Bekenner, die wörtlich nahmen, was sie nach Meinung der Amtskirche gar nicht verstehen konnten. Aus dieser Kirchenkritik schien sogar die Gefahr einer Gegenkirche hervorzugehen. Die Ketzer anerkannten die hierarchische Ordnung der Kirche nicht, hielten sich selbst für die echten und rechten ›guten Christen‹ und meinten, sie seien zur Verkündung des Evangeliums befugt. Auch die Armutsidee konnte der Kirche nur Schaden zufügen. Zu allem Überfluß hatten sich diese Ideen in manchen Teilen Europas, besonders in Südfrankreich und Oberitalien, mit alten dualistischen Lehren verbunden.

Die radikalen Reformbestrebungen, die auch in der Kirche selbst Vertreter fanden, standen zumindest anfangs in einer gewissen Nähe zur orthodoxen Frömmigkeit. Die Kirche galt ihnen immer noch als der Ort der Gemeinschaft der Gläubigen. Aber sie wollten das Gewicht der Traditionen abstreifen, die biblisch nicht zu begründen waren. In der Verwerfung des Äußeren machte diese Gegenströmung auch vor dem Kern der Kirchenverfassung nicht halt. Die Autorität des Amtes mußte in Frage gestellt werden, um zur wahren Frömmigkeit zu gelangen. Diese Ketzereien des 12. Jh. waren nicht mehr – wie noch ein Jahrhundert zuvor – von weltflüchtiger Innerlichkeit, stiller Meditation und asketischem Leben geprägt. Sie nahmen demagogische Züge an, die aggressiv auf einer Veränderung des Zustandes der Kirche bestanden, ja diese herausforderten. Selbstbewußt drängten sie zur Aktion und scheuten auch manchmal nicht vor Gewalt zurück. Außerdem predigten sie in aller Öffentlichkeit und verletzten dadurch die kirchliche Autorität: Predigen durfte nur, wen der Papst oder der Bischof dazu ermächtigt hatte.

Diese Ansichten der neuen Religiosität hatte und hätte Papst Gregor VII. niemals unterstützt. Ihm ging es um eine Stärkung und Reinigung der Kirche, um die Abwehr der politischen Ansprüche der weltlichen Macht und um die Durchsetzung des Ordo-Gedankens. Plötzlich aber traten die beiden Elemente des Apostellebens und der Armut in voller Kraft hervor und bestimmten nicht nur das ketzerische Denken, sondern auch die Kirche selbst.

Manche Wanderprediger besaßen sogar eine päpstliche Predigterlaubnis. Zunächst aber waren sie ein buntes Element in der Landschaft. In ihrer Liebe zu Gott und dem Evangelium konnte man sie noch nicht richtig einordnen, weder als Ketzer noch als kirchengläubig. In diese beiden Richtungen sollten sie sich aber entwickeln: Es war die Zeit neuer Ordensgründungen und auch die Zeit der großen Ketzerbewegungen. Beides hing eng miteinander zusammen, da das außerkirchliche religiöse Leben noch immer von dem Reformimpuls getragen war, der schon die Ketzer des 11. Jh. bewegt hatte.

Wo aber begann die Ketzerei? Sie konnte nicht an Meinungsunterschieden, an einfachen Irrtümern ansetzen. Viele Wanderprediger wurden zu Gründern anerkannter Mönchsgemeinschaften. Andere verfielen dem Verdikt der Kirche. Die Grenze zwischen orthodox und häretisch war fließend und noch nicht festgeschrieben. Sie hing von der jeweiligen Haltung der Kirche ab.

Die religiösen Eiferer, die den Zustand der Kirche nicht widerspruchslos hinnehmen wollten, fanden mit ihrer Kirchenkritik auch Anklang beim Volk. Auf die hohen Bischöfe und

Äbte machten diese Gläubigen einen nachhaltigen Eindruck. Sie schienen in Übereinstimmung mit den Worten des Evangeliums zu stehen. Heinrich von Le Mans (oder von Lausanne) war einer dieser Wanderprediger. Ein anonymer Berichterstatter beschrieb ihn in Worten, die für die damaligen Ketzer geläufig waren:

31 Wanderprediger. Paris, Bibl. Nat., Ms. Lat. 11560, f. 48.

»Etwa um diese Zeit erschien in der Umgebung der Stadt ein bestimmter Scharlatan, dessen persönliches Verhalten, üble Gewohnheiten und abscheuliche Lehre bestätigten, daß er Prügel verdiente und die Bestrafung eines Mörders. Er verbarg den Wahnsinn eines räudigen Wolfes im Schafspelz ... Kurz geschorenes Haar, ungeschnittener Bart, hoch von Gestalt, von schnellem Schritt, ...; gewandt im Umgang, mit ehrfuchtgebietender Stimme, jung an Jahren, verächtlich gegenüber dem Kleid des Priesters ... Was kann man noch sagen? Überall nämlich gewann er zunehmend an Ansehen wegen seiner erstaunlichen Heiligkeit und seiner Weisheit; aber nicht durch Verdienst, sondern durch Betrug; nicht durch Wahrheit, sondern durch seine Erscheinung; nicht durch Charakter, Lebensweise oder Frömmigkeit, sondern nur durch umgehende Gerüchte« (Wakefield/Evans, S. 108/9).

Ein Demagoge – so scheint es auch nach der weiteren Erzählung –, also ein frommer Mann, wäre er orthodox gewesen. Aus der Erzählung dürfen wir auf die Faszination schließen, die diese Prediger von der Art des Mönches Heinrich ausgeübt haben, auf das Charisma, das von ihnen ausging. Andererseits war die kirchliche Warnung vor diesem Scharlatan deutlich, vor diesen Männern, die des Teufels waren. Schon in seinem äußeren Auftreten unterschied er sich von den anderen Menschen, wie der Chronist selbst sagte. Aber er hatte Erfolg, verführte das Volk und sogar den guten Bischof.

»Der Bischof (Hildebert), ein sehr frommer Mann, der sich der Tücken dieses trojanischen Pferdes nicht versah, empfing sie (Heinrich und seine Begleiter) höflich und in gutem Glauben... Da er eine Romreise antreten wollte, beauftragte es seine Archidiakone, ... Heinrich eine freundliche Aufnahme zu gewähren und ihn predigen zu lassen ... Einige Kleriker ... stellten ihm eine Tribüne auf, von der dieser Demagoge seine Tiraden auf die Volksmenge loslassen konnte, die gebannt an seinen Lippen hing. Bei seinen Volkspredigten saßen diese Kleriker weinend zu seinen Füßen, wenn er seine Erklärungen wie ein Orakel herausposaunte. Es schien dann so, als schrien Legionen von Dämonen gleichzeitig aus seinem Mund. Aber er war außerordentlich redegewandt. Wenn sein Wort das Ohr des Mobs erreichte, dann saß es in dessen Köpfen. Wie ein starkes Gift drang es in die inneren Organe ein« (Wakefield/Evans, S. 109/110).

Als der Bischof von seinem Rombesuch zurückkehrte, so berichtet der Chronist weiter, hatte Heinrich junge Männer mit Dirnen verheiratet, die Stadt in Aufruhr und die Kirche einige Male in Verlegenheit gebracht. Er war zu keinem Gespräch bereit. Der Bischof vertrieb ihn und stellte die Ordnung in seiner Diözese wieder her. Aber Heinrich zog weiter. Sein erbittertster Gegenspieler wurde in der folgenden Zeit Bernhard von Clairvaux, der ihn bekämpfte und gegen ihn wetterte. War bei Heinrich die Grenze zur Ketzerei überschritten? Worauf gründete sich sein Erfolg?

Ganz anders, nämlich gesittet und leise, ging es bei der Entstehung einer anderen, sehr bedeutenden Ketzergruppe zu. Auch sie gehörte zum breiten Strom der evangelischen Bewegungen, die etwas Neues wollten, auch sie war typisch für eine Zeit, in der die Katharer schon eine Weile öffentlich auftraten.

Die Rede ist von den Waldensern des Petrus Waldes. Sie waren »ein Verband heimatlos wandernder Prediger ohne Besitz und Einkommen, die von den Almosen ihrer Hörer leben« wollten (Grundmann, Bewegungen, S. 92). Nach den Auseinandersetzungen mit dem Papsttum – Predigtverbot! – betätigten sie sich trotz dieses Verbotes weiter als Prediger. Zur Rechtfertigung beriefen sich die Waldenser auf Bibelworte. Denn aus der Bibel ergab sich ihr Predigtauftrag: »Gehet hin in alle Welt und predigt das Evangelium allen Völkern« (Mark 16, 15). Und gegen das Predigtverbot der Kurie setzten sie ebenfalls ein Bibelwort: »Man muß Gott mehr gehorchen als den Menschen« (Apg 5, 29). Damit rückte die Frage nach dem Gehorsam in den Mittelpunkt. Wie war die Lage, wenn sich das biblische und das kirchliche Wort widersprachen? Wer durfte das biblische Wort verbindlich auslegen?

Die Waldenser waren einerseits typisch für die Ketzer des Mittelalters, so daß der Name der Waldensers zum Inbegriff des Ketzers werden konnte. Andererseits zeigt sich, daß sie nicht wegen einer fundamental anderen Sicht des Christentums zu Ketzern gemacht wurden, sondern am päpstlichen Predigtverbot gescheitert sind. Als sie sich diesem nicht fügten, gerieten sie in die Maschinerie, die Ketzer erzeugt.

Ihren Namen verdankten sie dem Kaufmann Petrus Waldes aus Lyon, einem reichen Händler. Er hatte sich – des Lateinischen nicht mächtig – die Bibel ins Französische übersetzen lassen. Was er dort fand, deckte sich nicht mit dem, was er aufgrund der kirchlichen Predigten erwartet hatte. Er beschloß, sein Leben nach den Vorschriften und Vorbildern des Evangeliums zu ändern. Das Ergebnis war, daß er sich der apostolischen Wanderpredigt in Armut verschrieb. Er verschenkte sein Vermögen und begann, Buße zu predigen.

Der Erzbischof seiner Heimatstadt Lyon verbot ihm die Predigttätigkeit. Im Einklang mit der Bibel betrachtete er sie aber als Kernbestandteil seines christlichen Lebens und wollte nicht auf sie verzichten. Deshalb stellte er sich 1179 zum dritten Laterankonzil in Rom ein: Er war ein treuer Anhänger der katholischen Kirche und wollte das auch bleiben. Konzil und Papst mußten also über sein Anliegen entscheiden. Die Kurie nahm die Sache als Routineangelegenheit und berief eine Kommission zur theologischen Prüfung der Gruppe um Waldes, von der die Predigterlaubnis abhängig gemacht werden sollte. Das zeigte, so die Interpretation von Herbert Grundmann,

»daß die Kurie die Sache gar nicht ernst nahm, von ihrer Bedeutung keine Ahnung hatte und dem Wesen und dem Willen der religiösen Bewegung völlig verständnislos gegenüberstand ... Walter Map, der Gesandte des englischen Königs Heinrich II. beim Konzil, ein Weltmann mit viel Sinn für das Amüsante und Interessante, ... dem unbegreiflicherweise dieses verantwortungvolle Amt übertragen wurde, ... machte ... eine Komödie daraus ... Nachdem die Prüflinge die Fragen, ob sie an Gott Vater, an den Sohn und an den heiligen Geist glaubten, bejaht hatten, fragte sie Walter Map, ob sie auch an die Mutter Christi glaubten. Darauf antworteten sie natürlich mit Ja. Diese Ant-

32 Egon Schiele, Heilige Familie, 1913. Privatbesitz.

wort löste ein schallendes Gelächter in der Versammlung aus, so unbegreiflich für die evangelischen Wanderprediger aus Lyon wie noch heute für jeden Laien ohne dogmengeschichtliche Spezialkenntnis. Die Prüfung war damit beendet, die theologische Unfähigkeit der Waldenser galt als erwiesen. Die Erlaubnis zur Predigt wurde ihnen versagt« (Grundmann, Bewegungen, S. 60/61).

Diese Inzenierung scheint der Bedeutung des Problems nicht angemessen, aber die Prälaten spürten sehr genau, daß in dem Anliegen der Waldenser etwas verborgen lag, was die hierarchische Ordnung der Kirche in Frage stellte. Denn nach überkommener Auffassung stand das Predigtrecht allein den 12 Aposteln sowie den Bischöfen als ihren Nachfolgern und den 72 Schülern des Herrn Jesus sowie den Priestern als deren Nachfolgern zu. Niemand sonst war zur Predigt befugt. Predigen durfte außer ihnen nur, wer vom Bischof dazu aufgefordert worden war. Dies schloß ein radikales und unbedingtes Predigtverbot auch für alle diejenigen ein, die wohlmeinend waren oder einen Drang zur Predigt in sich spürten. Mit ihrer Ablehnung von Waldes hatte die Kurie die abgewiesen, »die leben wollten wie die Ketzer, aber lehren wollten wie die Kirche« (Grundmann, Bewegungen, S. 66).

Die Frage der Predigterlaubnis wurde zu einem entscheidenden Punkt. Sie war dem Papst so wichtig, daß er in dem Edikt *Ad abolendam* von 1184 – also fünf Jahre nach dem dritten Laterankonzil – den Verstoß gegen das Predigtverbot als erstes Charakteristikum der Ketzerei aufführte.

»Weil einige unter dem Schein der Frömmigkeit die Kraft des Apostelwortes ableugnen und sich selbst die Autorität zu predigen zuschreiben ..., verhängen wir die gleiche Fessel der Exkommunikation: über alle, denen es verboten wurde oder die nicht gesandt wurden und die es sich herausgenommen haben, öffentlich oder privat zu predigen, ohne daß sie vom Apostolischen Stuhl oder vom Ortsbischof die Vollmacht dazu empfangen hätten ...« (Hasenhüttl/Nolte, S. 37/38).

Erst an zweiter Stelle steht der Verstoß gegen die Sakramentenlehre.

Für die Waldenser bestand der Widerspruch darin, daß sie nach ihrer eigenen Auffassung den dogmatischen Boden der katholischen Kirche nie verlassen hatten. Sie kämpften gemeinsam mit den katholischen Priestern gegen die dualistische Irrlehre der Katharer – obwohl sie von der Kirche auf die Seite der Ketzer gerückt worden waren. Das Predigtverbot war entscheidend, weil sich wichtige Folgen daran knüpften, so daß die Kirche darauf nicht verzichten konnte. Denn für die Waldenser entstand nach ihrer Exkommunikation das neue Problem, daß sie die Sakramente der Kirche nicht mehr empfangen durften. Da sie diese Entscheidung weder verstanden noch akzeptierten, kamen sie konsequenterweise zu dem Ergebnis, auch der fromme Laie könne die Sakramente spenden. Dazu bedürfe es nicht des geweihten Personals der Kirche. Nicht das Amt, sondern das Verdienst gewähre das Recht der Sakramentsspendung. Das entsprach ihrer Laienpredigt und traf einen zentralen Nerv des kirchlichen Selbstverständnisses, das für die Kirche nicht zur Diskussion stand. Deshalb gab es hier kein Gespräch, keine Debatte – trotz allen guten Willens von Waldes in Rom –, sondern nur Gehorsam oder Ketzerei. Und nur im Gehorsam zeigte sich für die Kirche der wahre Glaube.

Die Waldenser waren also ohne ihren Willen, gegen ihre Absicht und als gute Katholiken zu Ketzern (gemacht) geworden. Und auch die Kirche hatte das nicht eigentlich gewollt. Sie hatte nur Gehorsam verlangt. Wir haben also einen Kommunikationsprozeß vor uns, der sich in eine Richtung verselbständigte, die die Beteiligten gar nicht angestrebt hatten. Aber die Struktur der Kommunikation ließ ihnen keine andere Wahl. Von kirchlicher Seite war eine neuerliche Überprüfung der Waldenser nicht vorgesehen. Für die Waldenser war eine andere Auslegung des Missionsgebotes unmöglich. So sehen wir, wie die Dinge ihren Lauf nehmen. Daß Folgen eintreten, an die niemand gedacht hatte. Daß ursprüngliche Absichten sich in ihr Gegenteil verkehrten.

Die Waldenser wurden also zu Ketzern (gemacht). Aber es gibt viele Beispiele, bei denen die Wanderprediger den Rahmen der Kirche nicht verlassen. Denn ein Wanderprediger, von dem zunächst noch unbestimmt ist, ob er ein Ketzer ist (oder werden wird), muß sich entscheiden. Heinrich von Lausanne, nach Meinung der Kirche ein verführerische Demagoge, hatte sich auf der Synode von Pisa im Jahre 1135 bereit erklärt, seine Tätigkeit als Wanderprediger aufzugeben. Er sollte und wollte als Mönch in das Kloster von Cîteaux eintreten. Dazu ist es aber nicht gekommen. Heinrich hat weiterhin gepredigt. Bernhard von Clairvaux hat sich an ihm abgemüht. Wäre Heinrich bereit gewesen, seine Anhängerschaft in – nach Männern und Frauen sortierte – Klöster zu schicken, wäre er wohl als Ordensgründer in die Annalen eingegangen.

33 Engelschöre gruppieren sich in konzentrischen Kreisen um Gott. Hildegard von Bingen: Liber Scivias, 13.Jh. Wiesbaden, Landesbibl., Cod. 1.

Anders war der Lebensweg des Wanderpredigers Norbert von Xanten. Kaplan am Hofe Heinrich V., wurde er zum Priester geweiht und lebte als Buß- und Wanderprediger. Er verkaufte sein Erbe, verschenkte den Erlös und ließ sich von Papst Gelasius II. Predigtvollmacht erteilen. Er gründete sein eigenes Kloster, Prémontré, und beschritt damit einen Weg, der kirchlich vorgesehen war. Bald darauf wurde die Klostergemeinschaft in Rom als Orden bestätigt (Prämonstratenser). Auf ähnliche Weise war auch der Wanderprediger Robert von Abrissel zum Ordensgründer geworden. Zunächst Priester und Eremit, zog er im Auftrag Papst Urbans II. einige Jahre predigend durch Frankreich. Gegen das Jahr 1100 gründete er das Doppelkloster Fontevrault. Der Orden wurde kurz darauf päpstlich bestätigt. Es war die Zeit, in der auch Cîteaux, das Mutterkloster der Zisterzienser, von Robert de Molesme gegründet wurde (1098).

In diesen wie in einer Reihe von anderen Fällen blieben die Gründer in den Reihen der Kirche oder kehrten zumindest dorthin zurück. Aber auch sie waren geprägt und getragen von der religiösen Bewegung ihrer Zeit. Sie kündeten dem Mönchtum eine neue Epoche an, auch wenn das benediktinische Mönchtum in den Zisterziensern noch einen letzten glanzvollen Höhepunkt erleben sollte. Denn die neuen Orden gingen nicht aus dem bestehenden Mönchtum hervor. Bei ihnen wurde eine außermonastische Bewegung in das gebahnte Flußbett des Mönchtums umgeleitet, das sich dadurch selbst änderte. Charakteristisch dafür war auch, daß die Gründung von Frauenklöstern als dringliche Aufgabe empfunden wurde. Denn die Anhängerschaft der Prediger bestand zum guten Teil aus Frauen, was den ketzerischen Predigern immer zum Vorwurf gemacht wurde.

Die Wanderprediger kümmerten sich um die Verkündung des Evangeliums, nicht aber um weltliche Organisationfragen. Sie versuchten nicht, gemeinsam eine Gegenkirche aufzubauen oder sich auf Lehrsätze zu verständigen. Diese Ketzergruppen gründeten ganz auf dem Charisma ihrer Führer. Starben oder verschwanden diese, so löste sich die Gruppe über kurz oder lang auf. Die einzig mögliche Form von Organisation boten die Klöster. Hier aber konnten die Prediger ihre Vorstellungen nicht realisieren. Demgegenüber hingen die Katharer nicht vom Charisma eines Führers ab, hatten eine einigermaßen konsistente Lehre und verfügten über eine innere Struktur, die wir Organisation nennen können. Das unterschied sie von anderen Ketzergruppen und machte sie für die Kirche gefährlicher. Wie aber war das Kirchenleben der Katharer organisiert?

Gläubige und Vollkommene
Das Kirchenleben der Katharer

Wenn eine religiöse Bewegung Bestand gewinnen will, kommt sie nicht ohne ein organisatorisches Minimum aus. Kompetenzen müssen verteilt, Befugnisse geklärt werden. Bis heute bestehen deshalb religiöse Bewegungen auch außerhalb der Großkirchen auf einer spirituellen Unterteilung, nämlich der zwischen den Priestern und den Gläubigen, zwischen den Eingeweihten und den anderen, die die höheren Stufen noch nicht erklommen haben. Durch ihre Lehre und ihr Vorbild wollen sie die Unwissenden und Blinden zum Wissen, zur Erleuchtung und zur Erlösung führen. Die Eingeweihten oder Auserwählten verfügen über das erforderliche Wissen, die notwendige Erfahrung und die spirituelle Kraft. Sie geleiten die anderen auf dem Weg zum Heil. Darin liegt die Urform ihrer Organisation. Denn ohne Organisation droht der baldige Untergang.

Der theologische Dualismus organisierte sich entsprechend. Schon die frühen Manichäer unterschieden die Eingeweihten, die *electi*, von den anderen, denen das Wissen erst noch zuteil werden sollte. Durch diese Struktur wurde plausibel, wie es in der schlechten Welt überhaupt Nachrichten über das Gute und die Erlösung von der Welt geben konnte. Denn die Wissenden gehörten in irgendeiner Weise zum Reich des Guten und kannten seine Geheimnisse.

Auch die Katharer kannten diese Zweiteilung in Gläubige und Vollkommene – oder Dreiteilung, wenn man die dazurechnete, die noch keine Gläubigen waren. Katharer im stengen Sinne, also Reine, waren nur die sogenannten Vollkommenen, die *perfecti*, denen als engelgleichen Wesen das Heil sicher war. Die unter ihnen stehenden Gläubigen hatten den Schritt zum Heil noch nicht vollzogen. Für sie galten nicht die harten Regeln der Askese, denen die Vollkommenen unterworfen waren. Diese besaßen nicht die Vermessenheit, sich selbst als Vollkommene zu bezeichnen (wir werden sie aber so nennen), sondern nannten sich zum Beispiel *Bonshommes*, gute Menschen, oder *boni christiani*, gute Christen.

Die Gläubigen

Die Gläubigen waren keine Mitglieder der katharischen Kirche. Sie hatten nur einen vorläufigen Status und stellten nicht etwa die Gemeinde dar, die das Kirchenleben trug. Das waren ausschließlich die Vollkommenen. Die Gläubigen waren von dem heiligenmäßigen Leben der Vollkommenen fasziniert, hatten aber nur einige allgemeine rituelle Verpflichtungen und keinen Zugang zum Heil. Sie bildeten den sozial notwendigen breiten Hintergrund der ›Sympathisanten‹. Es gab aber keine Zwangs- oder Zuchtmittel zur Durchsetzung von Lehre oder Disziplin.

Deshalb ist die Bezeichnung »Katharer« auch immer undeutlich und ambivalent. Spricht man von »den Katharern«, so ist die Rede meist von der breiten Ketzerbewegung, die den Papst bis zum Kreuzzug trieb. Es sind dann alle eingeschlossen, die in irgendeiner Weise zu dieser Bewegung gehörten, die Vollkommenen, die Gläubigen und auch die fernstehenden Interessierten.

Die Gläubigen waren nicht genötigt, die strengen Lebensregeln einzuhalten, die für die Vollkommenen galten. Sie hatten das *consolamentum* noch nicht erhalten und gehörten noch der weltlichen Welt an. Sie waren keine Reinen, keine guten Menschen, die der Welt so entsagt hätten, daß ihr Heil gesichert gewesen wäre. Theologisch hatten die Gläubigen keine Funktion. Genau gesagt: Die Gläubigen waren keine Katharer. Nur die wenigen Vollkommenen waren ›echte‹ Katharer.

Hier verläuft die Grenzlinie zwischen einer Sekte, deren Mitglieder sich für erwählt halten und die »ein Verein der religiös voll *Qualifizierten*« (Max Weber) darstellt, und einer Kirche als »Gnadenanstalt, die ihr Licht über Gerechte und Ungerechte scheinen« (Max Weber) läßt. Wir haben es bei den Katharern mit einer Selbstausschließung zu tun, die ganz gegen das Grundprinzip der katholischen Kirche ging: Dort ist Gott für alle da und alle unterliegen seinem Gesetz.

Aber sozial konnte die katharische Kirche – strenger gesagt: Sekte – ohne die Gläubigen nicht bestehen. Denn einmal sind sie der soziale Unterbau, der den Vollkommenen oft, vor allem in späterer Zeit, Unterbringung, Ernährung und Kleidung gewährt und ihnen so das Leben ermöglicht. Zudem stellen sie die ›Rekrutierungsschicht‹ für die Vollkommenen dar. Außerdem sind sie mit der Gesamtgruppe durch ihre Teilnahme an den Riten, durch ihre Unterstützungsleistungen für die Vollkommenen und aufgrund ihrer eigenen Gefährdungen durch die Verfolgungen stark verbunden. Auch sind sie in ihrer Menge – Arno Borst spricht von »mehreren Hunderttausend« (Katharer, S. 151) – ein Indikator für eine antiklerikale Mentalität und kirchenkritische Strömung. Wir müssen die Gläubigen also als soziales und religiöses Phänomen betrachten, auch wenn sie theologisch nicht zu den Auserwählten gehörten.

Alles, was der Gläubige tat, beruhte auf seinem freien Willen: Er mußte weder bestimmte Leistungen erbringen noch etwas Bestimmtes glauben noch wurde »er zum Bleiben gedrängt« (Borst, Katharer, S. 150). Dieser aufgelockerten Struktur, die allein auf die Praxis schaute, entsprach auch die wenig dogmatisierte Lehre, die keinen kanonischen *corpus* an Texten oder Dogmen oder Erzählungen besaß.

Gläubiger zu sein, bedeutete auch nicht, später einmal ein Vollkommener werden zu müssen. Aber es hieß doch, einen Versicherungsschein auf das ewige Heil zu besitzen, da die

Kirche ihre Gläubigen zwar meist nicht als Vollkommene aufnahm, ihnen aber das *consolamentum* auf dem Sterbebett gewährte. Denn meistens schlossen die Interessenten mit der Annäherung an die Katharer eine formlose *convenienzia*, eine gegenseitige Übereinkunft. Der Gläubige konnte sicher sein, daß er sogar im Falle seiner Bewußt- oder Spachlosigkeit das *consolamentum* erhalten würde. Er verpflichtete sich im Gegenzug dazu, als Mitglied der katharischen Gemeinschaft zu handeln und zu helfen. Ritueller Ausdruck dessen war das *melioramentum*, durch das die Gläubigen die Vollkommenen grüßten. Dadurch bezeugten sie, sich bessern zu wollen – eine rituelle Erinnerung an ihren Stand in der Welt und an die Möglichkeit ihrer Erlösung.

Wenn wir also von den Katharern als einem mitgliedschaftlich organisierten Verband sprechen, so gehören die Gläubigen nicht dazu. Das einzige formale Kriterium der Mitgliedschaft ist das *consolamentum*, durch das sich die Kirchenmitglieder als Vollkommene auszeichneten. Die katholische Kindstaufe, mit der der Täufling zum Mitglied der katholischen Kirche wurde, kennen die Katharer nicht.

Die Gläubigen durften auch in einer römisch-katholischen Ehe leben. Für die Katharer stellte sie nicht nur kein Sakrament dar, sondern sie verneinten die Ehe als eine auf Dauer angelegte Gemeinschaft von Mann und Frau zum Zwecke der Fortpflanzung überhaupt. Aber in den Zeiten der Verfolgung hatte man gegen die unauffällige Form der Ehe nichts mehr einzuwenden. Denn schon die Absicht zu überleben, zwang dazu, sich verläßliche Zellen als Stützpunkte aufzubauen. Hier waren Zuverlässigkeit und Treue gefragt. Die Ehe war dann eine nützliche Lebensform, ohne daß sie einen darüber hinausgehenden Wert erhalten hätte. Ihre vertragliche Bindung wurde deshalb gebilligt. Daß zu ihrer Eingehung der rituelle Beitrag eines Vollkommenen nötig war, scheint unwahrscheinlich. Da sie aber nicht als unlösbare Verbindung aufgefaßt wurde, bestand wohl die Möglichkeit einer »Scheidung«. (Nelli, Vie, S. 56-60). Besonders deutlich wurde das, wenn einer der Ehegatten in den

1 Szene aus dem Tapisserie-Zyklus »Die Apokalypse von Angers« :
Der Engel der siebten Plage

2 *Satan in der Hölle,* Codex Gigas, Böhmen, um 1200. Stockholm, Kungliga Biblioteket. Ms. A 148, fol. 290r

3 *Das jüngste Gericht,* 11./12. Jahrhundert. Vatikanische Pinakothek.

4 Marc Chagall, *Das Paradies.*

5 Lucas Cranach d. Ä., *Das goldene Zeitalter*, um 1530.
Alte Pinakothek, München

6 Marc Chagall, *Der Engelssturz,* 1923-1933-1947.
Kunstmuseum Basel

7 Bruegel, Pieter, *Der Sturz der gefallenen Engel,* 1562.
Brüssel, Musées Royaux des Beaux-Arts

8 Szenen aus der Schöpfungsgeschichte, Grandval Bibel, Mitte 9. Jahrhundert. British Museum, London. Add. MS 10546, Fol 5v.

9 Hans Fries, *Jüngstes Gericht,* Ausschnitt: Höllensturz der Verdammten, Anfang 16. Jahrhundert.

10 Giotto, *Der Traum Papst Innozenz III*. Assisi, Oberkirche

11 Egon Schiele, *Kardinal und Nonne,* 1912. Sammlung Dr. R. Leopold, Wien

12 *Christus militans,* Mosaik. Ravenna, Museo Nazionale

34 Marc Chagall, Die Hochzeit, 1918. Moskau, Tretjakow-Galerie.

Stand der Vollkommenen treten wollte: Wie hätte ihn ein irdisches Versprechen an dem Eintritt in den Gnadenstand hindern können?

Auch wenn alle Gläubigen eines Tages das *consolamentum* erhalten sollten, also die Sicherheit, diese Erde zu verlassen und sich wieder mit Gott zu vereinigen, so bedurfte es einiger Vorbereitung, um Vollkommener zu werden. Es gab eine Vorbereitungszeit, in der der zukünftige Vollkommene sich unter der Obhut älterer Vollkommener des *consolamentum* würdig erweisen mußte. Dieser Zwischenzustand des Novizen wurde kultisch durch den Ritus des *consolamentum* abgeschlossen.

In dieser Zeit der Prüfung unterlag er denselben strengen Vorschriften, die für die Vollkommenen galten. Die Dauer dieser Prüfungszeit war nicht einheitlich. In späterer Zeit mußte der Aspirant mindestens 20 oder 24 Jahre alt sein und mindestens ein Jahr auf dem Prüfstand bleiben, bevor er aufgenommen werden konnte. Was aber bezweckte diese Probezeit?

Ihre Beurteilung hängt von der Funktion des *consolamentum* ab. Es war ein Akt der Bestätigung dafür, daß eine Engelseele durch ihr Verhalten in der Welt gezeigt hatte, daß sie ein reines Leben führte, daß sie den Versuchungen der Welt nicht unterlag, damit engelgleich lebte und der Aufnahme in den Gnadenstand würdig war. Die Beurteilung dieser Würdigkeit konnte aber nicht dem einzelnen selbst überlassen bleiben. Er mußte als Engel von den anderen Engeln anerkannt werden, nämlich durch die feierliche Aufnahme in ihren Kreis.

Da der Engelszustand aber als ein ontischer verstanden wurde – also: man war ein Engel oder man war es nicht –, mußte das *consolamentum* als Bestätigungsakt für den Zustand angesehen werden, den der Aspirant bereits erreicht hatte. Das ist zwar soziologisch nachzuvollziehen, aber nicht logisch, da er erst durch das *consolamentum* zum Engel wird. Wie aber konnte ein solcher Wechsel des Seinszustand bewirkt werden? Wohl nicht durch das engelhafte Leben selbst, sondern erst durch den Akt des *consolamentum.* Dieser ist dann der entscheidende Punkt und führt von einem Seinszustand (Mensch) in einen anderen (Engel). Wieder kommen hier das statische Denken und der notwendige Prozeß in Konflikt.

Praktisch jedenfalls war der Novize nach bestandener Probezeit durch das *consolamentum* in den Kreis der Vollkommenen aufgenommen. Wer aber waren diese Vollkommenen?

Die Vollkommenen

Vollkommen sein bedeutet: Es fehlt nichts, es herrscht Fülle ohne Mangel. Das kann sich allerdings nur eingeschränkt auf die Menschen beziehen, da sie in ihrer irdischen Existenz schon durch ihren Leib unvollkommen sind. Ihre Vollkommenheit kann sich daher nur auf ihren erreichten spirituellen Zustand beziehen. Sie sind wieder die Engel geworden, die sie einmal gewesen waren und in dieser Hinsicht vollkommen. Sie bilden den harten Kern der katharischen Gemeinschaft. Sie sind die Erlösten.

Sie wurden durch die Spendung des *consolamentum* zu Engeln. In die Gemeinschaft aufgenommen, änderte sich ihr Leben im Verhältnis zu dem der Gläubigen weitgehend. Es unterschied sich aber nicht grundlegend von dem Leben, das sie während ihres Noviziats schon gelebt hatten. Sie führten innerhalb der religiösen Gemeinschaft ein noch stärker gemeinschaftlich betontes Leben.

Die Vollkommenen, die sich selbst – wie schon erwähnt – diesen vermessenen Namen nie gegeben haben, sondern von ihren Anhängern so genannt wurden, bildeten die Träger der katharischen Kirche. Sie lebten ein hartes, asketisches Leben, das sich der Welt enthielt, so gut es ging. Waren sie verheiratet, lösten sie ihre Ehe auf. Für sie wurden, besonders für die Frauen unter ihnen, eigene Häuser eingerichtet, in denen sie unter den rigiden Regeln ihrer Moral ein zurückgezogenes Leben führten. Diese Konvente, meist in den Städten, waren eine Art katharischer Klöster. Sie entwickelten sich erst im 13. Jh. und zeigten, daß das Wanderpredigerdasein, dem die frühen Katharer auch ihre ersten berauschenden Erfolge verdankt hatten, in etablierte Formen übergegangen war. Ihr Leben erinnerte jetzt oft an das Klosterleben der Mönche, die seßhaft in klösterlicher Abgeschiedenheit lebten.

Ob als Wanderer oder als Mönche: Die Vollkommenen betreuten ihre »Gemeinden«, indem sie Gottesdienste hielten, gegen die feudale Kirche predigten, sich um ihre Novizen kümmerten, Streitfälle schlichteten und vor allem das *consolamentum* spendeten. Sie beteten täglich so viele Vaterunser, daß ihre Zeit beschränkt war. Der Bischof und die anderen Würdenträger waren viel auf Reisen. Sie besuchten ihre Gemeinden und kümmerten sich um die täglichen Fragen, die Organisation der Kirche und das Gemeindeleben. Als eine Gemeinschaft von Glaubensgenossen standen die Vollkommenen in ihrem gemeinsamen Glauben und in dem Wissen um ihre baldige Heimkehr in den Himmel zusammen. Über ihnen »liegt die stille Freude der Auserwählten, die das Irdische überwunden haben« (Borst, Katharer, S. 152).

Es versteht sich von selbst, daß die, die sich im Glauben unterschieden, sich auch im Äußeren unterschieden. So waren die Vollkommenen zumindest wohl bis zum Beginn des Albigenser-Kreuzzuges 1209, wahrscheinlich aber noch lange Jahre später, auch äußerlich zu erkennen. Es ist überliefert, daß die Männer Bart und lange Haare trugen. So war der Ausdruck »barbes« für sie üblich. Männer wie Frauen trugen schwarze Kleidung. Die weiblichen Vollkommenen waren von anderen Frauen kaum zu unterscheiden, nur trugen sie ihre Haare verborgen. Am Gürtel der Vollkommenen hing in einem Kupferetui die für sie wichtigste Schrift: das Johannes-Evangelium.

Diese Beschreibung ist aller Wahrscheinlichkeit nach aber nur die tendenziöse Ausschmückung einer in Wirklichkeit wenig romantischen Geschichte. Denn es erscheint zweifelhaft, ob die Vollkommenen überhaupt lesen konnten. Sie hatten nämlich stets einen Vorleser an ihrer Seite. In den Quellen aus der zweiten Hälfte des 13. Jh. hören wir »nie .. davon, daß die ›Vollkommenen‹ selbst in ihren Büchern lasen, immer, auch während der Gottesdienste, brauchten sie dazu einen Vorleser« (Hanssler, S. 127).

Ähnlich wie die Mönche, die ihr Kloster nicht alleine verlassen sollten, zogen die Vollkommenen zu zweit durch das Land. Damit schützten sie sich wechselseitig vor den weltlichen Anfechtungen und unterstützten sich im normalen Alltag, vor allem aber in Notfällen und Notzeiten. Vermutlich teilten sie häufig ihr Schicksal, vor allem in späteren Zeiten: »Sie wurden oft am selben Tag verhaftet, verurteilt, verdammt und verbrannt« (Nelli, Vie, S. 46). Später nötigten die Nachstellungen der katholischen Kirche sie dazu, ihre auffällige Kleidung aufzugeben: Sie trugen jetzt dieselbe Kleidung wie alle Welt. Sie rasierten sich die Bärte und trugen die Haare kurz. Sie bevorzugten aber wohl einen dunklen Kapuzenmantel, um ihr Gesicht besser verstecken zu können. Auch reisten sie nicht mehr grundsätzlich gemeinsam.

Die Verfolgungen machten es ihnen außerordentlich schwer, ihre strengen Lebensregeln einzuhalten. So widersprach ihre ganze Lebensführung im Untergrund dem Gebot, nicht zu lügen. Sie hielten sich im geheimen, reisten oft bei Nacht, versteckten sich, gaben sich nicht als die zu erkennen, die sie waren, ja gaben sich oft als jemand anderes aus. Die von ihnen geforderte Aufrichtigkeit und Ehrlichkeit fehlte, mußte fehlen, da ihr ganzer Lebenswandel eine Lüge geworden war.

Die Hierarchie

Zwar besaßen die Katharer schon zum Zeitpunkt des Konzils von St-Felix-de-Caraman eine Organisation mit Diözesen und Bischofssitzen. Trotzdem blieben die Vollkommenen ihre höchste Autorität. 1167 stimmte ihre »Vollversammlung« dem Vorschlag des bulgarischen Popen Niketas zu, die radikale Version des Dualismus als Grundlage ihres Glaubens zu übernehmen. Die Gemeinde der Vollkommenen wählte zunächst auch den Bischof aus ihrer Mitte und konnte ihn bei Versagen aus dem Amt entlassen. Ihre Versammlung spendete dem Novizen das *consolamentum*, indem jeder Vollkommene dem neuen Katharer die Hand auflegte.

Aber dieses Element war spätestens zu Beginn des 13. Jh. verschwunden. Die Eigendynamik der Organisation ließ also nicht lange auf sich warten. Die Vollkommenen wurden zu Priestern, das *consolamentum* wurde zu einem wiederholbaren Sakrament, die verselbständigte Funktionärsgruppe an der Spitze der Hierarchie ergänzte sich durch Kooptation selbst. Der Bischof, zunächst nur *primus inter pares*, entfernte sich von seiner Gemeinde, da sich hierarchisch geordnete Kompetenzen zwischen die Vollkommenen und ihn schoben. Drei Amtsstufen arbeiteten unter dem Bischof. Neben ihm standen der *filius maior* und der *filius minor*. Diese Amtshelfer des Bischofs wurden auf der untersten Stufe durch die Diakone ergänzt.

35 Masaccio, Die Vertreibung aus dem Paradies, um 1426. Florenz, S. Maria del Carmine, Brancacci-Kapelle.

Der Bischof leitete die Gemeinden und führte den Vorsitz bei allen Kulthandlungen. Er war das Oberhaupt und für seine Diözese zuständig, in die sich kein anderer Bischof einmischen durfte.

Der *filius maior* war Stellvertreter des Bischofs in weltlichen und religiösen Angelegenheiten. Allein oder mit seinem Amtsbruder, dem *filius minor*, besuchte er die katharischen Gemeinden. Zugleich war er als Nachfolger des Bischofs vorgesehen, ohne daß es dazu einer Wahl bedurft hätte. Der *filius minor* wiederum war Stellvertreter des *filius maior* und hatte dieselben Aufgaben.

Auf unterster Stufe – und damit der Gemeinde am nächsten – stand der Diakon. Waren seine Vorgesetzten abwesend, so vertrat er sie. Er stand dem Sprengel vor und war für die Alltagsangelegenheiten zuständig. Anders als der Bischof oder seine Stellvertreter wurde er aus der Mitte der Gemeinde in sein Amt gewählt. Allerdings durfte er den Ritus der Ordination nicht durchführen.

Ein Vollkommener konnte nur dann ein Kirchenamt übernehmen, wenn er ordiniert war. Erst durch seine Einsetzung erhielt er die Amtsgewalt. Alle Amtsträger hatten im Grundsatz dieselben Kompetenzen. Sie konnten dann etwa entscheiden, »ob jemand noch im Besitz des Amtes oder seiner bereits enthoben ist, ferner über die Heilswirksamkeit der kultischen und religiösen Handlungen« (Rottenwöhrer, Bd. II/2, S. 518).

Die Entwicklung zu einer Selbstergänzung der Hierarchie hielt die unteren Schichten – also die Vollkommenen – vom direkten Einfluß auf die Kirchenleitung fern. Es etablierte sich so eine feste organisatorische Struktur, die nicht mehr von den Vollkommenen getragen wurde, sondern von den Funktionären. Dieser Vorgang, der die Orientierung an der Lebenspraxis als der *vita apostolica* aufgab, ist allein aus praktischen Erfordernissen nicht zu erklären.

Niemals war die Zahl der Vollkommenen so groß, daß sie ihre Verhältnisse nicht direkt untereinander hätten regeln können. Es bestand also eine Eigendynamik der Organisationsentwicklung, die sich aus unterschiedlichen Gründen vollzog. Dazu gehören vermutlich: die Angleichung an die römische Kirche, die Entwicklung einer Zentralinstanz für verbindliche Entscheidungen, der Drang zu einer Vereinheitlichung von Lehre und Politik in Zeiten der Verfolgung sowie die sich stabilisierende Identität der Organisation.

Die Folgen dieser Bürokratisierung waren teilweise verhängnisvoll und zeigten, wie in der Spätzeit der große Impuls der *vita apostolica* verloren gegangen war. Die Hierarchie hatte sich nach Oberitalien, vor allem in die Lombardei zurückgezogen. Die Funktion des Amtes war andererseits inzwischen so wichtig geworden, daß nur noch die Würdenträger selbst, nicht mehr die ›einfachen‹ Vollkommenen das Aufnahme-*Consolamentum* spenden konnten. Hier hatte die Hierarchie den Sieg davongetragen, zum Schaden des Ganzen. Denn wie sollte ein solches Kompetenzgefälle begründet werden, da doch kein Vollkommener vollkommener war als ein anderer Vollkommener?

Eine Aufnahme von weiteren Gläubigen in die Reihen der Vollkommenen war so kaum mehr möglich. Die Rekrutierung von Vollkommenen, die in der Verfolgungszeit natürlich besonders wichtig gewesen wäre, scheiterte also aus ›kirchenrechtlichen‹ Gründen, weil sich die Amtskompetenz aus ihrem Wirkungsgebiet zurückgezogen hatte. Dieser Vorgang wies aber auch eine positive Seite auf: Mit dem Exil der Hierarchie gewann die Gemeinde der Vollkommenen wieder an Einfluß. Sie füllte das entstandene Vakuum. Die Verfolgung führte so zum Zusammenbruch der hierarchischen Gliederung der Gemeinden, nicht aber zur Auflösung der katharischen Kirche.

Die Kirchenführung ließ bestimmte Vollkommene im Lande, damit sie in aufopferungsvoller Arbeit und unter dem Einsatz ihres Lebens vor allem das Sterbe-*Consolamentum* spendeten. Das war ein klares Versagen und unterminierte das katharische Kirchenleben. Denn diese wenigen Vollkommenen vermochten die Kirche nur auf einem niedrigen Niveau zu halten. Sie selbst aber konnten in der Hierarchie kaum mehr befördert werden, da das ›Beförderungspersonal‹ emigriert war.

Gleichwohl aber sollte man die Rolle des Bischofs und der anderen Funktionsträger nicht überbewerten. Ihre Ausstattung und ihre Kompetenz unterschieden sich im Grundsatz nicht wesentlich von denen der einfachen Vollkommenen. Es gab nichts, was nur ihnen reserviert gewesen wäre. Für den Bischof gab es »keine Reservate, die ihm alleine vorbehalten« (Borst, Katharer, S. 153) gewesen wären. Außer der Ordination – müssen wir hinzufügen.

Es sind auch alle Bestrebungen gescheitert, einen katharischen Papst einzusetzen. Aus weltlicher und innerkirchlicher Perspektive wäre dies möglicherweise empfehlenswert gewesen, um der katholischen Kirche auch organisatorisch die Stirn bieten zu können und für politische und dogmatische Fragen eine Zentralinstanz zu schaffen. Eine übergreifende Spitze der Hierarchie, wie sie sich in Rom als so machtvoll, zugleich allerdings auch als so hinderlich erwies, hatte man vergeblich aufzubauen versucht.

Aber auch aus inneren – dogmatischen wie politischen – Gründen wäre die Institutionalisierung einer höchsten Instanz problematisch gewesen. In Rom gründete sich der »Ordo der hierarchischen Kirche ... auf die Idee der apostolischen Sukzession« und behielt »den Vollzug des christlichen Heilswerkes denen vor (...), die ... vom Nachfolger Petri und der Apostel dazu ordiniert« waren (Grundmann, Bewegungen, S. 13). Denn wie hätte sich ein solches Kirchenoberhaupt, das für Rom eine Grundlage der Machtstellung der Kirche bildete und das Volk der Gläubigen und Ungläubigen beherrschte, für die Gemeinschaft der Katharer begründen lassen? Eine Schar von einst gefallenen Engelseelen, denen ihr Heil gewiß war, die auf der Welt eigentlich nichts zu suchen hatten und deren Anliegen nicht weltlicher Natur war – wie hätten sie sich einer hierarchischen Ordnung fügen sollen? Etwa in Anlehnung an die Ordnung der Engel im Himmel? Dem stand der weltliche und damit verderbte Charakter der hierarchischen Ordnung der Macht entgegen, die eher der Ordnung der satanischen Engel entspach. Und was hätte ein solcher Herrscher für die erlösten

Seelen bedeuten sollen? Und galten die katholischen Würdenträger und ihr Zusammenwirken mit den weltlichen Mächten nicht gerade als satanisch, als Vertreter des Teufels, die ihr Werk um so besser in dieser Kirche vollbrachten?

Aus diesen Überlegungen wird auch deutlich, warum der Katharerbischof – zumindest theoretisch – nicht viel mit einem katholischen Bischof gemein hatte. Letzerer war nicht nur der Repräsentant der Erlösungsmacht auf Erden, dem die Sorge für das Wohl der ihm anvertrauten Seelen oblag, der »für immer mit der göttlichen Macht erfüllt war und die Schlüssel zur Wahrheit« (Duby, Ordnungen, S. 30) besaß. Vielmehr war der Bischof noch im 12. Jh. weithin der Herr, auch der Stadtherr, und übte die Funktion eines weltlichen Herrschers aus. Er verfügte über politische Macht, hatte die Befehlsgewalt, auch die Jurisdiktionsgewalt, das Entscheidungsmonopol. Er durfte sogar Truppen ausheben – das hatte ihm das Laterankonzil erlaubt. Er führte Fehden und befehligte seine Truppen, zog in den Krieg, auch auf den Kreuzzug.

Demgegenüber war der katharische Bischof nur sehr dürftig ausgestattet. Nichts von der Machtfülle des Bischofs der katholischen Kirche kam ihm zu. Er hatte einzig die Macht des Wortes und die Macht, die ihm die Vollkommenen einräumten. Sein Anliegen war nicht von dieser Welt. Die weltlich-politische Machtfülle des römischen Bischofs war ihm fremd.

Die Organisation der Katharer, die ähnlich strukturiert war wie die katholische Kirche, war bei früheren Ketzergruppen in dieser systematischen und objektivierten Form nicht zu finden gewesen. Sie war auch für die Zeitgenossen ein neuartiges Phänomen und damit für die römische Kirche ein neues Problem. Rom hatte sich mit den Katharern immer schwergetan. Es hatte aber keineswegs von Anfang an nur für den Scheiterhaufen plädiert. Erst allmählich hatte sich diese Form als härteste Strafe herausgebildet. Das nächste Kapitel geht deshalb dem Umgang der Kirche mit den Ketzern nach und zeigt den mühsamen Weg, den die katholische Kirche vom 11. bis zum 13. Jh. hinter sich brachte.

Ketzer und Papst
Reaktionen der Kirche

Die europäischen Katharer bezeichneten sich von Anfang an als gute Christen, als *boni christiani*. Nichtsdestotrotz wurden sie von der Kirche von Anfang an als Ketzer gesehen – wie etwa in Lombers, wo die Bischöfe und der Erzbischof mit den Katharern debattierten und sie als Ketzer verdammten. Das Gespräch und die Verdammung waren zwei Möglichkeiten, mit Ketzern umzugehen. Gleichwohl hatte die Kirche seit der Jahrtausendwende weder eine verbindliche Definition des Ketzers geliefert noch klare Leitlinien entwickelt, wie mit den Ungetreuen verfahren werden sollte. Vor allem die Aktivitäten der Ketzer forderten diese Klärung heraus, zu der außer der dogmatischen Systematik die von Verfolgung (Inquisition) und Vernichtung gehörte.

Schon im 11. Jh. überraschten die einzelnen Ausbrüche von Ketzerei die Kirche. Sie war darauf nicht vorbereitet und wußte nicht, wie sie reagieren sollte. Die Theologen kannten die alten Vorwürfe, die sich schon bei Tertullian fanden, die Ketzerkataloge Augustins oder Isidors von Sevilla. Häufig war dort von Manichäern die Rede, so daß man die neuen Ketzer auch mit diesem Namen belegte. Es war eine Verlegensheitslösung. Man hatte sonst keine Anhaltspunkte. Die unterschiedlichen Ketzergruppen selbst aber nannten sich nicht so.

Ihre Anliegen waren sich in vielem ähnlich, obwohl sie voneinander wahrscheinlich nichts wußten. Sie hatten die Wahrheit des Christentums auf ihre Fahnen geschrieben, weil sie sie in dem Christentum ihrer Zeit nicht finden konnten. Alle trieb eine enthusiastische Frömmigkeit, die sich mit asketischer Weltflüchtigkeit verband und auf die Bibel stützte. Vom bäuerlichen Umfeld bis zum Hochadel und dem hohen Klerus waren alle gesellschaftlichen Gruppen vertreten. Ein gemeinsames soziales Anliegen hatten sie nicht.

Auch inhaltlich läßt sich keine einheitliche Linie feststellen. Es finden sich gewisse manichäische Anklänge: Sie folgten einer strengen Askese, lehnten die Sakramente ab und predigten die Verwerfung der Welt. Die weltlichen Elemente in den Sakramenten wurden von ihnen ebenso abgelehnt wie die Ehe oder der Fleischgenuß. Dualistische Elemente finden sich kaum. Wenn sie auch Glaubenssätze lehrten, die wir bei den Katharern wiederfinden, so können wir zu dieser Zeit nicht von einem Katharismus sprechen. Zu heterogen, zu wenig systematisch und zu ›undualistisch‹ sind diese Lehren.

Aber nicht nur in Orléans tauchten Elemente in der Kritik auf, die vermutlich nicht westlichen Ursprungs waren. Zwar waren die Aussagen dieser Ketzer als Ergebnisse theologischer Spekulation denkbar, aber in der gegebenen Zusammenstellung und Häufung war das wenig wahrscheinlich. Denn nicht nur in Orléans, sondern auch in Lüttich oder Monforte wurde die leibliche Existenz Christi geleugnet. Die Verwerfung der Materie vor allem in den kultischen Vorgängen und die Leugnung des Alten Testamentes als göttlicher Offenbarung sowie die Schmähung des Kreuzes weisen auf einen so krassen Bruch mit den christlichen Traditionen hin, daß ein östlicher Einfluß, vor allem des Bogomilismus, nicht unwahrscheinlich ist. Er war vielleicht weiter verbreitet, als es sich die Kirchenmänner träumen ließen und als wir heute wissen.

Typisch für sie waren Sätze, die ganz außerhalb der orthodoxen Dogmatik standen und die wir aus der Ketzerei von Orléans bereits kennen: Gott habe die Welt nicht geschaffen;

Christus habe keinen menschlichen Leib gehabt und sei nicht von einer Jungfrau geboren worden; die Passionsgeschichte sei zu verwerfen; alles Materielle sei unrein. Anderes wiederum entsprang unmittelbar der inneren christlichen Kirchenkritik: Die kirchlichen Sakramente seien unwirksam; die kirchliche Hierarchie sei ebenso wie Werke und Gebete abzulehnen. Die Aufnahme in eine Ketzergruppe erfolgte durch Handauflegung.

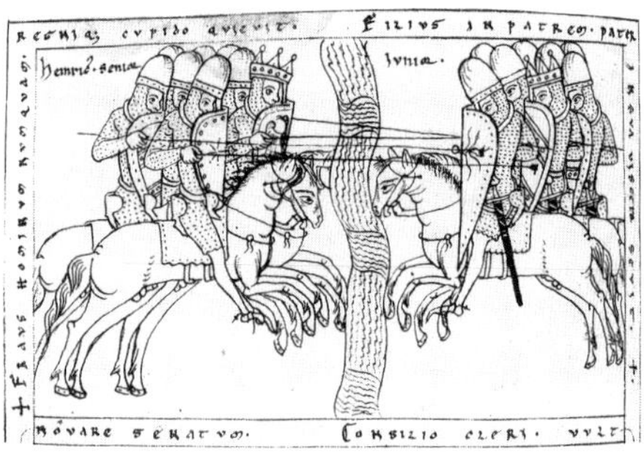

36 Der junge Heinrich V. im Kampf gegen seinen Vater 1177. Chronik des Otto von Freising. Jena, Universitätsbibliothek, Cod. Bos. q 6., fol.91 v

Von den so Eingeweihten hieß es dann, sie seien von der Sünde befreit, von dem Heiligen Geist erfüllt und besäßen ein authentisches Schriftverständnis. Ansatzpunkte dieser Überlegungen waren also die kirchliche Organisation, das Bibelverständnis, die Sehnsucht nach Weltabgeschiedenheit, mönchischer Stille und einem echten christlichen Leben. Ihr Lebensverständnis, das sie aus der Schrift herleiteten, wollten sie direkt auf die hierarchisch gegliederte Kirche anwenden. Das setzte ein unmittelbares Schriftverständnis voraus, unterschlug aber die Geschichte der katholischen Kirche und konnte nur zu deren Kritik führen.

Aber nach dem Auftreten der Ketzerei in Goslar 1051 schienen die Ketzer wie vom Erdboden verschluckt. Weitere Nachrichten über diese Zeitspanne bis zur Jahrhundertwende haben wir nicht. Wo waren sie geblieben?

Der Impuls der Ketzer, die wahre Kirche Christi zu errichten, war keine versponnene Idee, sondern lag damals überall in der

Luft. Ein religiöses Bedürfnis, das die Kirche nicht befriedigen konnte, die tiefe Unzufriedenheit mit dem Klerus, sei es mit dem verkommenen Hochklerus oder dem unbedarften kleinen Weltklerus, war weit verbreitet. Darauf reagierten die Ketzer, denn ihr Auftreten hing immer auch mit der Lage der Kirche zusammen. Für Reformen war die Zeit aber auch in der Kirche reif geworden: Die cluniazensische Klosterreform und dann die gregorianische Kirchenreform entfalteten sich in der zweiten Hälfte des 11. Jh. und griffen ineinander. Dazu kam die geänderte wirtschaftliche Lage, die es erlaubte, mehr Menschen besser zu ernähren.

Die Kritik an der Kirche war nicht nur unter Laien verbreitet, sondern auch innerhalb der kirchlichen Hierarchie selbst. Wie später Innozenz III., so wollte auch Papst Gregor VII. die Kirche reformieren. Das von ihm begonnene Werk ist als gregorianische Reform in die Geschichte eingegangen. Um die Kirche zu reinigen und die erkannten Mißstände abzubauen, versuchte der Papst, den Einfluß der Laien in der Kirche grundsätzlich zurückzudrängen. Der wichtigste Laie war der Kaiser: Heinrich IV., der dann den Gang nach Canossa (1077) auf sich nehmen mußte. Er hatte in den vorausgehenden Jahren mehrere italienische Bischöfe in traditioneller Weise in ihr Amt eingesetzt,

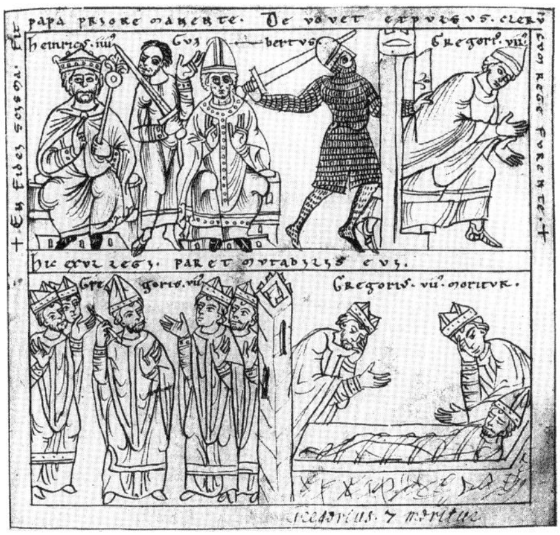

37 Kaiser Heinrich IV. vertreibt Papst Gregor VII. aus Rom, der ungebeugt in Salerno stirbt, vor 1177. Chronik des Otto von Freising. Jena, Universitätsbibliothek, Ms. Bos. q. 6., f.79 r

also wichtige Funktionen in der Kirche vergeben. Diese Laienmacht beschränkte sich nicht auf den Kaiser. Nach weit verbreitetem Usus konnten Laien Kirchenämter kaufen. Dies war die schon erwähnte Simonie, die trotz der üblichen Praxis von vielen als eine große Sünde, ja als Ketzerei angesehen wurde. Die kirchenfremden Elemente setzten sich damit in den Besitz eines Klosters oder einer Pfründe, die sie als ihr Eigentum ansahen und dementsprechend bewirtschafteten. So ging es noch in der Urkunde des deutschen Kaisers Heinrich V. im Wormser Konkordat (1122), mit dem der Investiturstreit abgeschlossen wurde, wesentlich auch um das Kirchengut:

»Die Besitzungen und Regalien des heiligen Petrus, die vom Beginn dieses Streites bis zum heutigen Tage, sei es zur Zeit meines Vaters oder zu meiner, weggenommen worden sind, gebe ich der heiligen Römischen Kirche zurück, soweit ich sie habe« (Kroeschell, S. 178).

Das sollte auch für die Besitzungen der Kirche gelten, die der Kaiser nicht besaß: Er verpflichtete sich, der Kirche zu helfen, ihre Güter zurückzugewinnen; und dies galt auch für »die Besitzungen aller anderen Kirchen und der anderen geistlichen und weltlichen Fürsten«. Die Reformbestrebungen Gregors zielten auf die Reinigung der Kirche und die Wiederherstellung des Kirchengutes, damit auch auf Erhalt und Steigerung ihrer Macht.

Die umstrittene Praxis des Ämterkaufes hatte nicht nur wirtschaftliche, sondern noch weitreichendere Folgen. Denn war die Simonie eine Sünde, so war der Bischof, der sein Amt gekauft hatte, durch eine Sünde in dessen Besitz gekommen. Sein Amt befugte ihn aber zur Spendung der Sakramente. War diese dann aber wirksam? Oder hing die Wirksamkeit des Sakraments von der Würdigkeit des Spenders ab? Konkret wurde diese Frage in der überlieferten Geschichte des Ramihrdus. Die Chronik von St-André-des-Champs von Cambrai berichtet: Dem Bischof von Cambrai, Gerard II., war zu Ohren gekommen,

»daß ein Mann namens Ramihrdus in dem nahegelegenen Dorf Schere gegen den Glauben gepredigt und viele Anhänger beiderlei Geschlechts gewonnen hatte, die seinen Lehren folgten. Der Bischof stellte sofort Nachforschungen über das Leben und die Lehre dieses Mannes an. Er beschloß, daß er sich rechtfertigen solle, und ließ ihn zu seinem Sitz in Cambrai bringen, wo die Vorwürfe ausführlich erörtert werden konnten. An dem dafür vorgesehenen Tag wurde er (Ramihrdus) vor eine Gruppe von Äbten und gelehrten Kirchenleuten gebracht und über den katholischen Glauben befragt. Er bekannte den wahren Glauben in allen Punkten. Aber als ihn der Bischof einlud, zur Bekräftigung seiner Aussage die Kommunion zu nehmen, weigerte er sich.

Er sagte, daß er sie von keinem Abt oder Priester annehmen werde, nicht einmal von dem Bischof selbst, weil alle bis zum Hals in der Simonie und anderer Habsucht steckten. Die Prälaten wurden darüber sehr ärgerlich und nannten ihn einen Häresiarchen. Die Sitzung wurde vertagt. Einige der bischöflichen Diener und viele andere führten ihn hinaus und steckten ihn in einen kleinen Verschlag, den sie anzündeten. Er leistete keinen Widerstand, war furchtlos und verharrte, wie es hieß, demütig in das Gebet vertieft. Das war das Ende eines Mannes, der viel getan und viel gelehrt hatte. Viele seiner Anhänger nahmen seine Knochen und seine Asche an sich. In mehreren Städten gibt es noch heute viele Mitglieder dieser Sekte, und man glaubt, daß diejenigen, die ihren Lebensunterhalt mit Weben verdienen, zu ihnen gehören« (Moore, S. 24/25; Duvernoy, Histoire, S. 103).

Wir haben hier ein typisches Beispiel der Dialektik von Macht und Glauben im Verhältnis zur Ketzerei. Ein rechtgläubiger Katholik ist verbrannt worden. Rechtgläubig, mit einer Ausnahme: Er wollte die Amtsgewalt des simonistischen Priesters nicht anerkennen. Diese Weigerung machte ihn aber zum Ketzer, da es nach der kirchlichen Lehre nicht darauf ankam, ob der Priester würdig war, das Sakrament zu spenden, oder nicht:

38 Benoît de Sainte-More, Roman de Troie, 1264. Paris, Bibl. Nat., Ms. Fr. 1610, fol. 17 v.

Der Gläubige gewann jedenfalls Teil an der göttlichen Gnade, auch wenn der das Sakrament spendende geweihte Priester unwürdig war oder sein Amt gekauft hatte. Die entgegengesetzte Auffassung verneinte die Objektivität der Sakramentsspendung und machte sie von einem subjektiven und nicht nachprüfbaren Faktor abhängig. Ramihrdus stellte deshalb die Amtsgewalt der Kirche in Frage.

Wie aber sollte man dann gegen die Simonie kämpfen? War nicht ein von Laienseite berufener Bischof ein Skandal? Deshalb mußte der Papst in seinem Kampf gegen die weltlichen Mächte genau hier ansetzen. Indem er die Simonie verurteilte, stellte er zugleich indirekt die kirchliche Amtsgewalt in Frage. Aber hatte er eine andere Wahl, wenn er seinen Kampf vorantreiben wollte? Nachdem Gregor VII. von der Verbrennung des Ramihrdus gehört hatte, griff er in die Auseinandersetzung ein. Dazu muß man wissen, daß der Bischof von Cambrai in der Frage der Investitur auf der Seite des Kaisers stand, also die Laieninvestitur befürwortete. Und außerdem hatte er tatsächlich, wie er bald darauf beichtete, seinen Bischofssitz nicht auf kanonische Weise erhalten. Der Papst schrieb an den Pariser Bischof und wies ihn an, den Bann über Cambrai zu verhängen.

»... Wir haben auch gehört, daß das Volk von Cambrai einen bestimmten Mann verbrannt hat, weil er zu sagen gewagt hatte, daß simonistische und unreine Priester nicht die Messe zelebrieren dürften und daß man ihre Messen zu meiden habe. Das scheint uns eine furchtbare Sache zu sein. Falls es stimmen sollte, muß er mit der ganzen Strenge des kanonischen Rechts gerächt werden. Und wir befehlen dir als unserem Bruder, der Sache sorgfältig auf den Grund zu gehen. Solltest du herausfinden, daß sie ruchlos diesen Frevel begangen haben, sollst du nicht zwischen den Urhebern und ihren Komplizen unterscheiden, wenn du ihnen den Zugang zu den Kirchen und zur Kommunion entziehst. Setze uns brieflich so schnell wie möglich über das in Kenntnis, was du über den wahren Ablauf dieser Geschichte erfahren kannst. Weiterhin fordern wir dich dringend dazu auf, alle deine bischöflichen Kollegen in Frankreich aus apostolischer Autorität wissen zu lassen, daß sie gehalten sind, Priestern, die den Geschlechtsverkehr nicht aufgeben wollen, zu verbieten, irgendeine Tätigkeit vor dem heiligen Altar auszuüben. Und du selbst solltest dasselbe überall predigen. Solltest du die Bischöfe in dieser Angelegenheit lau finden oder sollten sich diejenigen, die unwürdigerweise so dreist sind, sich Namen und Dienst des Priesterstandes anzumaßen, wegen ihres Verbrechens starrköpfig zeigen, dann untersage dem Volk, an ihren Gottesdiensten noch weiter teilzunehmen« (Moore, S. 25/26).

Der Ketzer und die Ketzerei sind also keine festen Größen. Was als Ketzerei anzusehen ist, wandelt sich mit der dogmatischen und politischen Lage. Die Häresie war

»daher einerseits abhängig von der sich beständig verändernden Gestalt der Kirche je nach der Idee, die man von ihr hatte, und der geschichtlichen Wirklichkeit, die sie besaß; andererseits von Intensität und Differenziertheit der innerkirchlichen Diskussion sowie der Tolerierungsbereitschaft gegenüber nonkonformistischen Artikulationen« (Patschovsky, Häresie, Sp. 1933).

Der Papst hatte sich also ein Argument zu eigen gemacht, von dem die Ketzer später noch ausgiebig Gebrauch machen sollten. Das war ein Spiel mit dem Feuer, weil es dann offensichtlich nicht mehr auf die Weihe des Priesters ankam, also auf sein Amt, sondern auf seine individuelle Lebensführung. Die Sprengkraft dieser Frage zeigte sich darin, daß die Ketzer des 12. Jh. sich weiterhin gegen die unwürdigen Priester wehrten, also dem Argument des Papstes Gregor VII. folgten. Zu dieser Zeit aber hatte sich die päpstliche Politik bereits gewandelt. Sie glaubte ihr Ziel erreicht und hielt wieder an dem Amt fest: Die Amtshandlungen des kanonisch geweihten Priesters sollten unter allen Umständen gültig sein. Die gegenteilige Auffassung – also auch die Gregors VII. – wurde als ketzerisch bezeichnet. Das päpstliche Wort galt also so lange, bis es im Kampf um die Macht ausgedient hatte. Es ging nicht um die Wahrheit des Arguments, sondern nur um die simonistische Frage. Nachdem der Streit gewonnen war, verlangte die Kirche für die Amtshandlungen des »kanonisch ordinierten Priesters ... unanfechtbare Gültigkeit und Anerkennung« (Grundmann, Bewegungen, S. 515).

Der antisimonistische Gedanke, den schon frühere Ketzer formuliert hatten und den Papst Gregor VII. als Kampfmittel zur Durchsetzung seiner Reformpolitik eingesetzt hatte, wurde im 12. Jh. wieder lebendig. Aber er richtete sich nun gegen die Kirche selbst und geriet in einen anderen Zusammenhang. Denn es ging den neuen religiösen Bewegungen nicht nur um die Reinheit eines Priesters, sondern um einen ganzen Lebensstil, der sich am Evangelium orientierte. Die Kirche mußte sich nun an den Normen des Evangeliums messen lassen, die sie selbst in ihrem politischen Kampf angewendet hatte. Die päpstliche Reformpolitik entsprang – mit ganz anderer Ausrichtung – demselben religiösen Impetus wie die Ketzerei: einer Hinwendung zur Bibel und einer Sehnsucht nach Reinheit und Frieden. Reinheit hieß für die Ketzer: Reinheit der Seele und des Lebens; für die Kirche aber: Reinheit von der weltlichen Macht.

Die Sehnsucht nach Seelenreinheit und einer entsprechenden Lebensführung war zu einer Massenbewegung geworden, so daß sich die Kiche zu Beginn des 12. Jh. einer ungewohnten und unangenehmen Lage gegenübersah. Denn jetzt waren es nicht mehr einzelne, die die Leute um sich scharten und überzeugten, sondern Gruppen, die nicht mehr richtig zu individualisieren waren, weil ihnen oft ein Stifter, damit ein Name, eine Organisation und ein Lehrbegriff fehlten. Ihre Diffusität war Ausdruck des neuen Ideals: der Lebenspraxis der *vita apostolica*, die mit der Forderung nach der Armut der Apostel aufs engste verbunden war.

Das halbe Jahrhundert bis etwa 1200 bezeichnet man als eine Blütezeit der Katharer im Languedoc. Es stellten sich ihnen nur geringe Hindernisse in den Weg, und sie wurden nur wenig gestört. Die Kurie war schwankend. Es fehlten Maßstäbe und Richtlinien, an die sich die Bischöfe hätten halten können. Denn ihnen oblag nach alter Tradition die Bekämpfung der Ketzerei.

Die Bischöfe standen einem neuen Phänomen gegenüber, das bei den Kirchenvätern nicht vorgesehen war. Sie wußten nicht, was sie mit diesen Gruppen anfangen sollen, die das Evangelium unter dem Arm trugen, aber sich doch so grundlegend von allen Gruppen unterschieden, die in der Literatur zu finden waren. So fragten sie Kollegen um Rat oder arbeiteten mit den alten Formen der Gottesurteile. Zu ihrer Erleichterung griff da und dort der Volkswille ein und lynchte vermeintliche Ketzer, so daß sich eine Entscheidung erübrigte.

Es ging diesen Ketzern um die Lebenspraxis, um das tägliche Leben, nicht aber ums Dogma. Was bei ihnen zählte, war das evangelische Leben auf den Spuren der Apostel. Deshalb war eine dogmatische Verurteilung oder der Nachweis eines Irrtums nicht ausreichend. Wer sich das Leben der Apostel zum Vorbild nahm, war nur schwer zu bekämpfen.

Es gab keine Vorschriften oder Gesetze, aus denen sich ergeben hätte, was die Ketzerei war und wie man mit den Ketzern verfahren sollte. Synoden und Konzilien griffen das Problem auf. Sie nannten es beim Namen, ohne weiterzuhelfen: 1119 Toulouse – 1148 Reims – 1162 Montpellier – 1163 Tour. In keinem der Konzilsbeschlüsse wurde gesagt, was die Ketzerei eigentlich ausmachte. Man nannte Namen, lehnte sich an die alten Ketzerkataloge an, wetterte, drohte. Aber die Lage war schwierig, zumal die Schriftworte klar sagten, daß man sich mit den Abweichlern nicht auseinandersetzen, sondern sie meiden sollte. Beim Erscheinen der Ketzer »zeigte (sich) die Ratlosigkeit und Unentschlossenheit der kirchlichen Kreise in fast erschreckender Weise« (Grundmann, Bewegungen, S. 51).

Andererseits konnte man diese Männer auch nicht einfach wirken lassen. Die Schäden für die Kirche waren zu groß. Petrus Venerabilis hatte sie in seinem Traktat gegen Peter von Bruis geschildert:

»Entweihte Kirchen, umgestürzte Altäre, verbrannte Kreuze, Fleischgenuß sogar am Tag der Passion des Herren, ausgepeitschte Priester, eingesperrte und durch Terror und Mißhandlung zur Ehe gezwungene Mönche« (Baier, S. 32).

39 Kaiser Friedrich Barbarossa als Kreuzritter, 1188/89. Miniatur aus dem Kloster Schäftlarn.

Ähnlich drastisch hat Bernhard von Clairvaux den Zustand der »verketzerten Länder« in seinem Brief an den Grafen von Toulouse beschrieben, in dem er sein Kommen ankündigte:

Die Kirchen stehen ohne Gläubige da; die Gläubigen ohne »Priester; die Priester ohne den nötigen Respekt; kurz, die Christen ohne Christus. Die Kirchen werden als Synagogen betrachtet. Man leugnet die Heiligkeit der Stätten Gottes; man hält die Sakramente nicht mehr heilig; die heiligen Festtage werden zum Gespött« (Wakefield/Evans, S. 122/123).

Angesichts dieser von den Zeitgenossen als bedrohlich erfahrenen Situation ist Handeln dringlich geboten. Was aber geschieht? Viele Synoden und Konzilien werden abgehalten, die sich vor allem auf die Lage in Südfrankreich beziehen. Schon 1119 wird in Toulouse eine Synode einberufen, die sich in Anwesenheit von Papst Calixt II. mit der Ketzerei beschäftigt. Sie benennt einige Charakteristika der ketzerischen Umtriebe: Die Verneinung von Abendmahl, Kindstaufe, Weihe der Priester und Ehe. Ausdrücklich wird hinzugefügt, daß die Ketzer »unter dem Schein einer wahren Religion« auftreten. Wo aber die Grenze zwischen der simulierten und der echten Frömmigkeit liegt, bleibt offen.

In zum Teil wörtlichen Wiederholungen gefallen sich dann das zweite Laterankonzil von 1139, das Konzil von Reims 1148 und auch die Konzilien von Montpellier und Tours in den Jahren 1162 und 1163. In Montpellier werden allerdings die weltlichen Herren mit Strafe bedroht, wenn sie es unterlassen, gegen die Ketzer vorzugehen. Was aber soll eine solche Strafandrohung bewirken, wenn schon die versammelten Bischöfe und Erzbischöfe so wirkungslos bleiben, wie es in Lombers der Fall gewesen war? Diese letzten Kirchenversammlungen finden schon zu einer Zeit statt, in der die südfranzösischen Katharer ihre Treffen und Konzilien abhalten.

Auch das dritte Laterankonzil bringt keine grundsätzlich erhellende Stellungnahme zum Ketzerproblem. Vor allem auf Betreiben des Grafen von Toulouse (das sollte man nicht vergessen!) wird ein Bündel von Maßnahmen gegen die dortigen Ketzer beschlossen. Zum Beispiel wird ihnen ein christliches Begräbnis versagt, die Beschlagnahme ihres Vermögens angeordnet, der Kontakt mit Ketzern verboten. Wer ein Ketzer sei, wird nicht gesagt. Die örtlichen Behörden sollen gegen alle vorgehen, die sie für Ketzer halten. Auf demselben Konzil wird den Waldenser die von ihnen so sehr begehrte Predigterlaubnis versagt.

Eine Änderung deutet sich erst 1184 in dem großen Edikt *Ad abolendam* des Papstes Lucius III. an, das er in Übereinstimmung mit dem Kaiser Friedrich I. erläßt. Hierin bestimmt die Kurie zum ersten Mal das Wesen der Ketzerei näher, gibt Richtlinien, wie gegen sie vorzugehen sei und ordnet eine Art bischöflicher Inquisition an. Das Edikt nennt als sein Ziel die

»Beseitigung der Verkehrtheit verschiedener Häresien, die in den modernen Zeiten in mehreren Teilen der Welt zu wuchern begonnen haben. ... Vor allem bestimmen wir, daß die Katharer und Patariner ... der dauernden Exkommunikation unterworfen sind. Und weil einige, die unter dem Schein der Frömmigkeit die Kraft des Apostelworts ableugnen und sich selbst die Autorität zu predigen zuschreiben ..., verhängen wir die gleiche Fessel der dauernden Exkommunikation:

über alle, denen es verboten wurde oder die nicht gesandt wurden und die es sich herausgenommen haben, öffentlich oder privat zu predigen, ohne daß sie vom Apostolischen Stuhl oder vom Ortsbischof die Vollmacht dazu empfangen hätten,

über alle, die sich nicht scheuen, über das Sakrament des Leibes und Blutes unseres Herrn Jesus Christus oder über die Taufe oder das Bekenntnis der Sünden, die Ehe oder die übrigen kirchlichen Sakramente anders zu denken oder zu lehren, als dies die hochheilige römische Kirche predigt und beobachtet, ...

Diejenigen, die eben genannte Häretiker aufnehmen und verteidigen, und in gleicher Weise alle, die ihnen Schutz oder ihre Gunst gewähren, um in ihnen die Verkehrtheit der Häresie zu fördern, unterliegen nach unserer Bestimmung dem gleichen Urteilsspruch ...

(Wir fügen hinzu), daß jeder Erzbischof oder Bischof selbst oder durch seinen Erzdiakon oder andere ehrenhafte und geeignete Personen ein- oder zweimal jährlich in derjenigen Pfarrei nachsehe, in welcher das Gerücht entstand, daß dort Häretiker wohnten; und dort soll er drei oder vier Männer mit gutem Leumund oder auch ... die ganze Nachbarschaft zwingen zu schwören, daß jeder sich bemühen werde, wenn er Häretiker kennt oder Leute, die geheime Zusammenkünfte feiern oder vom gemeinsamen Wandel der Gläubigen durch Leben oder Sitten abweichen, diese dem Bischof oder Erzdiakon anzuzeigen« (Wakefield/Evans, S. 37-39).

Das bisherige Verfahren, das es dem Zufall überlassen hatte, ob Ketzer bekannt wurden oder nicht, sollte also im Ansatz durch eine systematische Nachforschung ersetzt werden. Diese Bischofsinquisition stützte sich auf die Bevölkerung und auf die Macht des Eides; denn wer nicht schwören wollte, galt ohne weitere Prüfung als Ketzer. Dieses Denken unterschied nicht zwischen dem spontanen oder »verirrten« religiösen »Empfinden« und der grundlegenden Abweichung, und es trieb auch die Waldenser trotz ihres guten katholischen Willens in die Ketzerei. Trotzdem war mit diesem Edikt ein großer ›Fortschritt‹ in dem Programm der Ketzerverfolgung gemacht. Seine Vorschriften wurden aber von den Nachfolgern Papst Lucius´ III. kaum angewendet. Der Zustand blieb, wie er war.

Die Kirche scheiterte im 12. Jh. mit einer Reihe von Maßnahmen. Das Spektrum reichte von der Integration bis zur Repression. Vor allem gegenüber den Katharern erprobte sie verschiedene Methoden. So hatte sie bei mehreren Gelegenheiten das Gespräch nicht verschmäht, wie wir bei der Debatte von Lombers gesehen haben. Auch später, 1178 und 1204 etwa, gab es noch solche Gespräche. Schon vor der Mitte des 12. Jh. hatten sich besonders die Zisterzienser an der Mission in den katharischen Gebieten versucht. Das hatte keinen oder nur vorübergehenden Erfolg gebracht – was absehbar gewesen war. Denn wie sehr unterschieden sich die »evangelikalen« Ketzer von den Prälaten mit ihren ringgeschmückten Händen!

Der nächste Schritt bestand in einer verschärften Gesetzgebung. Die möglichen Maßnahmen gegen Häretiker wurden erweitert und verschärft. Jedoch litt diese Gesetzgebung an einem fundamentalen Mangel: Sie konnte das Delikt nicht fassen, um dessen Bestrafung es ging. Was Ketzerei und wer ein Ketzer war, wurde nicht hinreichend geklärt. Diese Feststellung blieb den lokalen Instanzen überlassen, die eben gerade in diesem Punkt von der kurialen Gesetzgebung Hilfe erwarteten. Vergeblich.

Als alle Bemühungen gescheitert waren, setzte der junge und weitblickende Papst Innozenz III. neue Maßstäbe. Er sah die Fehler seiner Vorgänger, nahm manches von dem zurück, was sie verfügt hatten, trieb das bisher Erprobte weiter und scheute sich auch nicht, Gewalt anzuwenden. Denn Innozenz hatte erkannt, daß die Kirche versuchen mußte, auch diejenigen religiösen Kräfte einzubinden, die außerhalb der Kirche, außerhalb des Mönchtums und des Klerus lebten und oft von vitaler Kraft waren. Die Verdrängung der Ketzerei war kein Weg, der Aussicht auf Erfolg bot.

Papst Innozenz III. setzte seine Idee der Reintegration von bisher als ketzerisch geltenden Gruppen konsequent und mit manchem Erfolg um. Er verschärfte die Gesetzgebung aufs neue, indem die Ketzerei als Hochverrat bezeichnet und bestraft wurde. Und in letzter Instanz griff er zur Gewalt und rief einen Kreuzzug gegen die starke Ketzerbewegung der Katharer aus. Zugleich wurde auch theologisch im Grundsatz klargestellt, wer ein Ketzer war und wer nicht. Er forcierte also einerseits die Integration, andererseits die scharfe Bekämpfung der Ketzer mit allen Mitteln. Sein Wirken kulminierte in dem vierten Laterankonzil von 1215.

Schon bald nach seinem Amtsantritt gelang die Integration der Humiliaten. 1201 bestätigte der Papst ihnen eine neue Ordensregel, nachdem sie 1179 auf dem dritten Laterankonzil abgewiesen und fünf Jahre später sogar von Papst Lucius III. exkommuniziert worden waren. Innozenz billigte ihnen nun zu, eigene Gemeinden zu gründen, und ließ zu, daß erprobte Brüder – außer zu theologischen Themen – predigen durften und daß sie ihre Vorstellungen von Frömmigkeit innerhalb der Kirche verwirklichen konnten.

Mit den Waldensern war es schwieriger. Einige Gruppen, etwa die um den Waldenser Durandus von Huesca, wurden wieder in die Kirche aufgenommen. In ihrer weiteren Geschichte scheiterte diese Gruppe aber am Widerstand des Klerus, der sich fortgesetzt bei dem Papst über diese eigenartigen Katholiken beschwerte, die in unangemessener Kleidung herumliefen, entlaufene Mönche bei sich aufnahmen und den Gottesdienst nicht ordnungsgemäß besuchten. Diese Gruppe ist nie wirklich in die Kirche integriert, wohl aber neutralisiert worden. Um die Mitte des 13. Jh. verliert sich ihre Spur.

40 Giotto, Papst Innozenz III. bestätigt Franziskus die Regel, frühes 14. Jh. Assisi.

Die Ordensgründung durch Franziskus von Assisi war ein weiteres herausragendes Beispiel für den klugen und weitsichtigen Umgang Innozenz´ mit den religiösen Bewegungen (siehe Farbtafel 10). Bei Franziskus lag keine ketzerische Abspaltung vor, sondern eine ganz neue Gruppierung. Es ging also darum, sie gar nicht erst in einen Gegensatz zur Kirche geraten zu lassen. Innozenz III. sah sich bei den Franziskanern denselben Fragen gegenüber wie bei den Waldensern oder Humiliaten, also hauptsächlich der Armutsfrage, der Gemeindebildung und der Wanderpredigt. Er bevorzugte eine hinhaltende Strategie. Zunächst wartete er ab, wie sich die Gemeinschaft um Franziskus entwickeln würde. Franziskus wollte keine der überkommenen Regeln für seine Gemeinschaft übernehmen, da er ein anderes Anliegen hatte. Schließlich ging die Kurie darauf ein. Wie wir wissen, hat ihr der Erfolg recht gegeben. Kurz darauf wurde aber auf dem vierten Laterankonzil 1215 die Anerkennung neuer Ordensregeln für neue Ordensgründungen ausgeschlossen: Alle neuen Gruppierungen, die den Weg des Mönchtums wählen wollten, mußten auf eine bereits approbierte und erprobte Regel zurückgreifen. Dominikus etwa, der seinen Orden etwas später als Franziskus päpstlich genehmigen lassen wollte, wählte die Domherrenregel des Augustinus.

Innozenz III. intensivierte also einerseits die Integrationsbemühungen, andererseits gab er halsstarrigen Ketzern kein Pardon. Schon bald nach seiner Amtsübernahme »forderte er die Bischöfe auf, gutwilligen Anhängern der religiösen Armutsbewegung die Versöhnung mit der Kirche zu ermöglichen, um so schärfer aber den verstockten Irrglauben zu bekämpfen« (Grundmann, Ketzergeschichte, G 35). Zu welcher Härte er dabei fähig war, zeigt der Kreuzzug gegen die Katharer, zu dem Innozenz III. 1208 aufrief. Das setzte aber voraus, daß man klar entscheiden konnte, wer nur vorübergehend irrte und wer unbelehrbar ketzerisch war.

In den Vorschriften des vierten Laterankonzils kam die Entwicklung zum Abschluß. Das Konzil stellte den Bestimmungen über die Ketzerei ein Glaubensbekenntnis voran: Wer dagegen verstieß, war als Ketzer zu qualifizieren. Fast alle Sätze dieses Credo zielten auf die Lehren der Katharer, die der Kirche inzwischen gut bekannt waren. In der Auseinandersetzung mit den Ketzern wurde das Gewicht auf Fragen der Lehre verlagert. Das große Problem der apostolischen Lebensführung war damit unterlaufen: Die Kirche stützte sich zur Bekämpfung der Ketzer auf deren schwächste Seite, ihre Lehre. Von hier aus sollte das bekämpft werden, was den Ketzern am wichtigsten war, ihr Leben in der Nachfolge der Apostel. Im übrigen wiederholten die Bestimmungen des Konzils ältere Vorschriften aus anderen Dekreten und Erlassen.

Damit waren die Ausgangsbedingungen geschaffen, um die Katharer zu bekämpfen: Einmal die verstärkte Verlagerung der Auseinandersetzung auf das Gebiet der Lehre, was in der Hochscholastik kulminieren sollte – nicht umsonst wurden die Dominikaner, die ihren Ursprung in der Bekämpfung der Katharer genommen haben, die größten Scholastiker. Sodann die Übernahme religiöser Impulse eines Lebens in Armut durch die Bettelorden des Franziskus und Dominikus, auf das die Erfolge der Katharer zum guten Teil zurückzuführen gewesen waren. Dazu kamen die Waffen des Kreuzzuges, denen die Katharer nicht viel entgegenzusetzen hatten. Und schließlich die Inquisition, die immer weiter ausgebaut wurde und sich als äußerst schlagkräftiges Instrument erweisen sollte.

Mit der katharischen Bewegung war der römischen Kirche also in Ansätzen eine Gegenkirche erwachsen, die sie mit allen Mitteln zu bekämpfen suchte. Wie wir gesehen haben, verfügten die Katharer über eine gewisse Organisation, die auch theologisch begründet war. Um sich von anderen zu unterscheiden und um zu überleben, reichte die Organisation aber nicht aus. Sie mußten sie mit Leben erfüllen, also eigene Lebensregeln entwickeln. Diese finden wir in der Moral der Katharer, durch die ihre Lebensform objektiviert und geregelt wurde. Diese Moral stiftete den Katharern eine gewisse Identität ein, in der sie sich selbst finden konnten. Zugleich aber machte sie die Katharer zu einem identifizierbaren Gegner.

Du sollst nicht töten!
Die Moral der Katharer

Im strengen Sinne kann man bei dem radikalen Dualismus der Katharern eigentlich nicht von Moral sprechen. Denn moralische Vorschriften waren für einen Vollkommenen, der bereits den Zustand der Seligkeit erreicht hatte, weder möglich noch nötig: Er konnte nicht mehr sündigen, stand er doch schon jenseits der bösen Welt. Umgekehrt gab es für den einfachen Gläubigen in der Welt des Bösen keine verbindlichen Vorschriften, die das weltliche Verhalten regelten. Das wären nur Regeln des Bösen für das Böse gewesen.

Diese dem Dualismus entspringenden Vorstellungen ließen sich jedoch auf Dauer weder durchhalten noch praktisch umsetzen, weil de facto Verhaltensregeln in der Welt bestanden und sich auch für die Katharer entwickelt hatten. Deshalb wollen wir trotz dieser Einwände von Moral sprechen.

Für Gläubige und für Vollkommene galten nicht diesselben Regeln, da beide in einem unterschiedlichen Verhältnis zur Welt standen. Den strengen Vorschriften, an die sich die Vollkommenen zu halten hatten, mußten sich die Gläubigen nicht unterwerfen. Die Novizen aber wurden an der Einhaltung der strengen Gebote gemessen.

Der fundamentale Grundzug der katharischen Moral liegt in ihrer Weltenthaltung. Ihre Grundlage ist die Negativität der

Welt und der Versuch, sie zu überwinden. Diese Weltverneinung muß sich auf die Welt als Ganzes erstrecken, da alles und jedes in dieser Welt weltlich ist. Insofern ist eine radikal negative Moral zu erwarten, die Enthaltung und Verbot lehrt. Die böse Welt begegnete dem einzelnen vornehmlich im eigenen Leib und dann in der Gesellschaft, in der er immer und notwendig stand. Die Moral richtete sich auf diese beiden Sphären.

Der Leib

Die Gegebenheit des Leibes hatte schon manchen christlichen Eremiten zur Verzweiflung gebracht. Denn ohne Leib konnte er nicht so sein, also auch nicht so leben, wie er leben wollte. Er war Leib, wollte es aber nicht sein. Denn sein Leib war ihm etwas Verabscheuungswürdiges, Sündiges, das ihn allein schon durch seine Existenz vom Jenseits und vom Guten trennte. Die Nötigungen des Leibes zeigten sich besonders in seiner Triebhaftigkeit. Er drängte zur Welt hin. Besonders stark in zwei Dimensionen, die deshalb auch besonderer Regelung bedurften. Die eine war die Sexualität, die geschlechtliche Triebhaftigkeit. Sie implizierte den Unterschied von Mann und Frau, das Begehren und zugleich eine Wertung dieser Polarität. Die andere war der Hunger.

Geschlechtlichkeit

Im Mittelalter spielten die Frauen gesellschaftlich und damit natürlich auch in der Kirche keine große Rolle. Eva war der Inbegriff der Frau, auch der Inbegriff der Sünde. Diese zeitgegebene Grundvorstellung beherrschte auch die Katharer. So durfte ein Vollkommener nicht auf einer Bank sitzen bleiben, wenn sich eine Frau zu ihm setzte. Die Berührung einer Frau war verpönt. Sogar bei der Spendung des *consolamentum*, die durch Handauflegung geschah, wurde der Frau ein Tuch oder ein Buch auf den Kopf gelegt, um eine direkte körperliche Berührung zu vermeiden. Diese Einstellung war auch dem katharischen Mythos geläufig, wenn etwa erzählt wurde, der Sa-

41 Luca Signorelli, Die Verdammten. Ausschnitt: Teufel trägt Frau zur Hölle, um 1500. Kathedrale von Orvieto, Kapelle San Brizio.

tan habe die (männlichen?) Engel mit Hilfe einer Frau verführt. Die Auffassung von der Dominanz des Männlichen wurde von manchen auch ausdrücklich behauptet, wenn sie meinten,

»daß durch den Empfang des *consolamentum* die Seele einer Frau ihren weiblichen Status verliere und männlich werde, was unabdingbare Voraussetzung für den Einzug einer Frau in den Himmel war« (Hanssler, S. 94/95).

Die Verführung durch die Frau bedeutete die Verführung durch die Welt. In der Frau lockte der Teufel. Nicht anders als in der Vorstellungswelt der katholische Kirche.

Die Geschlechtlichkeit basierte auf der Polarität zwischen Mann und Frau. Aber die beiden Pole waren nicht gleichwertig, da die Frau der Inbegriff des Bösen war. Dieser »radikale Frauenhaß« sah »das Weib an sich ... als das schlechthin Böse« (Borst, Katharer, S. 137) an. Ihm mußte der Mann widerstehen. Wie aber sollte man dann mit den Frauen leben können?

Der Dualismus bot die Lösung des Geschlechterproblems. Man erklärte, daß der Unterschied zwischen Männern und Frauen eine satanische Schöpfung sei. Der Teufel habe die Materie in solcher Weise geformt, um die Seelen besser an die Welt fesseln zu können. Das sündige fleischliche Begehren halte an der Welt fest. Die Erfindung des Geschlechts sei teuflisch, habe keinen Wert, sei Schein und Teil der satanischen Schöpfung, deshalb nichtig und ohne weitere Bedeutung. Die Frau war also einerseits eine Erfindung des Teufels, andererseits auch eine gefangene Engelseele. Insofern glich sie dem Mann. Dazu aber kam ihre Funktion innerhalb der Pläne des Teufels, die sich auf den Unterschied zwischen Mann und Frau stützten. Existierte nicht zunächst der Mann, etwa als Adam im Alten Testament oder als Engel in der katharischen Mythologie, zu dem dann die Verführerin stieß? War es nicht geradezu das Ziel der Frau, die Engelseelen ins Unglück zu stürzen? Trotzdem aber ist die Versuchung durch die Frau real, mag es ihre Schuld sein oder nicht. Deshalb ist es für Männer immer angebracht, sich von den Frauen fernzuhalten. Gleichzeitig waren die gläubigen Frauen aber eine fundamentale Stütze der katharischen Bewegung. Sie waren die nie verzagenden Anhänger der Vollkommenen, und es gab eine große Zahl weiblicher Vollkommener.

Diesen tief verwurzelten Widerspruch haben die Katharer nie überwinden können. Die Idee einer Gleichheit von Mann und Frau war dem Mittelalter und den Katharern fremd, obwohl sie in der Konsequenz der Lehre von den gefangenen Seelen gelegen hätte. Andererseits konnte man den weltlichen Gechlechtsunterschied nicht akzeptieren oder ihm eine Bedeutung zubilligen.

Die Stellung der Frau war also zutiefst ambivalent. Einerseits galt sie als Inbegriff der Verführung durch die Welt, andererseits war sie eine gefallene Seele, der der Weg zur Rettung offenstand. Diese Ambivalenz ermöglichte der Theologie eine andere Lösung als der täglichen Praxis. Der Umgang der Katharer mit den Frauen war dementsprechend zwiespältig. Anders gesagt: Beide Sichtweisen hatten unterschiedliche Funktionen und konnten nicht unter einen Hut gebracht werden. Zur Begründung und Rechtfertigung des Glaubens konnte der Geschlechtsunterschied keine Rolle spielen. Die Reinheit der Seele konnte nicht vom Geschlecht determiniert werden: Unter Vollkommenen galt nur der Status der Vollkommenheit, alle weiteren Unterschiede waren zufällig und unerheblich. Bestärkend wirkte die Lehre von der Seelenwanderung, die auch den Geschlechtsunterschied relativierte, da das eigene Geschlecht weder für die Vergangenheit noch für die Zukunft festlag. Im täglichen Leben aber wurde eine hohe Zurückhaltung gegenüber der Frau geübt. Sie konnte das Eva-Stigma nicht überwinden.

Konkret hieß das: Wer in der strengen katharischen Moral lebte, der hatte sich von jeder Geschlechtlichkeit fernzuhalten. Jeder Geschlechtsverkehr, auch der eheliche, war Teufelswerk. Da aber jede geschlechtliche Betätigung als teuflisch angesehen wurde, gab es in der Beurteilung geschlechtlichen Verhaltens keine Unterschiede mehr. Hurerei oder Ehe, Inzest oder Unzucht: Alles wurde in seiner Verderbtheit auf eine Stufe gestellt. Denn in ihrer radikalen Negativität verneinten die Katharer alles und jedes, was geschlechtlich war.

Diese Nivellierung machte alles gleich. Da es keine Unterschiede im Bösen gab, war im bösen Weltlichen – so der Umkehrschluß – alles erlaubt. Der Gläubige konnte kein Mehr oder Weniger an Schuld auf sich laden; alles galt als gleich schlecht. Der radikale Unterschied zwischen absoluter Enthaltsamkeit und Geschlechtlichkeit gestattete keine Differenzierungen mehr.

Aber natürlich war auch das nur Theorie: Wer konnte schon so leben, als gäbe es kein Geschlecht und keine sozialen Regeln? Das gesellschaftliche Zusammenleben holte diejenigen, die sich auf solch freizügige Lehren beriefen, bald wieder ein. Folgerungen, daß die Masse der Gläubigen sich der Promiskuität oder dem Inzest hingegeben hätte, dürften eher in das Gruselkabinett der Ketzerhasser passen als in eine sachliche

42 Adam und Eva. Mosaik. Sizilien, Dom von Monreale.

Berichterstattung. Es sind weniger die formulierten Sätze einer Moral, die das Handeln bestimmen, als die reale soziale Ethik, die Mentalitäten und Selbstverständlichkeiten, die den Alltag steuern.

Die theologische Konsequenz einer Gleichheit von Männerseele und Frauenseele hat dazu geführt, daß man von einer katharischen »Frauenemanzipation« gesprochen hat. Man hat die Frage gestellt: »War der Katharismus eine ›Frauenbewegung des Mittelalters‹?« (Bejick, S. 14). Diese Frage scheint problematisch – sie ist nicht ironisch gemeint. Nicht weniger fragwürdig ist die Gegenthese, »daß die Theorie von den emanzipierten Katharerinnen nichts weiter als ein bis heute tradierter Mythos ist« (Hanssler, S. 108/109).

Mir scheint die Alternative »emanzipiert oder nicht« falsch gestellt. Die Vorstellungen von Gleichheit oder Gleichberechtigung sind moderne Vorstellungen, die mit ihrem heutigen Inhalt im Mittelalter nicht zu finden sind. Die Frage projiziert Gegenwartsprobleme auf eine vergangene Epoche. Sinnvollerweise können wir wohl nur die Frage nach dem Unterschied der katharischen Frauen etwa zu den Frauen im Katholizismus stellen.

Verschiedene Elemente können als historisch gesichert gelten: die negative Rolle der Frau; die katharische Verneinung des geschlechtlichen Unterschiedes als eines Teufelswerkes und die Gleichheit der Seelen; der recht hohe Anteil von Frauen unter den Katharern. Wie paßt das zusammen?

Es gibt keine widerspuchsfreie Lösung. Aber es ist höchst bemerkenswert, daß Frauen bei den Katharern Vollkommene werden konnten. Sie nahmen damit in vollem Umfang an dem Ritus teil und konnten auch selbst rituelle Handlungen vornehmen. Das unterschied sie grundsätzlich von katholischen Frauen; denn diese waren von aktiven kultischen Handlungen ausgeschlossen. Der religiöse Status der katharischen Frauen war deshalb erheblich aufgewertet. Sie hatten Zugang zum Inneren der Gemeinde und zum Kultus.

Zwar haben die Katharerinnen wohl niemals höhere Positionen in der Hierarchie ihrer Kirche eingenommen. Aber auch wenn »die Frau im Katharismus die ihnen unterschobene Rolle nie gespielt haben« (Hanssler, S. 99) sollten, so bleibt doch der fundamentale Unterschied ihrer aktiven Teilnahme am kultischen Gemeindeleben. Wegen ihrer eigenen Mentalität konnten die Katharer ihrer Umwelt keine Lösung anbieten, die der Radikalität ihrer strengen dualistischen Theologie entsprochen hätte. Dazu war die Angst vor den Frauen und vor der Verführung durch die Welt zu stark. Zu ungeheuerlich erschien jedoch in der damaligen Zeit die angedeutete Aufhebung des Geschlechtsunterschiedes, die von utopischem Charakter war:

43 Kampf zweier Tugenden mit dem Laster. Speculum Virginum. Mittelrhein, Ende 12.Jh. Hannover, Kestner-Museum, Inv. Nr. 3984.

»Die Ketzerei vertrat die Gleichheit, die totale Gleichheit. ... Die Gleichheit des wiedergefundenen Paradieses. ... (Die Ketzer bildeten Sekten), die sich danach sehnten, das Ende der Welt zu beschleunigen, die gierig darauf warteten, sich in Jenseits zu stürzen, mit allen Mitteln. Namentlich durch die Aufhebung der Unterschiede.« (Duby, Ordnungen, S. 198/199)

Nahrung

Zu dem Übel, einen Leib zu haben, gesellt sich aus katharischer Sicht das Übel, ihn am Leben erhalten zu müssen. Was den Leib erhält, sind die Lebensmittel, die er zu sich nimmt und wieder ausscheidet. Spürbar wird diese Notwendigkeit etwa im Hunger als einem fundamentalen Trieb. Dieser muß bewältigt, die Ansprüche des Leibes müssen im Zaum gehalten und auf ein Minimum reduziert werden. Man kann fast sagen: Der Leib muß für seine Existenz gezüchtigt und bestraft werden. Und wie die Sexualität mit der Wollust verbunden sein kann, so die Nahrungsaufnahme mit einem oralen und libidinösen Genuß. Und beide Triebe haben mit dem Fleisch zu tun.

Nun ist das Essen Quelle des Lebens. Es unmöglich, sich seiner ganz zu enthalten, solange man lebt. Möglich ist aber eine strenge Askese, die sich auf das Lebensnotwendige beschränkt und in dieser Beschränkung nur das Minimum dessen erlaubt, was möglich ist. Es ist eine Kasteiung des Leibes, die ihn nicht direkt verletzt, ihn aber nur auf kleinster Flamme leben läßt. Aus katholischer Sicht bestand die alltägliche Nahrung der Katharer nur aus Fastennahrung. Das bezeugte ihre in der Alltagspraxis verankerte dauernde Buße.

Alles, was aus Zeugung entstanden war, wurde vom Verzehr ausgeschlossen. Neben Fleisch und Eiern aßen sie keinen Käse, wohl aber Obst. Dabei spielte die Lehre von der Seelenwanderung, aber auch das göttliche Verbot des Genusses von Tierfleisch eine Rolle. Begründet wurde dieses in dem »Fluch Gottes über die Erde, von welcher die Tiere ihre Nahrung beziehen« (Rottenwöhrer, Bd. II/1, S. 529). Denn dieser Fluch, der sich nur auf das Festland bezog – »so ist verflucht der

Ackerboden deinetwegen« (1. Moses, 3, 17) –, kam durch den Fleischgenuß über den Menschen. Anderes galt für die Meerestiere, die nicht verflucht waren. Den Eßtabus lagen also Ideen von Fluch, von Verunreinigung und von Beschmutzung durch das Böse zugrunde. Die genießbaren Stoffe wurden als rein betrachtet, obwohl auch sie aus der teuflischen Schöpfung der Erde hervorgegangen waren.

Die Regeln der Eßgewohnheiten zählten zu den grundlegenden Ordnungsprinzipien des katharischen Lebens. Sie antworteten auf die Grundfrage, wie sich ein Vollkommener in seinem Leib am Leben erhalten konnte, ohne dauernd fundamental mit den Gegenständen der verderbten Welt in Konflikt zu kommen. Die konsequente Lösung des Selbstmordes schied aus. Dem Dualismus von Welt und Seele wurde für das tägliche Leben eine Zweiteilung zur Seite gestellt, wie wir sie schon öfter getroffen haben. Ein kleiner Teil der Produkte der Erde wurde zugelassen, ein anderer abgelehnt. Wir haben hier wieder eine Polarität der Wertung, die scheinbar in den Dingen selbst begründet ist: Dies und jenes *ist* unrein, dies und jenes *ist* rein.

Zu dem Enthaltungscharakter ihrer Lebensführung gehörte auch das Fasten. Diese Perioden des Fastens, die uns nur aus den Inquisitionsprotokollen der Spätzeit bekannt sind, waren ausgedehnt. Zunächst galten drei Wochentage als Fastentage: Montag, Mittwoch und Freitag. Das Jahr hatte drei etwa sechswöchige Fastenperioden: Vor Ostern, nach Pfingsten und vor Weihnachten. In diesen Zeiten wurde die Nahrung – so sagen einige Quellen – auf Brot und Wasser herabgesetzt.

44 Das jüngste Gericht. Tympanon der Kathedrale von Autun, um 1120. Ausschnitt: Verdammter.

Bei der Betrachtung dieser Vorschriften muß man den fundamentalen Charakter des Essens berücksichtigen. Das gemeinsame Mahl war schon für die frühen Christen und auch für die in den Klöstern vereinigten Mönche der soziale, zeitliche und rituelle Kristallisationspunkt des gemeinsamen Lebens. Die Eucharistiefeier, das Abendmahl, war ein Mahl und stand im Zentrum des christlichen kultischen Lebens. Hier ereignete sich nach der Lehre der katholischen Kirche nicht nur das Wunder der Verwandlung von Brot und Wein in Fleisch und Blut. Diese gewandelten Substanzen wurden auch noch verzehrt.

Das Mahl »löst eine außerordentliche sozialisierende Kraft aus«, schreibt Georg Simmel (dieses und die folgenden Zitate aus: Simmel, Soziologie der Mahlzeit, in: ders., Brücke und Tür. Stuttgart 1957, S. 243 ff; zitiert nach: Treiber/Steinert, S. 46). Er weist dabei auf den grundlegenden Vorgang hin, daß das Essen von einer »exklusiven Selbstsucht« bestimmt ist, da das, was der einzelne ißt, unter keinen Umständen von dem anderen verzehrt werden kann, ihn also radikal ausschließt. Die geniale Erfindung des christlichen Abendmahls liege nun darin, daß in ihm eine »wirkliche Identität auch des Verzehrten« (Simmel) geschaffen wurde, so daß alle Beteiligten dasselbe essen und in gleicher Weise die Totalität des Gegenstandes zu sich nehmen.

Wegen dieser grundlegenden Bedeutung haben nicht nur die Katharer inhaltliche wie rituelle Vorschriften zu den Mahlzeiten entwickelt. Sie überlisteten die leibliche Notwendigkeit der Nahrungsaufnahme als einer lästigen Beschäftigung, indem sie das Mahl in einen Ritus integrierten. Es gewann dadurch einen anderen Stellenwert und wurde zu einem bewußten und vom Gebet umgebenen Vorgang. In einem katharischen Konvent nahm der Ritus gegenüber dem Essen den überwiegende Teil ein: Eine ganze Kette von Gebeten und rituellen Formeln ging der Brotsegnung voraus, an die sich das eigentliche Mahl erst anschloß. Dabei wurden etwa zwanzig Vaterunser gebetet.

Es scheint einleuchtend und psychologisch geschickt, die Nahrungsaufnahme in einen Ritus zu integrieren; nicht nur wegen der überragenden Bedeutung der Mahlzeit, sondern vor allem, um diesen Akt des Kontaktes mit der teuflischen Welt herabzustufen und ihm seine Bedeutung zu nehmen. Die kultische Einbettung schärfte das Bewußtsein für das, was geschah.

Für die Katharer war es deshalb charakteristisch, daß sie nicht nur diesen strengen Eß- bzw. Fastenvorschriften unterlagen, sondern auch kein gemeinsames Abend*mahl* feierten. Wurde im christlichen Abendmahl eine Identität des Stofflichen in Fleisch und Blut hergestellt, so ging es den Katharern ausschließlich um eine Identität des Geistigen. Diese läßt sich nicht in einer gemeinsamen Mahlzeit erreichen, sondern nur in einer gemeinsamen Teilhabe am Geistigen: Im *consolamentum* weht der Wind des Heiligen Geistes in allen Vollkommenen.

Verlassen wir damit die Welt des Geschlechts und des Hungers und wenden uns kurz den sozialen Vorschriften zu.

Die Gesellschaft

Der Eid

Wir werden in unserem zweiten Zwischenspiel auf die bedenklichen Folgen eingehen, die das Verbot des Eides für die feudale Gesellschaft haben mußte. In dem strengen Eidverbot fand sich dieselbe Dialektik wie in dem streng gefaßten Verbot geschlechtlicher Betätigung oder in einem Leben in der Welt des Bösen überhaupt: War der Eid als Erfindung des bösen Gottes des Alten Testamentes schon als Form böse, so war es gleichgültig, ob seine Aussage wahr oder falsch war.

Für die Vollkommenen konnte das Schwurverbot wieder keine Rolle spielen, da sie in der Wahrheit standen und nicht schworen. Aber die Gläubigen konnten sich diese Dialektik zunutze machen: Für sie galt das absolute Verbot des Eides nicht, sie durften also schwören. Aber sie mußten nicht bei der Wahrheit bleiben, da es auf diese nicht ankam. Sonst hätte man sie, die noch ganz in der Welt des Bösen befangen waren, auch auf deren Regeln verpflichtet. Der an sich schon böse Schwur konnte durch eine falsche Aussage nicht ›böser‹ werden.

Um das Gebot zu begründen, stützten sich die Katharer auf Matt 5, 37: »Euer Ja sei ein Ja, euer Nein ein Nein; alles andere stammt vom Bösen«. Wichtig war jedoch der ambivalente Charakter dieses Verbotes. Einerseits erhöhte es den Wert des gesprochenen Wortes und trat damit für eine radikale Wahrhaftigkeit ein. Anderseits bewirkte es negativ, daß die durch den Eid verbürgten gesellschaftlichen Werte wie Glaubwürdigkeit oder Zuverlässigkeit erschüttert werden konnten. Die formale und rituelle Bekräftigung der Wahrhaftigkeit einer Aussage steht ja für diese Werte. Das entspricht der Tatsache, daß es für die alltägliche Rede nicht nur keine Garantie ihrer Wahrhaftigkeit gibt, sondern daß mit der Lüge zu rechnen ist. Auch bei aller Abwertung des Lebens, besonders des sozialen Lebens, kann ein solches Schwurverbot nur Unsicherheit und Unruhe bringen. Zu weit führt aber die allgemeine These von einer »Untergrabung des gesellschaftlichen Lebens durch Eidverweigerung« (Borst, Katharer, S. 139). Sie wäre plausibel, wenn man sie auf den Lehenseid beschränkte.

Du sollst nicht töten!

Auch das Tötungsverbot des Dekalogs, das fünfte Gebot, wurde von den Katharern in rigider Schärfe vertreten. Das Verbot bezog sich für sie nicht nur auf Menschen, sondern auch auf Tiere. Kein Tier, in dem sich eine gefallene Engelseele verkörpern konnte, durfte getötet werden. Dazu zählten auch Vierfüßler und Vögel. Für andere Tiere galt das Verbot nicht, etwa für Fische, Flöhe oder Kriechtiere. In der Konsequenz durften Menschen auch in einer Notwehrlage nicht getötet werden. Sogar die Verletzung eines Angreifers war untersagt. Auch dieses Theorem hatte politische Konsequenzen: Da jede Tötung gegen das fünfte Gebot verstieß, fielen darunter sowohl Todesurteile – wird der Verbrecher seinen Lohn nicht nach seinem Tod erhalten? – als auch alle Tötungs- und Verletzungshandlungen in einem Krieg oder Kreuzzug.

In der Praxis war das Tötungsverbot kaum aufrechtzuerhalten: In den Kriegen haben sich die Katharer verteidigt und auch

45 Marc Chagall, Kain und Abel, 1911.

ihre Gegner getötet. Und das wohl auch mit Wissen und Willen mancher Vollkommener. Besonders unter der Inquisition war es nicht mehr möglich, beide Gebote streng zu befolgen, ohne das eigene Leben und das anderer zu gefährden. Trotzdem scheint mir hier der Gedanke eines friedlichen Miteinanders zu dominieren, also eine gesellschaftliche Utopie, die nicht recht zum weltabgewandten Leben der Katharer passen will.

Wirtschaftliche Betätigung

Die wirtschaftliche Tätigkeit im Feudalismus war nicht von einem Arbeitsethos im neuzeitlichen Sinne geprägt oder auf Gewinn und Kapitalakkumulation gerichtet. Erst mit dem allmählichen Erstarken der Geldwirtschaft traten neben die feudalen auch andere Einkommensquellen, die dann zur Gewinnerzielung eingesetzt wurden. Mit der Herausbildung des Handelskapitals vor allem in den oberitalienischen Städten, an den Handelswegen und in den Hafenstädten (Fernhandel) wurden jetzt

Gewinne erwirtschaftet, die nicht auf feudalen Rechten, sondern auf Kauf und Verkauf beruhten, also auf eigener Leistung. Die Handelsfreiheit hatte aber große Schwierigkeiten, sich durchzusetzen. Nur allmählich begann sich die Ordnung der Kaufleute gegenüber der Ordnung der Krieger bemerkbar zu machen.

Die Risiken der Geldwirtschaft, des Handels überhaupt, besonders aber der Geldgeschäfte, stießen sich an dem kirchlichen Zinsverbot. Insofern standen die Katharer hier auf der Seite des »Fortschritts«, da sie das Zinsnehmen erlaubten. Sie verwiesen dabei auf das neue Testament. So hieß es in dem Gleichnis von den Talenten: »Hättest du mein Geld wenigstens zu den Wechslern gebracht, dann hätte ich es bei meiner Rückkehr mit Zinsen zurückerhalten« (Matt 25, 27). Möglicherweise reflektierte diese Haltung aber auch ihre sozialen Vorstellungen oder die realen sozialen Entwicklungen im damaligen Languedoc, in dem sich die städtischen Interessen stärker durchzusetzen begannen.

Außerdem spielte hier die schon oft erwähnte Dialektik des Bösen eine fruchtbare Rolle. Denn das Desinteresse der Katharer an den Angelegenheiten der Welt machte es ihnen leicht, nicht an einem Verbot festzuhalten, das für sie keinen Wert hatte. Ihr Ideal der *vita apostolica* ging von der Idee der Armut aus. Der Zins und die Idee, Geld zu leihen oder zu verleihen, spielten dabei keine Rolle. Die Hindernisse, die die katholische Kirche und das feudale System den Kaufleuten auferlegten, gehörten ebenso zur satanischen Welt wie das Geld überhaupt. Warum sollte man in dieser Welt für oder gegen etwas Stellung nehmen, das nur für diese Wert hatte? Warum dieser Welt etwas verbieten, das ihren eigenen Gesetzen entsprach und die Seele nicht berührte? Warum sollte man im übrigen zwischen Geld und anderen Gegenständen einen Unterschied machen? Warum sollte man aus der Erde Geld ziehen dürfen, auch aus der Arbeit anderer, aber nicht aus dem Geld selbst?

Probleme

Diese Moral hatte mit einer Reihe von Schwierigkeiten zu kämpfen. Die dargestellten Grundsätze zeigen, daß sie mit ihren wenigen Ge- und Verboten sehr einfach strukturiert war – vermutlich zu einfach, um das Leben regeln und eine größere Organisation tragen zu können. In ihrer starren Rigidität war sie nicht flexibel. Die den Katharern der späteren Zeit vorgeworfene Anpassung an die katholische Kirche, an ihre Sakramentenlehre oder an ihren hierarchischen Aufbau hängt auch mit dieser nur wenig entfalteten Moral zusammen. Denn sie mußte Lösungen für die Probleme der wachsenden Massenkirche finden, ohne ihre Substanz preiszugeben. Der alternativlose Dualismus stand der Begründung einer Moral dabei im Weg. Seine strikten Trennungen boten keine Grundlage für Alltagsentscheidungen, in denen eben nicht alles böse und zu verwerfen war und die mit gesellschaftlichen Wertungen und Unterschieden rechnen mußten. Dualistisch konnte man keine Maßstäbe und Anhaltspunkte entwickeln, sondern lehnte sich an das gegebene Vorbild der katholischen Kirche an.

Ein kosmologischer Dualismus mit wenigen moralischen Sätzen, die nur die Weltenthaltung lehrten und nur die eigenen Erlösten als Adressaten ansprachen, war für eine religiöse Massenbewegung also unzureichend. Weder waren diese Sätze einer größeren Menge plausibel zu machen noch den täglichen Entscheidungssituationen angemessen. Eine Lösung dieses moralischen Problems fand sich wenigstens teilweise in der organisatorischen Aufspaltung der Katharer in Vollkommene und Gläubige: Wie der Glaube verteilt war, so auch die Moral. Dem erlösenden Glauben entsprach eine strenge Moral, die sich im himmlischen Dasein der Engel vollendete, das keine Moral mehr kannte oder brauchte.

Im Unterschied zu den katholischen Lehren kamen die katharischen Vorstellungen wenigstens in ihrer Konzeption ohne das Schema von Lohn und Strafe aus. Gutes Betragen wurde nicht belohnt – worin hätte es auch in einer grundschlechten Welt bestehen sollen? Die Vollkommenen versuchten nicht, die Gläubigen dadurch zu einem erwünschten Verhalten zu bewegen, daß sie sie für die Befolgung eines Gebotes oder Verbotes belohnten. Es gab keine Gratifikationen, die es lohnend gemacht hätten, der Kirche zu gehorchen. Weder für die Gläubigen noch für die Novizen bestand etwa ein gestaffeltes System von Leistungen oder von Strafen. Gehorsamsanreize, die sich in der Welt gefunden hätten, sei es Reichtum oder Glück, hatten sie nicht zu bieten. Aber es gab vor allem in der späteren Zeit andere Meinungen, nach denen nicht alle Seelen erlöst wurden oder die ein abgestuftes Bußsystem für angemessen hielten.

Die reine Lehre war vor allem bei einer größeren Anhängerschaft nicht umzusetzen. Es mußten deshalb praktikable Lösungen gefunden werden. Ein Weg, der in der katholischen Praxis ein überzeugendes Vorbild hatte, war die Einführung von Abstufungen oder Zwischenstufen. Nehmen wir ein Beispiel. Für den Gläubigen war es wahrscheinlich nicht einfach einzusehen, daß die Vollkommenen von Sünde gänzlich frei und daß ihr Wiederaufstieg in den Himmel sicher sein sollte. Denn waren nicht auch die Vollkommenen nur Menschen? Mit Leib und Seele? Allen Anfechtungen des Diesseits ausgesetzt und dauernd im Kampf mit dem Bösen? War es wirklich ausgeschlossen, daß ein Vollkommener sündigte oder sich in auch nur geringfügiger Weise an die Welt verlor? Warum sollte ein Vollkommener nicht mit einer Frau auf einer Bank sitzen dürfen? Wenn das nur ein einziges Mal geschah, war die gesamte katharische Theologie, die hier eine Unmöglichkeit postulierte, disqualifiziert.

Die Umsetzung der radikalen Vorstellungen in die Praxis war also sehr schwierig, mußte an der Lebensbanalität scheitern, wenn man in das harte Schwarz-Weiß nicht Grautöne, Zwischenstufen einführte. Auf Dauer konnte die radikale Auffassung nicht aufrechterhalten werden. Es war dann auch für den Vollkommenen mit dem *consolamentum* kein einmaliger und auf immer anhaltender Zustand erreicht. Sie konnten aus dem

Gnadenstand des Engelseins wieder in den weltlichen Zustand der Nicht-Vollendeten ›zurückfallen‹. Dieser Rückfall war nur schwer nachzuvollziehen, wenn man an dem ontologischen Argument festhielt, also darauf bestand, daß der Mensch mit dem Empfang des *consolamentum* ein Engel *wurde*. Das bedeutete einen Einbruch in die katharische Theologie, die wenig prozeßhaft war und nur zwei Seinszustände kannte: Man war entweder das eine oder das andere.

Mit diesen Aufweichungen und Verschiebungen waren die Moral, das Konzept der auserwählten Sekte und die Grundlage des Katharertums in Frage gestellt. Die Katharer bewegten sich auf das zu, was in der katholischen Kirche praktiziert wurde. Denn eine feste Gruppe von endgültig Erlösten konnte es nun nicht mehr geben; der Übergang in den Kreis der Erwählten war wieder aufhebbar, was der radikalen Anschauung völlig widerstritt. Die Katharer hatten ein Sakrament gewonnen und die ontische »Gnade« verloren. Das Argument des Niketas, mit dem er in Italien und im Languedoc erfolgreich für den radikalen Dualismus geworben hatte, war nicht mehr tragfähig: der Schluß von der unwürdigen Lebensführung eines Vollkommenen auf seine deswegen falsche Lehre galt nicht mehr. Die sündige Lebensführung konnte durch ein neues *consolamentum* wiedergutgemacht werden.

Die gesamte katharische Moral litt unter diesen nicht auflösbaren Widersprüchen. Sie dürften aber praktisch lange Zeit nicht ins Gewicht gefallen sein, weil sich die Vollkommenen mit geringen Ausnahmen an den ihnen vorgegebenen Lebensstil gehalten haben. Diese Vermutung ist in letzter Zeit bestritten worden. Die Idealisierungen der ›vollkommenen‹ Vollkommenen sei unzutreffend. Vielmehr habe es – vorsichtig gesagt – zumindest Vollkommene gegeben, die ihre Privilegien zu ihrem eigenen Nutzen mißbraucht hätten. Das Beispiel des Vollkommenen Wilhelm Prunelli zeige deutlich, daß er kein wirklicher Asket gewesen sei, sich auf Kosten der Gläubigen bereichert habe, »Wert auf hochwertige und elegante Kleidung« gelegt habe, bedürftige Gläubige nicht unterstützt habe,

46 Marc Chagall, Abraham empfängt die drei Engel. Nizza, Musée Nationale, Message Biblique.

einen ausgeprägten »Sinn für Profit und Geld« gehabt habe – kurz dem Anspruch eines asketischen Vollkommenen »in Wahrheit nie genügen konnte« (Hanssler, S. 110-128). Ob dieses Bild eines katharischen Vollkommenen in der zweiten Hälfte des 13. Jh. der Normalität entsprach oder nicht, sei dahingestellt. Jedenfalls ist bei den idealisierenden Bildern der Vollkommenen Vorsicht geboten.

Strenggenommen war die Moral der Katharer also eine Nicht-Moral. Ihre Vorstellungen wurden allerdings scharf angegriffen, obwohl sie sich zumindest in ihrem Erscheinungsbild von vielen Bestrebungen innerhalb der katholischen Kirche nicht unterschieden. Die Zusammenhänge und Begründungen ihrer Weltvorstellungen, die in der Moral ihren praktischen Ausdruck fanden, waren aber in vielen Punkten – bewußt oder unbewußt, ausdrücklich oder nicht – in ihrer Konsequenz gesellschaftskritisch. Dies wird im folgenden Kapitel zu zeigen sein.

Zweites Zwischenspiel: Seelenwanderung und Feudalismuskritik

Der religiöse Glaube schlug sich im normalen Alltagsleben sichtbar nieder und hatte tief prägende Kraft. Das ist bei den Katharern am Beispiel der Seelenwanderung gut zu erkennen.

Wie nicht anders zu erwarten, hat auch die Lehre von der Seelenwanderung keine abschließende Formulierung erfahren. Wieder wurden also unterschiedliche Geschichten erzählt. Gemeinsam war ihnen aber die »These von der Wanderung unerlöster Seelen von Leib zu Leib« (Schmitz-Valckenberg, S. 190). Nach diesem Glauben war es möglich – für die meisten Menschen sogar wahrscheinlich –, daß die Seele mit dem Tod des Körpers nicht zum Himmel fuhr, sondern sich in einem anderen Lebewesen, auch einem Tier, wieder verkörperte. René Nelli meinte, man könne »die Bedeutung des Glaubens an die Reinkarnation, der mehr als jeder andere Glaube die Mentalität und die Verhaltensweisen des Zeitalters geprägt hat« (Vie, S. 18), kaum überschätzen.

Diese Lehre hatte bedeutende Wirkungen auf das tägliche Leben. So schloß sie erhebliche Relativierungen der sozialen Gegebenheiten ein, die als selbstverständlich angesehen wurden, vor allem die Festschreibungen von Geschlecht und sozialem Rang. Denn beide galten offenbar nicht dauerhaft und immer. Schon im nächsten Leben konnte sich alles ändern. Stellte man die Wanderung der Seele in Rechnung, so waren diese Determinierungen nicht so eindeutig und definitiv, wie es schien.

Die adelige Dame war in einem vorangegangenen Leben vielleicht ein armer Bauer gewesen oder gar ein Mönch. Der kleine Handwerker hatte in seinem letzten Leben vielleicht als Kammerdiener des Herzogs gedient oder es gar als Herzogin verbracht. Die durch nichts verrückbaren Unterschiede des biologischen Geschlechts verloren hier an Bedeutung. Jede Frau konnte einmal ein Mann gewesen sein und jeder Mann eine Frau. Alle Privilegien, die ein Geschlecht gegenüber dem anderen reklamierte, erwiesen sich als problematisch. Und ebenso die sozialen Unterschiede. Sie wurden geringer, als die gesellschaftliche Wertung es vorsah.

Das unflexible und statische Denken der Katharer mußte in dieser Lehre eine merkwürdige, prozeßhafte Form annehmen. Sinn und Zweck der Seelenwanderung, der Metempsychose, scheinen allerdings zunächst rätselhaft. Denn einmal steckt ein für das katharische Denken untypisches historisches Moment darin, insofern der Prozeß des Lebens und seine Folgen thematisiert werden: die Zeit. Zum andern ist die Seelenwanderung ohne Zielgerichtetheit und ohne das *consolamentum* als ihr steuerndes Prinzip kaum denkbar. Denn der Weg der Seele durch verschiedene Körper muß einen Grund und einen Zweck haben. Dieser vorausgesetzte Sinn wird vor allem durch ein Ziel in der Zeit plausibel: Der Weg führt zur Erlösung. Dazu kommt ein dritter Punkt: Die Seelenwanderung kann in ihrer Teleologie kaum ohne den Gedanken von Lohn und Strafe auskommen. Denn was sollte der Grund dafür sein, daß die Seele nach dem Tod den Körper eines anderen Lebewesens bewohnte, zumal die Tiere eingeschlossen waren? Warum diese Differenzierung innerhalb der Körperwelt des Bösen? Fortschritte waren in dieser nicht möglich, weder moralisch noch im Wissen. Es gab nur die Welt oder die Erlösung, Gott oder Teufel.

Die Lehre von der Seelenwanderung antwortete auf eine grundlegende Frage: Wohin mit der – dem Körper gegenüber– als eigenständige Substanz vorgestellten Seele nach dem Tod

47 Verstorbene, die keine Ruhe finden kann, in Begleitung zweier Teufel. Holzschnitt. Der Seelen Wurzgarten. Augsburg 1484. (The Illustrated Bartsch 85).

des Körpers? Der Teufel wird versuchen, sie festzuhalten, sollte das Erdenleben nicht nur ein temporäres Zwischenspiel gewesen sein. Das kann er aber nur, wenn die Seele in einen anderen Leib einzieht und dort weiterhin gefangen bleibt. Also zwingt der Teufel die Seele von Leib zu Leib. Denn was soll geschehen, wenn beim Tod die Seele nicht zum Himmel fährt? Sie müßte dann, da sie ja nicht mit dem Körper vergeht, einen anderen Ort finden. Ein neuer Leib ist die einzige Möglichkeit, sie festzuhalten. Sonst müßte man einen ›Seelen-Sammelort‹ annehmen, etwa eine Art Vorhölle oder Vorhimmel, oder die Seelen frei flottieren lassen.

Der Widerspruch zwischen den ontologischen Vorstellungen und der Seelenwanderung dürfte nicht von großer Bedeutung gewesen sein. Im Volksglauben – und nicht nur hier – bestanden heterogene Elemente problemlos nebeneinander, und es kam nicht so sehr auf ihre logische Verträglichkeit an. Grundlegend aber war die Relativierung der Geschlechtsdifferenz (die als unverrückbare biologische Gegebenheit galt) und ihre Folgen. Ihre Verwurzelung im schöpferlichen Sein wurde hiernach in Frage gestellt. Damit rüttelten die Katharer zumindest an zwei tragenden Säulen des Feudalismus.

Die Ordnung der Welt war sicherlich nicht die größte Sorge der Katharer. Aber ihre Existenz auf Erden zwang sie, zu den Gegebenheiten der Welt auch praktisch Stellung zu beziehen. Und hier zeigt sich, daß ihre Vorstellungen denjenigen des

Feudalismus in vielem entgegenstanden. Denn »die Ketzerei träumt von einer anderen Gesellschaft. Sicherlich nicht von einer ungeordneten ... Aber von einer anders geordneten, auf der Grundlage einer anderen Konzeption vom Leben, von den Beziehungen zwischen Fleisch und Geist, zwischen dem Sichtbaren und dem Unsichtbaren« (Duby, Ordnungen, S. 196).

Deshalb wäre es unrichtig, wollten wir die katharischen Vorstellungen in Bausch und Bogen als a-sozial bezeichnen. Aber in ihrer Weltverneinung verneinten sie auch das, worauf die Vorstellungswelt des Feudalismus beruhte. Eines seiner Prinzipien lag in der Vererbung und der Abstammung. Die Abstammung war durch Blutsverwandtschaft, also biologisch, bestimmt und legte durch die Verwandtschaftsbeziehungen die Sippen fest. Es war nicht der einzelne, der zählte. Das Mittelalter konnte sich das Individuum, das sich heute nur sich selbst zu verdanken scheint, nicht außerhalb großer sozialer Gruppen vorstellen: Familie, Sippe, Dorf, Kloster, Zunft und Gilde, Stadt und Kirche usw. Erst durch sie erhielt der einzelne seine Individualität, seine Prägung, seine Zugehörigkeit.

Für den Adel war das Blut das entscheidende Band, das auch erklärlich machte, warum der Heiratspolitik so große Bedeutung zukam. Wurde der Friede gestört und Blut vergossen, so mußte zur Sühne wieder Blut fließen. Der Clan trat nach außen wie eine einzige Person auf. Wurde eines seiner Mitglieder verletzt, so war er selbst verletzt und mußte sich rächen. Kam jemand nicht auf natürliche Weise ums Leben, sondern durch die Hand eines anderen, »trat der Familienclan auf den Plan, und die Fehde wurde angesagt« (Bloch, S. 160). Die Blutrache, die die wenigen Gesetze der damaligen Zeit nicht unterbinden konnten, wohl auch nicht wollten, ist beredter Ausdruck der Bedeutung des Blutes und eines in den biologischen Abhängigkeiten gegründeten sozialen Zusammenhangs.

Der Wert, der dem Blut beigemessen wurde, war für die Katharer nur eine Illusion. Dieses Blut mußte ein besonderer Saft sein, wenn es in der Lage sein sollte, Charakter und soziale Kompetenz zu übertragen. Eben darin lag der von Satan erzeugte Schein. Es war der Lebenssaft des Körpers, dieser Form, die das Böse trug und forttrug. Diese teuflische Erfindung war der Seele fremd. Der Wesensunterschied zwischen der Seele auf der einen und Leib und Blut – also den Substanzen des Abendmahls – auf der anderen Seite war grundlegend. Damit lehnten die Katharer implizit weitere Grundwerte der kriegerischen Agrargesellschaft des Feudalismus ab.

Der Krieger, der *bellator*, der als archetypische Figur in der mittelalterlichen Gesellschaft eine tragende Rolle spielte, wurde von den Katharern verdammt und verurteilt. Status und Ethos des Kriegers aber waren es, die sogar die Mönche bereits in der Frühzeit monastischen Lebens als vorbildlich hinstellten. Benedikt von Nursia schilderte den Mönch schon in Kapitel 1 seiner Regel als einen Kämpfer, der für Gott gegen den Teufel kämpft, in vorderster Front, in der Kriegerschar der Klostermönche oder als »Einzelkämpfer«. Bernhard von Clairvaux, Zeitgenosse der frühen Katharer, begeisterte sich an der Idee des *miles christi*, des Kriegers Christi (siehe Farbtafel 12), und unterstützt die Gründung des Templerordens nach Kräften. Hier sah er das Modell des kämpfenden Mönches verwirklicht: Kämpften diese Mönchs-Ritter nicht mit der Waffe in der Hand gegen den leibhaftigen Teufel in Gestalt der Sarazenen?

48 Zwei Freie leisten sich bei ihrem vermischten Blut den Treueschwur. Paris, Bibliothèque Nationale, Ms. Lat. 2819, f.87.

Solche ritterlichen und in der religiösen Sphäre weit verbreiteten Vorstellungen waren natürlich in der profanen Gesellschaft noch ausgeprägter. Hier hatten sie weder die ideologische Reinigung und

Billigung durch die Kirche erfahren noch den guten kirchlichen Zweck für sich. Es ging nur um Kampf und Macht. Im Kreuzzugsheer floß beides ineinander; es konnte im Namen Gottes gekämpft, gesiegt und Beute gemacht werden.

Trotz ihrer Ablehnung dieser Realitäten und Ideologien waren die Katharer von dem Grundgedanken des Kampfes nicht so weit entfernt, wie man glauben könnte, ist doch der Kampf zwischen Gut und Böse der Grundzug des ganzen Kosmos. Aber was ihnen fehlte, war eine virulente Militanz, also genau das, was das Kämpferische und Aggressive des Kriegers ausmachte. Sie anerkannten den kosmischen Kampf, waren aber selbst nicht kämpferisch. Militante Missionierung lag ihnen fern, weil man in dieser Welt niemanden zum Guten zwingen kann. Jeder weltliche Kampf trug das Stigma der Weltlichkeit schon an sich. Jeder Sieg war nur ein Sieg der Welt. Wie der weltliche Kampf auch ausgehen mochte: Der Teufel hatte ihn schon gewonnen. Er wurde mit weltlichen Mitteln geschlagen. Ruhm, Sieg, Mut, Kühnheit, Entschlossenheit und andere Werte konnten zu nichts Gutem führen. Das Weltbild des Feudalismus wurde damit von den Katharern auf den Kopf gestellt.

Darüber hinaus lehnten sie ein weiteres Grundprinzip der Gesellschaft ab, in der sie lebten. Denn neben den Blutsbanden wird das feudale System wesentlich durch das *Vasallentum* geprägt. Dieses für das Mittelalter fundamentale Band der Herrschaft, durch das jemand zum Mann eines anderen wurde, nämlich seines Herren, beruhte auf einem Ritus, durch den sich der Vasall als gehorsamer Untertan verpflichtete. Wohl schon zur Zeit der Karolinger wurde dieser einfache Huldigungsritus durch einen christlichen Brauch ergänzt: Der neue Vasall schwor seinem Herren bei den Evangelien – oder auch bei Reliquien, wie auf dem Wandteppich von Bayeux zu sehen ist – die Treue. Dieses Treueverhältnis war dann grundsätzlich nicht mehr auflösbar und galt für das ganze Leben. Der auf einem Schwur beruhende Herrschaftsverband wurde von den Katharern kritisiert. Sie ließen den Eid nicht zu. Dabei stützten sie sich auch auf das Schriftwort: »Ich aber sage euch, daß ihr überhaupt nicht schwören sollt« (Matt 5, 34). Dieses Wort verpflichtete auf die Wahrheit und machte weitere formale Bekräftigungen der Wahrheit überflüssig.

Auch in einer weiteren Sphäre gingen sie eigene Wege. »Soweit es die religiösen Übungen zuließen, verdienten sich die Katharer ihren Lebensunterhalt selbst« (Werner/Erbstößer, S. 338). Somit wurde eine weitere grundlegende gesellschaftliche Differenz verneint. Denn die katharische Auffassung stellte die Trennung zwischen denen, die arbeiten, und denen, die nicht arbeiten, in Frage. Diese Trennung war aber ein Grundprinzip der gesellschaftlichen Feudalherrschaft. Die politische Ordnung, auf der die Gesellschaft und ihre Produktionsweise ideologisch beruhten, wäre ohne sie nicht mehr aufrechtzuerhalten gewesen. Das dreifunktionale Schema, nach dem sich die Gesellschaft in drei tragende Gruppen gliederte – diejenigen, die kämpfen, diejenigen, die beten, und diejenigen, die arbeiten –, wäre damit untauglich geworden. Die Herrschaft der Arbeitsteilung zwischen den Kriegern, Kirchenmännern und Bauern, den *bellatores*, *oratores* und *laboratores*, wäre außer Kraft gesetzt worden. Ein solches Projekt war utopisch, absurd, vermessen und unrealistisch, könnte der Beobachter sagen. Aber natürlich wollten die Katharer weder politisch noch realistisch sein.

Noch bedrohlicher aber wurde dieser Angriff, wenn neben der sozialen auch die geschlechtliche Differenzierung untergraben wurde. Im Zusammenleben der Katharer wie auch vieler anderer Ketzergruppen läßt sich oft feststellen, daß die Frauen aktiv am religiösen Leben teilnahmen. Wir finden sie vielfach in den Gemeinschaften der Ketzergruppen, so auch bei den Katharern.

Die Bedeutungslosigkeit des Geschlechtsunterschiedes ergab sich aus der katharischen Verachtung des Leibes und des Fleischlichen überhaupt. In der Konsequenz dieser Vorstellungen waren die Menschen also, wie wir schon gesehen haben, sozial und geschlechtlich gleich. Die Katharer lehrten diese Gleichheit als Folge der Gleichgültigkeit des Leibes. Alles

49 Ritter, 13.Jh. Paris, Bibliothèque Nationale, Ms. Lat. 10136, fol.141.

Leibliche war für sie negativ, so daß es auf die Unterschiede im Fleischlichen nicht mehr ankam. Insofern schien es kein Problem zu sein, den Frauen grundsätzlich den gleichen Rang und den gleichen Zugang zu Ämtern zuzubilligen wie den Männern. Diese Vermischung des Unterschiedenen, also »Promiskuität«, stellte die Ketzer für die anderen Menschen in die Nähe der Sünden des Fleisches. Da Frauen und Männer ungeschieden zu ihren Anhängern gehörten – was Bevölkerung und Kirche mit tiefstem Mißtrauen erfüllte –, wurden sie leicht zum Opfer jeder Verleumdung sexueller Art.

Alle negativen gesellschaftlichen Projektionen über das Unerlaubte und Unzüchtige konnten hier ausgelebt werden. Wie bei der Legendenbildung über jüdische Ritualpraktiken, so bot auch hier die – allerdings ganz anders motivierte – Vermischung von Männlichem und Weiblichem Anlaß zu übler Nachrede.

So blieb den Zeitgenossen nur die Vorstellung babylonischer Unzucht – ähnlich wie später den Hexen immer sexuelle Praktiken mit dem Teufel unterstellt wurden. Die Dialektik lag darin, daß die Katharer, für die aus Verachtung des Leibes das Geschlecht unwesentlich wurde, als Wüstlinge angesehen wurden, für die das Geschlechtliche im Zentrum stand. Denn die negative Legendenbildung setzte bei den verdrängten Wünschen und Phantasien an.

Die Verneinung des Leibes hatte noch weitere Folgen. Nicht nur das Geschlechtliche wurde abgelehnt, sondern auch die Form, die es gesellschaftlich annahm. Damit wird einleuchtend, daß die Ehe auch dem Verdikt unterlag. Wie sollte etwas geheiligt werden, was einzig eine Erfindung des Satans war? Denn war die Ehe nicht die Institution der geschlechtlichen Fortpflanzung? Diente sie nicht dem satanischen Werk des Schaffens neuer Seelengefängnisse? Der Zustand der Keuschheit war der ideale Zustand. Die Ketzer stellten sich die Menschheit – nicht anders als die Mönche – wie ein großes Kloster vor. Dessen Verwirklichung könnte die Menschheit innerhalb eines Menschenlebens zu ihrem endgültigen Heil führen. Die Ehe konnte so nichts anderes sein als ein Vertrag über ein gemeinschaftliches Zusammenleben von Mann und Frau, das weder der Fortpflanzung diente noch sakramentalen Charakter hatte.

Ihre Gleichheitsvorstellungen sahen für den spirituellen Unterschied zwischen Vollkommenen und Gläubigen eine Ausnahme vor. Gleichzeitig hoben sie aber den Unterschied zwischen Volk und Kurie auf. Die Aufgaben der Priester, ihr Gebet für das Volk, die Spendung der Sakramente wurden verneint: Alle Menschen sollten in gleicher Art beten und fasten, sollten das *consolamentum* anstreben und mit ihm den Zustand der Vollkommenheit. Die Priester und die Amtskirche wurden damit überflüssig. Auch ohne Kirche konnte das Paradies wiedergefunden werden.

Der Mentalität der Katharer entsprach es nicht, sich zu verteidigen, sondern zu verzeihen. Jede Verteidigung hätte der eigenen Position und dem eigenen Leben zu viel Wert eingeräumt. Dabei spielte auch ihre Einschätzung der Welt eine

Rolle: Der Katharer »verweigert sich der weltlichen Macht, die Mittel des bösen Prinzips« (Müller, S. 207) war. Die Verfolgungen und Angriffe auf ihn waren geradezu Beweise für seine Nachfolge Christi sowie für die Bemühungen des Bösen, das Gute zu zerstören. Ließen die Katharer sich auf den Kampf ein, so standen ihnen nur die Waffen zur Verfügung, die das Böse auch einsetzte. Sie hätten sich auf sein Terrain begeben müssen. Die andere Möglichkeit bestand nur darin, sich dem Bösen radikal zu verweigern und ihm defensiv und verzeihend zu begegnen.

Leid, Schmerz und der erlösende Tod wurden also sehr ernst genommen. Das Verhalten der Katharer war im wesentlichen passiv, weltverneinend auch da, wo es um ihre eigene Existenz ging. Zudem speiste sich ihre Legitimation als gute Christen aus der Nachfolge Christi und der Apostel. Sie ertrugen die Anfechtungen, wie diese sie ertragen hatten. Umso näher lag dieses Verständnis, da Christus auch abgelehnt, nicht verstanden, verraten und verfolgt worden war. Durch ihren Nichtkampf, ihr Erdulden lebten sie beispielhaft vor, wie es sein sollte, und konnten die anderen im Leib gefangenen Engelseelen an ihr positives Schicksal erinneren. Auch darin zeigte sich die römische Kirche als Dienerin des Bösen, daß sie dessen Machtmittel einsetzte und so ihre böse Macht stärkte.

Wir sehen also: Eine defensive Haltung, die sich vom Toben der Welt, mochte es sich auch Kirche nennen, nicht beeindrucken ließ. Ein defensiver Geist in der Welt, der sich aber doch in und mit ihr arrangieren mußte. Das Fehlen des Militanten, das dazu führte, daß ein zögernder Adel auch angesichts eines Kreuzzugsheeres vor den Toren nicht von der Notwendigkeit eines Kampfes überzeugt wurde. Diese Vorstellungen, diese Kritik und Lebensweise machten die Katharer für viele Zeitgenossen faszinierend. Zugleich aber war ihre theologische Grundlage nicht ausreichend, nicht hinreichend flexibel und zu unproduktiv, um angesichts einer militanten Großkirche als Gegnerin zu bestehen. Aber war der Unterschied zwischen den Ketzern und dem römisch-katholischen Mönchstum als einer

Möglichkeit kirchlichen Lebens wirklich so groß? »Woran bemißt sich der Unterschied zwischen den Mönchen, die keusch waren, sich durch Fasten läuterten, die sich durch ihrer Hände Arbeit erniedrigten, die alles dafür taten, Engel zu werden, und den Vertretern der Ketzerei?« (Duby, Ordnungen, S. 199).

Gerade weil der Unterschied zur katholischen Kirche nicht sehr deutlich erschien, mußten die zugrundeliegende Moral und Weltvorstellung im täglichen Leben praktisch gesichert werden. Bestimmte Praktiken, die rituellen Charakter hatten, dienten diesem Zweck. Sie stellten, für alle sichtbar, deren Verbindlichkeit her und waren für das Selbstverständnis der Katharer grundlegend.

50 Abraham besiegt die Könige. Psalter des Heiligen Ludwig, gegen 1260-1270. Paris, Bibliothèque Nationale, Ms. Lat. 10525, fol. 5 v.

»Der Herr segne dich«
Die Riten der Katharer

Da für eine Religionsgemeinschaft ein Minimum an rituellen und kultischen Praktiken notwendig ist, haben die Katharer eine Reihe von Riten entwickelt. Ihr mit Abstand wichtigster Ritus war das schon öfter erwähnte *consolamentum*. Es bedeutete die zentrale Wende im Leben eines Gläubigen. So müssen wir den Vorgang, durch den jemand zu einem Vollkommenen wurde, als fundamental begreifen.

Ihre Riten waren Kristallisationen, in denen sich die Glaubensvorstellungen der Katharer kondensierten. Riten erfüllen eine sozial wichtige Funktionen und bilden die Gesamtheit eines wiederholbaren und in der Abfolge von Gesten und Worten genau geregelten sozialen Zusammenhangs. Für Emile Durkheim besteht ihre Funktion im wesentlichen darin, die Solidarität einer Gruppe zu fördern, da jede soziale Gruppe einen ihre Identität sichernden und symbolisch repräsentierenden Ritus braucht. Dieser muß ihr gegenüber verselbständigt sein. Das galt für die Katharer als Minderheit in besonders hohem Maße. Darüber hinaus hatte hauptsächlich das *consolamentum* sicherlich auch die Aufgabe, Angst zu reduzieren, indem es eine möglichst hohe Gewißheit und Sicherheit des Heils schaffte. Es sollte durch die Festigkeit seines Ablaufes und die Gewißheit seiner Folgen den Zufall der eigenen Existenz auf ein erträgliches Maß herabsetzen. Das *consolamentum* zählte als Aufnahmeritus zu den sogenannten »Rites des passages«, da es eine fundamentale soziale Änderung im Leben des einzelnen bedeutete und eine Art Taufe darstellte.

Die Riten spiegeln die Weltvorstellung der Katharer in konzentrierter Form wider. Grundsätzlich ist es einleuchtend, daß sie keine große Zahl von Riten ausgebildet haben, sogar rituell sehr arm erscheinen. Wie in der Moral ging es nur um die eine und einzige Frage der Erlösung und Weltenthaltung. Unterschiedliche Riten müssten unterschiedlichen Aspekten des Weltverhältnisses Rechnung tragen. Hier aber waren alle Fragen auf die der Erlösung reduziert. Gleichwohl hatte sich im Lauf der Zeit und im Prozeß der Verkirchlichung der katharischen Gruppen in Anlehnung an die katholische Kirche eine Reihe von kultischen Formen entwickelt. Einige davon wollen wir näher betrachten. Dabei ist festzuhalten, daß »zwischen dem Kult der Katharer und ihrer religiösen Praxis ... nicht in jedem Fall eine genaue Grenzlinie zu ziehen« (Rottenwöhrer, Bd. II/1. S. 1) ist.

Das *melioramentum*

Wenn Vollkommene und Gläubige einander begegneten, so begrüßten sie sich. Dieser Gruß war in eine bestimmte Form gegossen, das *melioramentum* (Besserung), in dem der Unterschied zwischen dem Vollkommenen und dem Gläubigen sowie die Erlösungshoffnung des Gläubigen ausgedrückt wird.

Bei diesem Gruß beugte der Gläubige das Knie tief vor dem Vollkommenen und sagte: »Segnet!« Der Vollkommene erwiderte: »Der Herr segne dich«. Bei der dritten Wiederholung sagte der Gläubige: »Verzeiht uns, gute Christen! Bittet Gott, daß er mich zu einem guten Ende führe und vom schlechten Tod befreie«, worauf der Katharer antwortete: »Der Herr führe dich zu einem guten Ende und bewahre dich vor einem schlechten Tod«. Danach stand der Gläubige wieder auf. Begegneten sich zwei Vollkommene, so war der Wortlaut etwas anders. Wie auch bei wichtigeren Vorgängen bestand eine gewisse Freiheit hinsichtlich der Formulierung, so daß Abweichungen möglich waren.

Wer sich in dieser Weise den Vollkommenen näherte, konnte als Gläubiger betrachtet werden. Wenn er das erste Mal das *melioramentum* darbrachte, wurde er als in die Kirche der Gläubigen aufgenommen betrachtet. Spätere Quellen bezeugen, daß der Gruß auch die Voraussetzung dafür war, um das *consolamentum* zu erhalten. Die Grußformel war ein Zeichen des öffentlichen Bekenntnisses zu den Katharern und zeigte die Zugehörigkeit zu der Gruppe der Gläubigen und die Integration in ihre Gemeinschaft. Nach der Aussage des Guillelmus Belibasta zu Beginn des 14. Jh. stand der Gläubige damit fest im katharischen Glauben und war gerettet. Das *melioramentum* gewann in dieser Interpretation fast die Qualität des *consolamentum*, was für die Verschiebungen und Nöte der Spätzeit typisch war.

Diese weitreichende Bedeutung konnte dem Gruß nur zukommen, weil er nicht dem einzelnen Vollkommenen geleistet wurde, sondern dem Heiligen Geist. Es war die formale Anerkennung der Tatsache, daß dieser in den Katharern gegenwärtig war. Mit der Ausübung des *melioramentum* anerkannten die Gläubigen die katharische Kirche als den rechten Weg zur Erlösung. Sozial hatten sie dieses durch die öffentliche Bekundung mitgeteilt. Sie waren damit doppelt verpflichtet: Einmal gegenüber ihrer Umwelt, für die sie sich dieser nicht-katholischen Gruppe angeschlossen hatten. Wer bei dem *melioramentum* gesehen wurde, und das war bei dem komplizierten Vorgang wahrscheinlich, hatte damit Anlaß gegeben, von nun an als Katharer betrachtet zu werden. Und zum andern gegenüber ihrer neuen Kirche, in der sie in den Stand der Gläubigen eingetreten waren. Als Gläubige hatten sie Vollkommene immer durch das *melioramentum* zu grüßen. Ihre Kirche aber verpflichtete sich, ihnen – meist auf dem Sterbebett – das *consolamentum* zu spenden und sie so in ihre Gemeinschaft aufzunehmen. Das bedeutete die Sicherheit der Rettung aus der Welt des

Satans. Bekräftigt wurde das durch die *convenienza*, einen Vertrag zwischen Kirche und Mitglied, jenem in der Todesstunde beizustehen und das rettende *consolamentum* zu erteilen. Wenn die katholische Kirche das *melioramentum* als Anbetung der Vollkommenen verstand, so war das naheliegend, aber falsch.

Auch am Friedenskuß und der Brotsegnung hatten die einfachen Gläubigen teil. Wichtig war aber, daß gerade bei der Brotsegnung, die vor jeder Mahlzeit stattfand, eine Tradition behauptet wurde, die sich von Christus und Paulus herleiten und auf die Katharern überkommen sein sollte.

Das *consolamentum*

Das *consolamentum* war der wichtigste Ritus der Katharer. Mit ihm wurde der Gläubige in die Gemeinschaft der Vollkommenen aufgenommen. Er erlangte eine Reinheit, die er bis zum Tod bewahren konnte. Denn mit dem *consolamentum* zog der Heilige Geist in ihn ein. Es bedeutete Geisttaufe und Feuertaufe in Christus. Seine Seele war erlöst. Damit beschritt er den einzigen Weg des Heils, der ihn aus der Welt des Satans wieder in den Himmel zurückführen konnte. Es war der exklusive Weg der Rettung. Ein zeitgenössischer Schriftsteller hat für seine Ausübung das Kunstwort »katharisieren« geschaffen, das die überragende Bedeutung dieser Art von Geisttaufe kennzeichnete. Das Ritual ist in unterschiedlichen Formen überliefert. Es lief etwa folgendermaßen ab.

Die Katharer, also die Gemeinde der Vollkommenen, kamen zusammen – nie in einem Kirchengebäude, da sie keine Kirchen kannten –, um an dem feierlichen *consolamentum* teilzunehmen. Der Novize war auch anwesend.

Nach der Bitte um Spendung des *consolamentum* und dem *melioramentum* des Novizen absolvierten sie alle gemeinsam den Bußakt, dem sieben Vaterunser vorausgingen. Der Tisch war mit einem weißen Tuch gedeckt und mit dem Evangelienbuch geschmückt. Der Offiziant hielt eine Ansprache und befragte den Empfänger wiederholt, ob er die Taufe des *consola-*

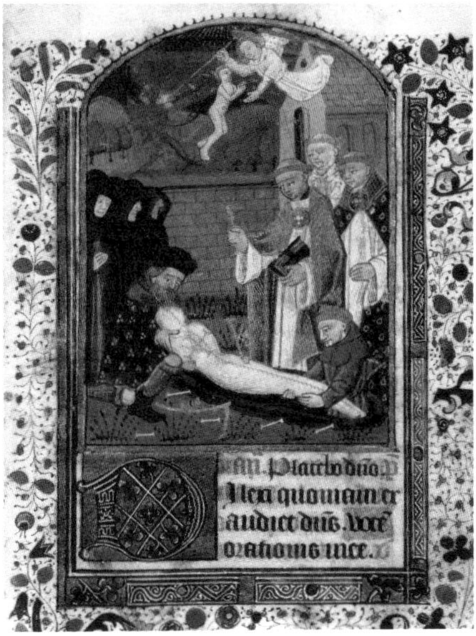

51 Begräbnisszene mit Kampf um die Seele des Verstorbenen. Stundenbuch einer unbekannten Dame. Rouen, um 1480. Einsiedeln, Stiftsbibliothek, Ms. 94 (970).

mentum erhalten wolle. Das Evangelienbuch wurde ihm dann übergeben, woran sich ein weiterer Bußakt des Empfängers anschloß.

Nach diesen Vorbereitungen empfing der Aspirant das *consolamentum*. Er legte seine Hand auf den Tisch. Der Offiziant hielt ihm das Buch auf den Kopf. Anschließend erfolgte die Handauflegung durch ihn und alle anderen Vollkommenen. Mit der Spendenformel war das *consolamentum* vollzogen. Zum Abschluß las der Offiziant aus den Evangelien. Nach verschiedenen Formeln und Gebeten wurde dem Empfänger das Buch vom Kopf genommen, und er küßte es. Dann endeten die Feierlichkeiten. Meist ging dem *consolamentum* die Übergabe des Vaterunser voraus, in das der Novize ebenfalls durch einen Ritus eingeweiht wurde.

Die Katharer behaupteten, das *consolamentum* sei bereits von Christus und den Aposteln praktiziert worden. Von diesen als den ihrer Meinung nach ersten Katharern leiteten sie ihren Anspruch ab, die einzige richtige christliche Kirche zu sein und in der Tradition Christi zu stehen.

In einer Stelle des Epheserbrief (5, 25-27) ist die Rede von der »Kirche in herrlicher Gestalt ..., die weder Flecken noch Runzeln oder etwas dergleichen hätte, sondern sie soll heilig und untadelig sein«. Diese Stelle wurde von den Katharern auf ihre eigene Kirche bezogen und gegen Rom ausgelegt: In der katharischen Kirche Gottes konnte es keine Mitglieder geben, die von »Flecken oder Runzeln«, also von Begehrlichkeit und Heuchelei, verunstaltet wurden. Gemäß dieser Selbstdefinition konnte sie keine Mitglieder haben, die der Macht des Satans noch unterlagen, also böse waren. Umgekehrt war so bewiesen: Die katholische Kirche, in der es unreine Amtsträger gab, konnte nicht die gute Kirche Gottes sein.

Mit dem *consolamentum* zog der Heilige Geist in den neuen Katharer, den Vollkommenen, ein. Dieser spirituelle Vorgang war an den Ritus der Handauflegung gebunden, einer aus der Apostelgeschichte bekannten Form. Mit der Einwohnung des Heiligen Geistes war der Aufgenommene erlöst und nicht mehr zur Sünde fähig. Die Folgerung, daß ein Sünder nicht vom Heiligen Geiste beseelt sein konnte, war die andere Seite der Medaille. Daraus ergab sich die Schwierigkeit, ob ein zur Sünde Unfähiger doch wieder sündigen konnte.

Der für das Heil der Seele unabdingbare Akt des *consolamentum* benötigte zu seiner Wirksamkeit keine stoffliche Grundlage. Nach der katharischen Grundüberzeugung mußte der Glaube auch im Ritus rein spirituell bleiben und ohne Rückgriff auf Stoffliches auskommen. Das setzte einen hochabstrakten Glauben voraus, der die Kompromisse, welche die katholische Kirche mit ihrer Aufnahme stofflicher Elemente in die Sakramente geschlossen hatte, unmöglich machte. Der Bruch mit der Welt war radikal.

Das *consolamentum* bedeutete die Katharsis im Leben des einzelnen Gläubigen, damit zugleich einen Beitrag zur Erlösung der gefallenen Engel. Sie war die einzige Buße und wurde im Ritus selbst geleistet. Weitere Voraussetzungen, etwa irgendein Werk, ein Bekenntnis oder eine Reuebekundung wegen des bisherigen Lebens, gab es nicht. Denn indem durch das *consolamentum* ein neuer Adam geboren wurde, der die sündige Welt hinter sich wußte, hatte er mit dieser Welt nichts mehr zu tun. Was seine vergangenen Taten in der Welt betraf, so war er über diese hinaus. Alle seine möglichen Untaten wurden mit diesem Akt ausgelöscht. Ohne Wiedergutmachung oder Strafe waren die Sünden vergeben. Vorausgesetzt war die Würdigkeit des Empfängers.

Gleichzeitig ging der Aufgenommene eine Reihe von Verpflichtungen ein. Diese betrafen einmal sein moralisches Verhalten und konkretisierten sich in der strengen Lebensführung, die dem Vollkommenen auferlegt war und die wir schon kennengelernt haben. Dazu gehörten etwa: Gott mit allen guten Tugenden zu lieben (Demut, Barmherzigkeit, Herzensgüte), nicht zu töten, nicht zu stehlen, keusch zu leben, nicht freiwillig zu schwören, die Nahrungsregeln zu beherzigen, alle Verfolgungen willig zu ertragen und ähnliches. Dies waren grundlegende Bedingungen dafür, daß seine rituellen Akte Wirksamkeit besaßen und daß seine Seele gerettet werden konnte.

Wer gegen seine Verpflichtungen verstieß, wurde mit der denkbar härtesten Sanktion bedroht: Er gefährdete sein schon sicher geglaubtes Seelenheil. Wir sehen hier wieder die schon bekannte Dialektik am Werk: Wieso sollte sich ein Vollkommener zur Einhaltung von bestimmten Geboten verpflichten, da er doch in einen Stand der Sündenfreiheit eingetreten war, der ihm die Sünde unmöglich machte und die Annahme von Verpflichtungen sinnlos erscheinen ließ?

Die Wiederholbarkeit des *consolamentum* brach mit dieser Konzeption, da nun der Engelszustand nicht mehr garantiert war. Es nahm damit sakramentale Züge an und war nicht mehr geeignet, die endgültige Rettung der Seele sicherzustellen. Der Heilige Geist konnte mehrfach verloren gehen und wiedergewonnen werden. Die Wirkung des *consolamentum* war aus verschiedenen Gründen in Frage gestellt, etwa wenn sein Empfänger sündigte, wenn er Unzucht beging oder Fleisch aß. Auch bei dem Wechsel des Bekenntnisses war ein neues *consolamentum* üblich. Eine Wiederholung empfahl sich aber auch deshalb, weil der Heilige Geist den Vollkommenen auch bei Übertretungen verließ, die im geheimen geschahen. Die Wiederholung war dann eine Rückversicherung für die Wirksamkeit des *consolamentum*, auch desjenigen, das der Empfänger selbst gespendet hatte.

Bisher sind wir stillschweigend davon ausgegangen, daß der Empfänger des *consolamentum* gesund war. Eine sehr wichtige Rolle aber spielte dieser Ritus bei Kranken oder auf dem Totenbett. Denn hier erfüllte die Kirche ihre Verpflichtung, dem Gläubigen einen guten Tod zu gewähren. Das war ja der Inhalt der *convenienza* gewesen. Die Kranken, die mit dem Tod rechneten, hatten normalerweise nicht das Noviziat hinter sich gebracht – anders als die Gesunden, die durch das *consolamentum* Vollmitglieder wurden. Aus diesem Grund erläuterte ihnen der Vollkommene zuerst die Gebräuche der Kirche und die Bedeutung der Askese. Der Empfänger erklärte dann, er sei damit einverstanden. Nach einer möglicherweise abgekürzten Einweihung in das Vaterunser folgte eine Ansprache des Spenders, der Bußakt und nach mehreren Vaterunsern abschließend der Friedenskuß.

Verstarb der Kranke danach, war er gerettet. Blieb er aber am Leben, so mußte er nun nolens volens das Leben eines Vollkommenen führen. Angesichts des Todes hatte er sein Versprechen leicht gegeben. Jetzt konnte er in Schwierigkeiten geraten, wenn er etwa verheiratet war.

Zur Bewahrung des Heilszustandes wurde deshalb manchmal die als *endura* – was eigentlich nur »Fasten« bedeutete – bekannte Praxis geübt. Damit war gemeint, daß der Empfänger des *consolamentum* nach seinem Empfang nichts mehr zu sich nahm und sich selbst durch Hunger zu Tode brachte, also eine Art rituellen Selbstmord beging. Die Bedeutung der *endura* wird meist übertrieben und hat für Aufregung gesorgt. Gerühmt als heroischer Akt des Selbstmords um des Seelenheils willen (so Altesoteriker Otto Rahn) oder geschmäht als barbarische Praxis: Für die *endura* gab es weder Vorschriften ritueller Art noch zählte sie zur offiziellen Praxis der Vollkommenen. Aber sie war spektakulär genug, um ausgeschlachtet zu werden. Hier ließen sich gut Schauergeschichten erzählen, wenn Angehörige des Betreffenden dessen Hungertod durchsetzen oder verhindern wollten, wie die Quellen manchmal berichten.

Die Übergabe des Vaterunser

Die Katharer kannten nur ein einziges Gebet: das Vaterunser. Dieses durften die Gläubigen noch nicht sprechen, da sie noch Kinder des Satans waren und sich nicht als Kinder des göttlichen Vaters bezeichnen durften. Die Wichtigkeit des Gebetes, das im Neuen Testament überliefert ist, (Mt 6, 9-13), hatte dazu geführt, daß ein eigener Ritus entstanden war, durch wel-

52 Seelenmesse und Barmherzigkeit befreien zwei Seelen aus dem Fegefeuer. Coetivy-Meister. Stundenbuch um 1460. Baltimore, Walters Art Gallery, Ms. W. 274, fol. 118.

chen dem Neuling das Vaterunser tradiert wurde. Er war damit zwar noch nicht konsolidiert, aber seinem Ziel ein gutes Stück näher gekommen. Allerdings erfolgte diese Übergabe meist im Rahmen des *consolamentum*.

Das Vaterunser selbst war auch das Gebet der Orthodoxie. Nur gab es einen wesentlichen Unterschied: Die Katharer beteten nicht: »unser täglich Brot gib uns heute«, sondern: »unser überstoffliches Brot gib uns heute«. Dieses Brot wurde spirituell verstanden und sollte das Gesetz Christi oder die Liebe sein. Auch im übrigen war die Auslegung des Gebetes nicht orthodox. So war Gott zum Beispiel nur von denjenigen als »Vater« anzureden, die gerettet waren, also den Katharern selbst; das Wort »Schuldner« unter den Worten »wie wir vergeben unsern Schuldnern« wurde in manchen Auslegungen als »die Verfolger der Katharer« ausgelegt; die Erlösung »von dem Bösen« verstanden manche als Erlösung aus der Welt des Satans.

Wer »Vater unser« sagte, so heißt es in den überlieferten katharischen Ritualtexten,

»muß Gott durch gute Werke ehren; ...; muß alle seine Sünden bereuen, allen Menschen vergeben, sich im Herzen vornehmen, das Vaterunser zeit seines Lebens zu bewahren nach der Gewohnheit der katharischen Kirche: mit Gehorsam, Keuschheit und mit allen anderen guten Tugenden, die Gott verleiht. Der Empfänger besitzt die Vollmacht, es beim Essen und Trinken, bei Tag und Nacht, allein und in Gemeinschaft zu sprechen« (Rottenwöhrer, Bd. II/1, S. 103 f).

Die Übergabe geschah in einem komplizierten Ritus, der dem *consolamentum* ähnelte. Nach einigen kultischen Vorbereitungen hielt der Offiziant die Ansprache, befragte den Empfänger und vollzog mit ihm den Bußakt. Dann erfolgte die eigentliche ›Übergabe‹ des Vaterunser: Der Offiziant sprach das Gebet vor, der Empfänger sprach es nach. Dann kamen das *melioramentum*, die Danksagung, das *apparellamentum* und der Friedenskuß. Damit war der Ritus abgeschlossen.

Die große Bedeutung des Vaterunser erklärte sich daraus, daß es das Gebet der Engel im Himmel war. Wie die Seele gehörte es in den himmlischen Bereich. Deshalb setzte es eine hohe moralische Qualifikation voraus und wurde einem Gläubigen, der erst auf dem Sterbebett das *consolamentum* erhielt, oft nicht übergeben. Der Sinn der Übergabe bestand darin, daß der Bevollmächtigte das Gebet auch sprach.

Man hat errechnet, daß ein Vollkommener das Vaterunser etwa 250 mal am Tag gebetet hat. Diese Praxis weist damit bei der erstaunlichen Tatsache der Reduzierung aller möglichen Gebete auf ein einziges Gebet Züge des sogenannten Hesychasmus auf: Die fortwährende und monologische Wiederholung desselben Gebetes, das sehr häufig gesprochen wurde, bot die Möglichkeit der Versetzung in einen Zustand psychischer Präsenz in der Welt des Gebetes und eine Relativierung der weltlichen Umgebung. In einer angespannten dauernden Konzentration auf die andere Welt im Gebet und in der fortgesetzten Anrufung des Vaters verschwand die Normal-Welt. Das Gebet sicherte insofern die Gegenwart der Rettung und Erlösung. Es bot auch Schutz gegen die Anfechtungen der Welt, vor allem aber ist es eine Stütze in Zeiten der Verfolgung. Zudem bezeugte das Vaterunser die enge Bindung der Katharer an das Neue Testament, obwohl gewisse Widersprüche bestanden: Was sollte etwa die Bitte um Vergebung der Sünden bei den Erlösten bedeuten?

Die Ordination

Das *consolamentum* erschien in einem anderen wichtigen Ritus noch einmal, nämlich in der Ordination von Amtsträgern. Mit der Verkirchlichung der Katharer wurde die Übernahme eines Amtes immer wichtiger. Die Einrichtung der Hierarchie von Bischof, *filius maior* und *filius minor* bis zum Diakon führte dazu, daß die Gemeinde der Vollkommenen immer weniger Einfluß hatte. Die Entscheidungen verlagerten sich zunehmend in die Gremien der organisierten Kirche.

Um mit einem Amt betraut werden zu können, mußte man die entsprechende Würde nachweisen. Dies geschah in der Form der Ordination, der rituell das *consolamentum* zugrundelag. Aber es gab den wichtigen Unterschied, daß nur der Bischof bzw. mit seiner Erlaubnis oder bei seiner Abwesenheit die *filii* als Spender der Ordination auftreten durften. Der Empfänger mußte ein Vollkommener sein, also das *consolamentum* schon empfangen haben.

Die Spendung erfolgte entsprechend dem Gefälle der Hierarchie. Nur der Höherstehende oder zumindestens Gleichrangige war zur Ordination befugt. In früheren Zeiten mußte der Spender dem Empfänger nicht übergeordnet sein. Man fragt sich aber zu Recht, wieso sich der bereits getröstete Vollkommene das *consolamentum* in der Ordination noch einmal spenden ließ. Denn dessen Folgen waren ja nicht überbietbar oder steigerbar, da er bereits zum Engel geworden war. Oder war es der Widerspruch zwischen dem unflexiblen dualistischen Denken der Katharer und den Erfordernissen einer Massenkirche, die sich nicht vereinbaren ließen? Oder wurde das *consolamentum* mangels Alternative einfach ›mißbraucht‹? Sollte es nur ein Mangel an ritueller Phantasie gewesen sein? Jedenfall war es ein organisatorischer Akt einer hierarchisch geordneten Kirche, die ihre eigene Hierarchisierung theologisch kaum begründen konnte.

Allerdings wurde auch hier trotz einer gewissen Verselbständigung des Amtes dieses aufs engste mit der Lebensführung verknüpft. Erwies sich der Spender als unwürdig, als nicht vom Heiligen Geist beseelt, so war das von ihm gespendete *consolamentum* unwirksam. Das galt auch für alle weiteren *consolamenta*, die die Empfänger anderen Gläubigen gespendet hatten. Es mußte also eine ununterbrochene Kette der Würdigkeit der Spender von untadeliger Lebensführung bestehen, ohne die das gespendete *consolamentum* unwirksam war, also den versprochenen Heilsweg nicht eröffnete.

Daran wurde die Unsicherheit des *consolamentum* deutlich. Sogar wenn sich lange Jahre nach dem für wirksam gehaltenen *consolamentum* die Unwürdigkeit des Spenders herausstellt, war die ganze Reihe der *consolamenta*, die bei ihm ihren Ausgang genommen hatte, unwirksam. Da aber niemand mit völliger Gewißheit über die Lebensführung eines anderen Menschen Bescheid wissen konnte, war das *consolamentum* immer bedroht. Das war ein Grund, warum auch die Vollkommenen das *consolamentum* mehrfach empfingen.

Zugleich wird deutlich, daß der Streit, der auch innerhalb der katholischen Kirche um die Wirksamkeit des von einem unwürdigen Priester gespendeten Sakramentes geführt worden war, weitreichende Konsequenzen hatte. Die Abkoppelung der persönlichen Würdigkeit des Priesters von der Wirksamkeit der Sakramente und deren Abhängigkeit allein vom Amt war also eine sinnvolle Institutionalisierung. Andererseits: Wie sollte das Anliegen der persönlichen Lebensführung nach dem Vorbild der *vita apostolica*, die sich gerade gegen die Verselbständigung des Amtes und vor allem gegen unwürdige Amtsinhaber richtete, sonst in die Religion Eingang finden? Hier lag ein unlösbarer Widerspruch vor, da die Katharer beides brauchten und haben wollten.

Trotz aller inneren Fragwürdigkeiten war der katharische Glaube für die damalige Orthodoxie eine so große Bedrohung und Gefahr, daß es zum Kreuzzug kam, in den sich später auch die französische Krone als Nutznießerin einschaltete.

Unsere Beschreibung des inneren Lebens der Katharer ist damit abgeschlossen. Wie aber verfuhr die katholische Kirche im weiteren mit dieser organisatorisch, moralisch und theologisch entwickelten Ketzerbewegung? Sie griff zur Gewalt und rief den Kreuzzug aus.

Schlimmer als die Sarazenen
Der Kreuzzug gegen die Katharer

Die Kirche hatte nach und nach die Bedrohung erkannt, die ihr aus den Regionen des südlichen Frankreich drohten. Zwischen dem Konzil von Verona 1184 und dem vierten Laterankonzil 1215 war sie nicht untätig geblieben. Zwar waren es nur 30 Jahre, aber in diese Zeit fiel einerseits der Höhepunkt der katharischen Wirksamkeit, andererseits der Kreuzzug gegen die katharische Kirche, den Papst Innozenz III. ausgerufen hatte.

Nun wäre es falsch anzunehmen, das Languedoc sei in der Gegend von Albi, Carcassonne und Toulouse nur noch von Katharern bewohnt gewesen. Die Mehrheit der Einwohner war nach wie vor katholisch. Es gab vermutlich von seiten der Kirche eine kleine Gruppe eifriger Katholiken; auf der anderen Seite einige überzeugte Ketzer. Die Mehrzahl der Bevölkerung dürfte aber beiden gegenüber eher gleichgültig gewesen sein. Manche standen der Kirche näher, andere hegten ob des herrschenden Antiklerikalismus Sympathien für die Ketzer. Denn viele waren der reichen Kirche nicht wohlgesonnen. Zahlreiche Burgherren allerdings, bei denen sich die Vollkommenen versammelten oder zu denen sie sich zurückzogen, waren eindeutig katharisch und antikirchlich eingestellt.

Bezeichnend für die damalige Lage scheint ein Missionsversuch, den der Abt von Clairvaux zusammen mit dem Bischof von Bath in dem »verseuchten Land« unternahm. In Toulouse erfuhr der päpstliche Legat von Beschuldigungen gegen Roger II. Trancavel, den Vizegrafen von Béziers und Carcassonne. Er sollte, so hieß es, den Bischof von Albi gefangengesetzt haben und ihn auch noch von Ketzern bewachen lassen! Wegen der kirchenfeindlichen Haltung des Vizegrafen schickte der Legat den Bischof von Bath und den Abt von Cîteaux, Henry de Marcy, ins Albigeois, um der Sache nachzugehen. Als sie die Gegend von Albi erreicht hatten, gewannen sie den Eindruck, in ein verlorenes Land gekommen zu sein. Roger II. empfing die kirchlichen Herren nicht, so daß sie in Castres nur seine Frau vorfanden, die Tochter des Grafen von Toulouse. Die Burg, so schreibt der Abt, sei der Kirche nicht wohlgesonnen. »Fast alle Einwohner dieses Ortes waren entweder Ketzer oder ihre Komplizen«. Aber diese wagten es nicht – oder wollten sie es nicht? –, sich der Predigt der beiden Beauftragten zu widersetzen. Da sich der Vizegraf nicht zeigte, beschlossen sie, ihn öffentlich zu exkommunizieren, indem sie ihn als Verräter, Häretiker und Eidbrüchigen bezeichneten. Die Verurteilung wurde in Anwesenheit der Vizegräfin und ihres Hofstaates feierlich proklamiert. Roger II. Trancavel erreichte aber bald danach, daß seine Exkommunikation wieder aufgehoben wurde.

53 Volksprediger, 13. Jh. Wien, Österreichische Nationalbibliothek.

Die in Castres vorgefundenen Verhältnisse einer feindlichen Bevölkerung waren auch für die von den Katharern beherrschten Gebiete recht extrem. Trotzdem stießen die kirchlichen Funktionäre hier nicht auf Schwierigkeiten. Sie konnten zu ihrem eigenen Erstaunen tun, was sie für richtig hielten. Das weist schon auf eine starke Position der Kirche auch dort hin, wo die Katharer fest verankert waren. Was waren die Gründe dafür? In unserem konkreten Fall spielte die Haltung der Vizegräfin, der Tochter des kirchenfreundlichen Raymond V., eine große Rolle, die bald darauf Lavaur an den päpstlichen Legaten ausliefern sollte (1181). Andererseits können wir nur vermuten, daß es die Haltung der Bevölkerung war, die trotz allem vor der katholischen Kirche Angst hatte, ihr gleichgültig gegenüberstand oder sie als Machtfaktor hinnahm. Das Nebeneinander von Rechtgläubigen und Ketzern scheint für die kirchlichen Würdenträger kein sehr großes Problem gewesen zu sein. Die katharische und die katholische Kirche lebten in diesen Landstrichen in friedlicher Koexistenz.

Wenn die Prälaten den Vizegrafen Roger II. Trancavel, der ihnen feindlich gesonnen war, in seinem eigenen Kernland in einer feierlichen Zeremonie ohne Widerspruch exkommunizieren konnten – wo war dann die große Gefahr? Was drohte der Kirche wirklich? War die außerordentliche Gefährdung der Kirche nur eine willkommene Fiktion? Wollte man ein Exempel statuieren?

Die Lage war vermutlich nur für das ferne Rom verheerend. Denn dort wurden die Prinzipien gepflegt. Im täglichen Verkehr und Miteinander aber erwies sich, daß alle nur Menschen waren, die ähnliche Probleme hatten. Das Nebeneinander der beiden »Religionsgemeinschaften« war im Alltag unproblematisch. Die Bischöfe waren zu Gesprächen bereit und ergriffen keine Maßnahmen gegen die Katharer. Symptomatisch dafür ist eine Geschichte, die Guillaume de Puylaurens erzählt:

»Der Bischof von Albi hielt sich eines Tages in der Burg von Lombers auf. Adelige und Bürger bedrängten ihn, er solle die Güte haben, sich mit ihrem Ketzerführer (Sicard Cellerier) zu unterhalten. Der Bischof meinte, ein solches Treffen sei gänzlich unnütz, weil der halsstarrig in seinem Irrtum befangene Ketzer nicht leicht zur Wahrheit zurückkommen werde. Sie verlangten darum nicht weniger, daß dieser Disput in ihrer Anwesenheit geführt werde; denn sie hofften, daß eher der Bischof als der Häresiarch in Verlegenheit geraten werde. Der Bischof gewann die Überzeugung, daß sie seine Zurückweisung des Gesprächs eher seiner Angst zuschrieben als den von ihm genannten Gründen, und gab schließlich ihrem drängenden Wunsch nach.

Sie versammelten sich, und der Bischof eröffnete das Gespräch: ›Sicard, ihr seid einer einer Gemeindemitglieder, da ihr in meiner Diözese wohnt. Ihr solltet mich über den Stand eures Glaubens aufklären.‹ ... Der Bischof fragte ihn, ob er glaube, daß Abel, ermordet von seinem Bruder Kain, Noah, der sich vor der Sintflut rettete, Abraham, Mose, David und die anderen Propheten nach dem Erscheinen des Herrn gerettet wären. Der Häretiker antwortete ohne zu zögern, keiner von diesen sei gerettet. Der Bischof fragte ihn dann, ob er glaube, daß Guillaume Peyre de Brens (Seneschall des Vizegrafen von Béziers und notorischer Ketzer, der das *consolamentum* kurz vor seinem Tod erhalten hatte), der vor kurzem gestorben war, gerettet werde. Er antwortete klar, daß ja, weil er als Ketzer gestorben sei ... ›Ihr verdammt (sagte der Bischof) diejenigen, die Gott zum Zeugnis für die Schrift herausgestellt hat, und gerettet nennt ihr einen Mann, der sein ganzes Leben an Raub und Übeltaten gewöhnt war‹.« (S. 35/37).

Keine Rede war also davon, daß der Bischof den ihm bekannten Ketzerführer hätte verhaften lassen und auf den Scheiterhaufen gebracht hätte. Die Kirche hielt sich unter den herrschenden politischen und sozialen Bedingungen des Midi nolens volens an die alte Weisheit, daß sie kein Blut vergießen soll. Denn in diesen Jahren vollzogen sich einige wichtige Veränderungen in der katharischen Kirche, die für ihre Konsolidierung sprachen. Einmal organisierte sie sich strenger. Wohl in diese Zeit fiel die Einrichtung der Institutionen von älterem und jüngerem Sohn, also eine verstärkte Hierarchisierung, so daß wir von einer echten katharischen Bürokratie sprechen können. Darin lagen auch eine Selbstvergewisserung und ein

Gewinn an Selbstsicherheit, die ambivalent waren und doch eine Annäherung an die Welt bedeuteten, an die Politik.

Gleichzeitig fanden sich immer mehr Frauen und Männer auch des Hochadels, die sich in die Gemeinschaft der Katharer aufnehmen ließen, so etwa die Schwester des Grafen von Foix, Esclarmonde. Diese verließen ihre gewohnte Umgebung und zogen sich in die katharischen Konvente zurück oder als Wanderprediger umher. Die andere Seite dieser Erscheinung hatten wir schon angedeutet. Für manche Adelige war dies ein billiger und wenig aufwendiger Weg, sich von ihren Frauen zu trennen. Denn diese Frauen gaben mit ihrem Status als Vollkommene ihr Dasein als Ehefrauen auf.

Etwa ab dem Jahre 1200 begannen die Katharer, sich mehr um die Gelehrsamkeit, also die Theologie, zu kümmern. Der Süden Frankreichs unterschied sich vom Norden auch darin, daß hier die kulturelle Entwicklung weniger weit ging. Als sich ein Kanoniker aus Nevers den Katharern anschloß, freuten sie sich, daß der aus »Frankreich« – denn mit Frankreich und Franzosen bezeichnete man nur das (heutige) nördliche Frankreich und seine Einwohner, aber nicht das Languedoc und die Provence – kam, »wo, wie man weiß«, so der Chronist Pierre des Vaux-de-Cernay, »die Quellen der Wissenschaft und der christlichen Religion zu finden sind«. Man nimmt auch an, daß es vor dieser Zeit keine lateinische Literatur der Katharer gegeben hat. Latein war die europäische Gelehrten-, also Theologensprache. Nicht zufällig dürfte die Widerlegung der Katharer durch Alain de Lille gegen Ende des 12. Jh. geschrieben worden sein.

Diese interne Entwicklung kann man nicht allein auf äußere Umstände, auf Missionierungsversuche der Zisterzienser, auf verschärfte Gesetzgebung der Konzilien oder auf die Politik Innozenz III. zurückführen. Eine Bewegung, die anwächst und zu einer gewissen Form der Organisation genötigt wird, hat einen starken Klärungsbedarf ihrer eigenen Grundlagen und ihrer Selbstdarstellung. Gerade die Nötigung zur Selbstdarstellung forderte die Katharer immer wieder heraus. Sie konnten die öffentlichen Auseinandersetzungen mit den geschulten Kirchenfunktionären, die oft von ihnen ausgingen, nicht mehr ohne ein artikuliertes und fundiertes Selbstverständnis bestehen.

Die Auseinandersetzungen mit der katholischen Kirche nahmen im Gemeindeleben einen breiten Raum ein. 1206 sollen sich etwa 600 Vollkommene in Mirepoix getroffen haben. Worum es ging, ist nicht bekannt. Auch von anderen Versammlungen ist die Rede. Es mehrten sich die öffentlichen Streitgespräche mit den Vertretern der katholischen Kirche. 1204 fand in Carcassonne eine Art Kolloquium statt, das der König von Aragon einberufen hatte. Er lud Katharer und Waldenser vor und hörte sich ihre Lehren an. Die Katharer wurden von ihm als Ketzer gebrandmarkt, da sie gegen fundamentale Glaubenssätze der katholischen Kirche verstießen. Er ließ die Sache dann aber auf sich beruhen und griff nicht durch.

Ähnlich ging es auf dem Kolloquium von Montréal zu, das vermutlich 1206 stattgefunden hat und für die Katharer vielleicht der Höhepunkt dieser Auseinandersetzungen war. Denn für die katholische Kirche stritten die beiden päpstlichen Legaten im Midi, Pierre de Castelnau und sein Kollege Raoul – also die ranghöchsten katholischen Würdenträger des Languedoc –, der spanische Bischof Diego und sein Subdiakon Dominikus.

Die Vorgeschichte zu dieser Begegnung ist vielfach erzählt worden und aufschlußreich. Sie war eine Begegnung der historischen Art, die Folgen hatte. Denn Diego und Dominikus hatten in Montpellier die beiden Legaten getroffen, die ihnen von ihrer erfolglosen Predigtätigkeit erzählt hatten, die sie aufgeben wollen. Der Chronist schreibt:

»Von der fast vollständigen Erfolglosigkeit ihrer Predigttätigkeit bei den Häretikern waren sie sehr entmutigt; denn jedesmal, wenn sie den Ketzern predigen wollen, hielten diese ihnen die abscheuliche Lebensführung des Klerus vor; um aber die Lebensweise des Klerus zu ändern, hätten sie ihre Predigttätigkeit aufgeben müssen« (Pierre des Vaux-de-Cernay, S. 11).

54 Pedro Berruguete, Das Wunder von Fanjeaux. Bücherverbrennung durch den Heiligen Dominikus, Anfang 16.Jh. Madrid, Prado.

Die Spanier hielten den beiden stolzen Legaten daraufhin ihre prunkvolles und machtbetontes Auftreten vor, das sie nicht als demütige Knechte Gottes erscheinen ließ, sondern als weltliche Fürsten. Sie meinten, man müsse wie die Prediger der Katharer oder Waldenser auftreten und dem Volk so ein beispielhaftes Leben vorleben. Allein schon durch ihre Erscheinung, so schien es Bischof Diego, sei ihre Mission zum Scheitern verurteilt. Der Chronist berichtet von der Begegnung:

»In dieser aussichtslosen Situation gab ihnen Bischof Diego einen heilsamen Rat. Er forderte sie auf, sich mit noch größerem Eifer ausschließlich der Verkündigung zu widmen und alles andere stehen zu lassen. Um den Lästerern den Mund zu stopfen, sollten sie in aller Demut nach dem Beispiel unseres göttlichen Herrn selbst handeln und lehren, also zu Fuß gehen, ohne Gold und Silber, und in allem die Verkündigung der Apostel nachahmen« (Pierre des Vaux-de-Cernay, S. 12).

Hier liegt einer der Ursprünge des Dominikanerordens, weil Dominikus als Begleiter des Bischofs diese Erkenntnisse über das Vorbild der Predigt in Armut ernst nahm – was die Ketzer seit langer Zeit forderten – und ihnen in der Gründung des Ordens eine feste Form gab. Diese strategische Erkenntnis wurde kirchengeschichtlich durch die fast zeitgleiche Gründung des Franziskanerordens unterstützt, der aber nicht aus Kalkül und Ketzerpredigt hervorging, sondern aus religiöser Erfahrung und Gefühl, bei strenger Kirchentreue.

Die Tätigkeit Dominikus´ im Languedoc war trotz seines gewandelten und demütigen Auftretens nicht erfolgreich. Die Katharer, die ihre Kirche durch die oben genannten Vorgänge aufgebaut hatten, konsolidierten ihre Erwerbungen. Es gelang ihnen aber nicht, ihr einmal erobertes Gebiet auszudehnen. Die Grenzen wurden weder in Richtung Aquitanien und Gascogne erweitert noch in irgendeine andere Richtung. Es ging nur um Stabilisierung.

Während sich diese theologischen Kämpfe zutrugen, wurde Anfang 1208 der schon erwähnte päpstliche Legat im Languedoc, Pierre de Castelnau, ermordet. Er war Archidiakon von Maguelonne (bei Montpellier) und Mönch der Zisterzienserabtei von Fontfroide. Zusammen mit dem Abt von Cîteaux, Arnaud-Amaury, hatte er schon seit Jahren versucht, den Klerus des Languedoc zu reformieren. So hatte er 1205 den Bischof von Béziers und kurz darauf den Bischof von Viviers ihrer Ämter enthoben. Mit dem Erzbischof von Narbonne hatte er sich auf einen Streit eingelassen, da er einen Prozeß gegen ihn anstrengen wollte.

Der Klerus des Languedoc hatte einen schlechen Ruf. Papst Innozenz III. urteilte über ihn und besonders den besagten Erzbischof, Berenger II., mit vernichtender Schärfe. Für ihn sind sie

»blinde, stumme Hunde, die nicht mehr bellen können, Simonisten, die die Gerechtigkeit verkaufen, die Reichen freisprechen und die Armen verdammen. Sie lassen die Gesetze der Kirche außer acht: Sie häufen Pfründen und und vertrauen die Priesterämter und die Würden der Kirche unwürdigen Priestern an, ungebildeten Kindern. Hier hat die Frechheit der Häretiker ihren Grund, hier hat die Verachtung der Herren und des Volkes für Gott und seine Kirche ihren Grund. In dieser Gegend werden die Prälaten den Laien zum Gespött. Die Ursache des ganzen Übels ist der Erzbischof von Narbonne. Dieser Mann, der keinen anderen Gott kennt als das Geld, der einen Geldbeutel anstelle eines Herzens in seiner Brust trägt« (Oldenbourg, S. 81).

Dieser verkommene Klerus (siehe Farbtafel 11) war ein Feind der römischen Kirche, und gegen ihn kämpft Pierre de Castelnau. Aber auch die weltlichen Herren mußte man zur Raison bringen.

Einer seiner großen weltlichen Gegner war der Graf von Toulouse, Raymond VI. Pierre exkommunizierte ihn öffentlich, sprach das Interdikt über seine Länder und verdammte ihn mit starken Worten: »Wer euch beraubt, hat gut getan; wer euch tödlich trifft, wird gesegnet sein«. Und dann geschieht es. Nach einem heftigen Zusammenstoß mit dem Grafen in St-Gilles verläßt der Legat den Ort, um die Rhône zu überqueren. Dort stürzt sich ein Offizier aus dem Gefolge des Grafen auf ihn und tötet ihn.

Das war für den Papst eine bedauerliche Geschichte, aber zugleich ein willkommener Anlaß: Er konnte den Grafen als Täter hinstellen, obwohl nie bewiesen wurde, daß er tatsächlich den Auftrag erteilt hatte. Außerdem machte der Mord deutlich, daß dieses Land offensichtlich mit Güte und Predigt nicht zu bekehren war, so daß nichts übrigblieb, als es mit einem Krieg zu überziehen.

Am 14. Januar 1208 war Pierre de Castelnau ermordet worden. Schon im März wandte sich Innozenz III. an die Christenheit, um die Feinde der Kirche, die solcher Schandtat fähig waren, mit Gewalt zu ihrem Glück zu zwingen. In einem Brief, den Pierre des Vaux-de-Cernay in seiner ganzen Länge mitteilt, spricht der Papst zunächst über die Mordtat an dem Legaten. Pierre de Castelnau war für ihn ein frommer Mann, der seinesgleichen suchte,

»aber der Teufel hat gegen ihn einen seiner Diener angestiftet, ... den Grafen von Toulouse ... Die Verantwortung des Grafen von Toulouse, den wir schon für seine schweren und zahlreichen Fehler ... gebannt haben, für diesen Mord ergibt sich aus einer Reihe von sicheren Indizien ... Aus diesem neuen Grund muß er wieder öffentlich gebannt werden ... Niemand ist gegenüber ihm, der die Treue gegenüber Gott verletzt hat, zur Treue verpflichtet... Jedem Katholiken ist es nicht nur erlaubt, ... den Grafen in Person zu bekämpfen, sondern auch seine Güter zu besetzen und zu behalten, bis daß die Weisheit eines neuen Besitzers dieses Land von der Ketzerei reinigt, mit der

55 Plünderung der Stadt Alost.
Miniatur aus den Chroniken von Froissart.
Paris, Bibliothèque Nationale.

es bis heute durch das Versagen des Grafen schimpflicherweise besudelt ist: Tatsächlich ziemt es sich, daß alle Hände sich gegen den erheben, dessen Hand sich gegen alle erhoben hat ...

Auf, ihr Ritter Christi! Auf, ihr mutigen Kämpfer der christlichen Armee! ... Daß ein heiliger Zorn euch entflamme, um diese ungeheure Beleidigung eures Gottes zu rächen! ... Strengt euch an, dieser Bevökerung im Namen des Gottes des Friedens und der Liebe den Frieden zu bringen. Laßt es euch angelegen sein, die Ketzerei mit allen Mitteln zu bekämpfen, die Gott euch eingeben wird. Mit größerer Zuversicht noch als die Sarazenen – denn sie sind gefährlicher als diese! – bekämpft die Ketzer mit starker Hand und eiserner Faust! Was den Grafen von Toulouse angeht, ... so jagt ihn, ihn und seine Komplizen, aus den Zelten des Herren. Nehmt ihnen ihre Länder weg, damit katholische Einwohner an die Stelle der vernichteten Ketzer treten können« (Pierre des Vaux-de-Cernay, S. 25-32).

Neben diesem Brief erließ der Papst noch einen offiziellen Aufruf zum Kreuzzug, in dem er den Kreuzfahrern ihren christlichen Gegner vor Augen führte und ihnen die gleichen Privilegien einräumte, die die Kirche den Kreuzfahrern ins Heilige Land gewährte.

56 Das Massaker von Béziers, Stich aus dem 19.Jh.

In Lyon traf sich das Kreuzzugsheer und zog das Rhônetal abwärts. Am 20. Juli 1209 verließ es Montpellier, um in das Land der Ketzer einzudringen. Der Kopf des Kreuzzugs war der Generalabt von Cîteaux, Arnaud-Amaury. Er trug die Verantwortung, nicht zuletzt für das Massaker von Béziers. Diese Stadt erreichten die Kreuzfahrer zwei Tage später. Sie war gegen eine Belagerung gut gewappnet und lehnte es deshalb ab, die wenigen Ketzer auszuliefern, die sich in ihr aufhielten. Es sollen keine hundert gewesen sein. Die Konsulen der Stadt wußten, daß die meisten Kreuzfahrer nur die 40 Kreuzzugstage im Auge hatten, die ausreichten, um ihnen den gewünschten Sündenablaß zu sichern.

Aber die Dinge nehmen einen anderen Verlauf. Leichtsinnig wagen die Bitterois einen Ausfall, können sich nicht mehr rechtzeitig hinter die Stadtmauern zurückziehen – und so dringen die Belagerer unvermutet ins Stadtinnere ein. Damit hatte die Bevölkerung nicht gerechnet, und die Kreuzfahrer bringen alle um, die sie antreffen. Viele flüchten in die Kirche Ste-Madelaine, nach dem Bericht von Pierre des Vaux-de-Cernay etwa siebentausend Menschen. Das Kirchenasyl hilft ihnen nicht: Alle werden niedergemetzelt. Denn auf Befragen, was mit den Einwohnern geschehen solle, hatte Arnaud-Amaury nach einem anderen Bericht gesagt: »Tötet sie alle; der Herr wird die Seinen schon erkennen«. Damit stand schon zu Beginn des Kreuzzuges, der von Rittern des Nordens gegen den Süden geführt wurde, fest, daß er mit großer Härte und Grausamkeit geführt werden sollte. Der Bevölkerung des Languedoc war klargemacht, daß es nicht um eine lokale Fehde ging, wie sie zwischen Feudalherren üblich war, sondern um ein *bellum*, einen ernsthaften Krieg. Darauf war niemand gefaßt gewesen.

Arnauld-Amaury hatte Bedenken, was aus dem Kreuzzug werden sollte, falls der Graf von Toulouse, Raymond VI., von der Kirche wieder in Gnade aufgenommen würde. Der Graf hatte sich nach einer entwürdigenden Zeremonie in St-Gilles, in der er sich der Kirche unterworfen und sogar dem Kreuzzug gegen sein eigenes Land angeschlossen hatte, so verhalten, wie es von ihm erwartet wurde. Der Papst hatte die Befürchtungen seines Legaten in einem Brief ausgeräumt, der seine realistische und politische Sicht der Dinge deutlich macht:

»Man hat Uns mit Nachdruck gefragt, wie sich die Kreuzfahrer dem Grafen von Toulouse gegenüber verhalten sollten. Folgen Wir dem Ratschlag des Apostel: ›Ich war durchtrieben und habe euch mit List erobert‹. Nach Beratung mit den umsichtigsten Heerführern scheint es das beste, sie, die die Einheit der Kirche zerstört haben, getrennt, einen nach dem anderen, anzugreifen, um so ihre Kräfte zu zersplittern ... Gebraucht eine weise Verstellung. Laßt ihn zunächst zur Seite, wenn ihr gegen die Rebellen zu Felde zieht. Es wird um so schwieriger werden, diese Satelliten des Antichristen zu zerstören, je mehr sie sich zu gemeinsamem Widerstand zusammenschließen können.«

Nach diesem päpstlichen Vorschlag ist man verfahren. Nach Béziers kam Narbonne, nach Narbonne kam Carcassonne. An der gut gewappneten Befestigung, die für uneinnehmbar galt, scheiterten die Kreuzfahrer zunächst. Aber schon nach zwei Wochen wurde in der Stadt das Wasser knapp; in der Hitze des Sommers brachen Seuchen aus. Der junge Raimond Roger Trancavel stellte sich dem Belagerer, Simon de Montfort, selbst als Geisel zur Verfügung, um den freien Abzug der Bevölkerung zu ermöglichen. Er starb wenige Monate später in seinem Gefängnis in Carcassonne unter selbst dem Papst zweifelhaften Umständen. Unter der Bevölkerung, die ihre Stadt ohne ihre Habe verlassen mußte, befanden sich auch die Katharer, um derentwillen die Stadt – wie es schien – belagert worden war. Daran zeigte sich, daß andere Motive als die Zerstörung der Ketzerei von größerem Gewicht waren.

57 Ketzerverfolgung in Carcassonne. Yan, Toulouse.

Für die Ländereien des Vizegrafen von Béziers und Carcassonne, die nun ›frei‹ waren, mußte ein neuer Herrscher gefunden werden. Der päpstliche Legat bot sie zunächst den drei großen Herren aus dem Norden an, die an dem Kreuzzug teilgenommen hatten. Das waren der Herzog des Burgund und die Grafen von Nevers und Saint-Pol. Alle drei lehnten ab. So fiel die Wahl auf einen kleinen Adeligen aus dem Norden, Simon de Montfort. Er wurde dann auch vom Papst als Herr der Lande der Trancavel bestätigt. Der Kreuzzug zog sich über die nächsten Jahre hin, und verfolgte die Strategie, die der Papst empfohlen hatte. Das Land wurde Burg für Burg erobert.

58 Der Führer des Kreuzzuges, Simon de Montfort. Nach einem Stich aus dem 17.Jh.

Simon de Montfort verfuhr dabei nicht zimperlich. Wenn eine Burg, die den Vollkommenen als Rückzugspunkt diente, sich ergab, brannten die Scheiterhaufen. 1209 wurde in Castres der erste Vollkommene verbrannt. In Minerve wurden 80 Vollkommene, Männer und Frauen, dem Feuer überantwortet. 1211 Lavaur: 400 Vollkommene starben auf dem Scheiterhaufen, 80 Ritter wurden gehenkt, die Herrin von Lavaur, selbst Vollkommene, wurde lebendigen Leibes in einen Brunnen geworfen und mit Steinen zu Tode gebracht. Dann Cassès: 60 Vollkommene kehrten gezwungenermaßen in den Himmel zurück. Diese Beispiele zeigen das Vorgehen der Kreuzfahrer, das Vorgehen der Kirche. Aber war das noch ein Kreuzzug? Natürlich wurden offiziell immer noch die Ketzer verfolgt, die vor allem in und um Toulouse und Foix saßen, also im Kerngebiet der Grafschaft Toulouse. Der Kreuzzug war inzwischen zu einem französischen Territorialkrieg geworden, den der Papst nach gewissem Schwanken billigte.

Der Graf von Toulouse wurde in die Knie gezwungen. Da er die von dem Konzil zu Arles erhobenen unannehmbaren Forderungen abgelehnt hatte, wurde er wieder exkommuniziert und seine Hauptstadt mit dem Interdikt belegt. Nun war also Toulouse selbst an der Reihe. Das Kreuzfahrerheer, das immer

59 Die Brunnensteinigung der Dame von Lavaur.

wieder Nachschub bekommen hatte – war doch die Beute gewaltig – verwüstete in gewohnter Weise die Burgen im Umland von Toulouse, war aber nicht stark genug, die Stadt selbst zu belagern und einzunehmen.

Die Territorien der Vizegrafschaft von Béziers und Carcassonne gehörten aber zum Hoheitsgebiet des Königs von Aragon, Peter II. Dieser wollte sich von der päpstlichen Politik nicht das Gesetz des Handelns aufzwingen lassen. Er setzte sich zur Wehr. 1213 kam es zur Schlacht von Muret. Die Alliierten des Languedoc unter der Führung König Peter II. konnten sich auf keine Taktik einigen. In alter Rittermanier preschte der König mit seiner Reiterei vor – und fiel. Damit war die Schlacht für die Okzitanier trotz zahlenmäßiger Überlegenheit und einer guten Ausgangslage verloren, aber auch das Schicksal des Grafen von Toulouse entschieden. Auf dem vierten Laterankonzil von 1215 wurde ihm die Herrschaft über sein Land entzogen und auf Simon de Montfort übertragen. Das Konzil legte feierlich fest,

»daß alle Länder, die die Kreuzfahrer den Ketzern entwunden haben, .. einschließlich der Städte Montauban und Toulouse ... dem Comte de Montfort übergeben werden, diesem mutigen und katholischen Mann« (Oldenbourg, S. 260).

Im folgenden Jahr huldigte die Stadt Toulouse ihrem neuen Herren. Doch schon bald darauf widersetzte sie sich ihm erneut. Es half nur eine Belagerung. Bei dieser Belagerung im Jahre 1218 fiel Simon de Montfort.

Ein voreiliges Siegeslied tönte daraufhin durch die Stadt:

»Montfort
Es mort
Es mort
Es mort!
Viva Tolosa
Ciotat gloriosa«

sangen die Toulousaner, die den Krieg nun endlich gewonnen glaubten. In den folgenden Jahren zog der Graf von Toulouse von Sieg zu Sieg und eroberte seine alten Festungen und Städte zurück. Ein neuer Frühlung der Freiheit des Languedoc schien sich anzukündigen. Aber es sollte nie mehr werden, wie es gewesen war, auch wenn es vorübergehend so aussah.

Denn der Papst predigte einen neuen Kreuzzug. Er drängte den französischen König, eine Armee ins Languedoc zu entsenden. Der König, Philippe Auguste, stimmte zu. Noch einige Jahre zuvor hatte er kein Interesse gezeigt, sich dem Zug gegen die Ketzer anzuschließen oder sich gar an seine Spitze zu setzen. 1214 hatte er dann doch seinen Sohn Ludwig ziehen lassen, um die Ansprüche der Krone deutlich zu machen, ohne sich in diesem Abenteuer persönlich zu engagieren. Jetzt ging es aber um die Grafschaft Toulouse, die formal ein Lehen der Krone war. Dieses hatte die Kirche nun einem anderen Vasallen anvertraut, Simon de Montfort, ohne mit ihm, dem königlichen Lehensherrn und Souverän, zu verhandeln.

1219 erschien Prinz Ludwig mit einem gewaltigen Heer erneut im Languedoc: 20 Bischöfe, 30 Grafen, 600 Ritter und 10.000 Bogenschützen zogen in den Süden. Nach der Einnahme von Marmande und einem Massaker an der Bevölkerung des Ortes gelang es den Kreuzfahrern jedoch nicht, die Stadt Toulouse wieder einzunehmen. Der Prinz erkannte die Aussichtslosigkeit der Lage und überließ das Land dem Erben von Simon de Montfort, Amaury de Montfort. Dieser verließ sein Land als ein ›Ohneland‹, da sich die alten Landesherren überlegen zeigten. Papst und Krone waren mit dieser Entwicklung der Dinge jedoch nicht einverstanden.

1225 fand in Bourges wieder ein Konzil statt, um über das Schicksal des Grafen von Toulouse, Raymond VII. (1222 war der alte Graf von Toulouse, Raymond VI., und 1223 der französische König, Philippe Auguste, gestorben), und der Grafschaft zu entscheiden. Im Jahr zuvor hatte Raymond VII. zwar vor dem Konzil zu Montpellier geschworen, die Ketzer zu verfolgen und die Kirchen sowie den Grafen von Montfort zu entschädigen. Man glaubte ihm aber nicht und exkommunizierte Anfang 1226 ihn, den Grafen von Foix und den Vizegrafen von Béziers. Zur selben Zeit übertrug Amaury von Montfort alle seine Rechte und Titel, die er im Midi besaß, auf den französischen König.

Noch im selben Jahr sah sich das Languedoc schon wieder einem Kreuzzugsheer gegenüber. Nun war es der französische König, Ludwig VIII., der an der Spitze der Kreuzfahrer stand.

60 Graf Raymond VII. von Toulouse.

Aber ein Kreuzzug war es nur dem Namen nach. Er war ein Krieg der französischen Krone gegen eine Provinz, die ihr schon lange entglitten war und die sie sich nun anschickte wiederzuerobern, nachdem sie die rechtlichen Besitztitel erworben hatte. Wo der König erschien, ergaben sich ihm die Städte. Er starb jedoch schon auf dem Rückmarsch nach Norden.

Der nun eingesetzte königliche Statthalter des Languedoc ließ das Land nicht zur Ruhe kommen, sondern herrschte mit eiserner Hand. Graf Raymond VII. wurde klar, daß er sich weder militärisch noch politisch gegen die Übermacht des Königs, vertreten durch seine Mutter, Blanche von Kastilien, würde halten können. Er fügte sich dem Unabänderlichen und verzichtete im Unterwerfungsvertrag von Meaux und Paris 1229 auf seine Rechte. Er mußte in einer feierlichen und demütigenden Zeremonie Abbitte leisten und sich den diktierten Bedingungen fügen. Endgültig wurde das Schicksal seines Hauses durch eine Klausel besiegelt, derzufolge Raymond VII. seine einzige Tochter dem Bruder des Königs zu verheiraten hatte. Die Kapetinger hatten sich damit den Süden endgültig gesichert.

Das Wüten Simon de Montforts und auch die weiteren Massaker konnten das religiöse Leben der Katharer nicht im Kern treffen. Sie reagierten darauf mit Ausweichmanövern, versteckten sich, zogen sich in den Untergrund zurück. 1226 fand ein großes katharisches Konzil in Pieusse in der Nähe von Carcassonne statt, auf dem sogar eine neue Diözese in Razès eingerichtet und ein neuer Bischof geweiht wurde. Das machte «deutlich, daß die Scheiterhaufen von Minerve und Lavaur ihre abschreckende Wirkung auf die Ketzer verfehlten und daß die Infrastruktur der katharischen Kirchen trotz des Aderlasses unter den *parfaits* – denn es handelt sich immer um *parfaits*, wenn die Kreuzzugschronisten von verbrannten Häretikern sprechen – erhalten geblieben war« (Baier, S. 142). Der Kreuzzug und die veränderte politische Lage hatten die Lebenskraft der katharischen Kirche also nicht brechen können. Was aber hat dann zu ihrem Untergang geführt?

Brennende Scheiterhaufen
Inquisition und Untergang

Der Kreuzzug hatte die politische Lage im Land geändert, aber die Ketzerei war nicht vernichtet worden. Das offizielle Programm der Kirche war also nicht erfolgreich gewesen. Trotzdem ließ der Krieg die katharische Kirche nicht unberührt. Zunächst hatte sie einen erheblichen Aderlaß erlitten, weil sehr viele ihrer Vollkommenen getötet worden waren. Aber die katharische Kirche hatte auch gelernt, im Untergrund zu leben. Dazu kam, daß die meisten Burgherren, der kleine Adel, endgültig verarmt waren. Damit bestanden viele Rückzugsmög-

61 Eine Ketzerin wird verbrannt.

lichkeiten nicht mehr. Die Lebensweise mußte umgestellt werden. Die eigenen Möglichkeiten waren gefährdet, Zukunftsperspektiven sozusagen Mangelware. Das Land war verwüstet. Der König griff durch und duldete keine Ketzer. Die Verfolgungen wurden fortgesetzt, die militärischen Auseinandersetzungen gingen weiter.

Aber auch die Kirche ruhte nicht. Sie verfolgte ihre scharfe Gesetzgebung weiter, wie die Konzilsbeschlüsse zeigen. Diese brauchten nur noch umzusetzen, was in den Beschlüssen des vierten Laterankonzils angelegt war, gingen jedoch oft darüber hinaus. So beschloß etwa ein Konzil zu Toulouse im Jahre 1229:

»1. In jeder Gemeinde der Stadt oder außerhalb der Stadt werden die Bischöfe einen Priester und zwei oder drei Laien von gutem Rufe benennen, oder auch mehr, wenn es sein muß, die sich eidlich verpflichten, mit Eifer und Treue die Ketzer aufzuspüren, die in der Gemeinde leben. Sie werden mit äußerster Genauigkeit in den verdächtigen Häusern, Zimmern, Kellern und verstecktesten Ecken nachsuchen, die zerstört werden müssen...

6. Häuser, in denen Ketzer entdeckt werden, werden dem Erdboden gleichgemacht, das Gelände wird eingezogen...

9. Jedermann kann den Ketzern auf dem Land seines Nachbarn nachforschen...

18. Als der Häresie verdächtig gelten diejenigen, die die Stimme des Volkes als Ketzer bezeichnet oder deren schlechter Ruf bei ehrenwerten Männern vor dem Bischof nach dem Gesetz bewiesen wird« (Oldenbourg, Anhang, S. 536/537).

1229 war das Jahr der endgültigen Kapitulation des Grafen von Toulouse, das Jahr, in dem der zum Eroberungskrieg gewordene Kreuzzug seinen politischen Abschluß fand. Das Konzil griff die regionalen Maßnahmen der Ketzerbekämpfung wieder auf. Seine Konzeption zielte auf eine verstärkte Überwachung der Bevölkerung durch die Bevölkerung. Man versuchte, ein flächendeckendes Netz von Beobachtungsposten einzurichten, was auf offizielle Denunziation hinauslief. Große Bedeutung gewannen dabei auch die Vorschriften, die den Verfall des Ketzervermögens regelten. Denn neben die Denunziation trat das Motiv, andere Bürger zu schädigen oder, noch besser, daraus einen eigenen Vorteil zu ziehen. Das macht auch plausibel, warum diesen Maßnahmen auf Dauer der Erfolg nicht versagt blieb und warum vorübergehend – etwa in Toulouse – die Ketzerverfolgungen eingestellt werden mußten: Die denunziatorischen Bereicherungsabsichten ließen sich nicht mehr verbergen.

62 Der Ketzer wird dem weltlichen Gericht übergeben.
Werner Pinkert, Leipzig.

63 Der Ketzer wird in Anwesenheit des Bischofs verbrannt.
Werner Pinkert, Leipzig.

Der Bischof war Herr der Verfahren. Er wurde durch die Einrichtung von Gremien in den Gemeinden unterstützt, die nicht mehr nur dann einen Verdacht äußern sollten, wenn ihnen etwas zu Ohren gekommen war, sondern die aktiv auf Ketzerjagd gehen sollten. Die Ketzerverfolgung wurde systematisiert und direkt in die Gemeinden verlegt. Die Bestimmung des eben zitierten 18. Kapitels knüpfte aber nicht an den dogmatischen Kriterien des Laterankonzils von 1215 an, sondern legte einen denkbar weiten Begriff von Häresie zugrunde: Schon eine auffällige Lebensführung lenkte den Verdacht der Ketzerei auf die Betreffenden. Nach dieser Vorschrift wären sowohl Dominikus als auch Franz von Assisi Ketzer gewesen. Die Kirche hätte sich damit ihrer wichtigsten Stützen im effektiven Ketzerkampf beraubt – weswegen das Laterankonzil auch eine eingeschränktere Ketzerdefinition gewählt hatte. Auch in Béziers blieb man nicht untätig. 1233 fand hier ein Konzil statt, das anordnete:

»1. Die Vollkommenen, die Gläubigen, ihre Beschützer, Verteidiger und die, die sie beherbergen und verstecken, sollen jeden Sonntag exkommuniziert werden. Der Schuldige aber, der nach einer Ermahnung und einer Exkommunikation nicht innerhalb einer Frist von 40 Tagen Abbitte leistet, wird selbst als Ketzer behandelt.

2. Jeder Privatmann kann einen Ketzer verhaften, sofern er ihn anschließend dem Bischof ausliefert...

4. Jeder reumütige Ketzer, der nicht die zwei vorgeschriebenen Kreuze auf seiner Kleidung trägt, wird wie ein Rückfälliger behandelt, und seine Güter werden eingezogen« (Oldenbourg, Anhang, S. 538).

Nicht nur die Lebenden wurden verfolgt, auch die Toten blieben nicht verschont. Die Synode von Arles beschloß 1234:

»11. Die Körper der Ketzer und ihrer Anhänger werden exhumiert und dem weltlichen Arm überliefert« (Oldenbourg, Anhang, S. 538).

Diese Vorschrift führte vor allem in der Anfangszeit der Inquisition zu fragwürdigen Erfolgen. Denn die verhörten Zeugen belasteten vornehmlich Verstorbene, denen nichts mehr geschehen konnte. Aber die kirchlich verordnete Störung der Totenruhe wurde von der Bevölkerung oft mit Bestürzung zur Kenntnis genommen.

Alle diese Maßnahmen führten erst zum gewünschen Erfolg, als es zu einer Institutionalisierung dieser Verfahren in der Inquisition gekommen war. Die Inquisition traf sich mit einem anderen Strang der Ketzerbekämpfung, der seinen Ausgang im Languedoc und in der direkten Auseinandersetzung mit den Katharern genommen hatte.

Es war die Zeit, in der die Bemühungen Dominikus´ Früchte zu tragen begannen. Im 12. Jh. war die Arbeit im Weinberg des Languedoc nicht so recht voran gekommen, die Kirche wenig erfolgreich gewesen. Wir hatten oben schon gesehen, wie das Scheitern der Legaten den Bischof von Osma auf die Idee gebracht hatte, sich den Ketzern anzupassen und wie sie zu predigen: in Armut, demütig, bettelnd. Möglicherweise war die Initiative zu dieser neuen Missionierungsmethode auch von Papst Innozenz III. selbst ausgegangen. Jedenfalls schrieb Innozenz III. Ende 1206 an den Legaten Raoul:

»Bemühe dich, erprobten Männern zum Nachlaß ihrer Sünden den Auftrag zu erteilen, zu den Häretikern zu eilen. Es sollen für dessen Durchführung nach Deinem Urteil geeignete Personen sein, die in der Nachahmung der Armut des armen Christus nicht davor zurückscheuen, in armseliger Kleidung und glühenden Geistes zu den Verachteten zu gehen. Durch das Beispiel des Werkes und die Belehrung der Rede sollen sie, wenn der Herr es gnädig gewährt, diese vom Irrtum zurückrufen« (Lohrum, S. 27/28).

Dieser Gedanke hatte Dominikus nicht mehr losgelassen. Er hatte kurz darauf begonnen, in den von der Ketzerei am stärksten durchdrungenen Gebieten zu missionieren. Gestützt wurde dieses »Predigtwerk Jesu Christi«, wie die Männer Dominikus´ sich in ihrem Siegel nannten, durch immer wieder neu ankommende Prediger, vor allem aus dem Orden der Zisterzienser. Die Prediger konnten keine großen Erfolge verzeichnen.

»Die heiligen Prediger zogen durch das Land. Sie diskutierten mit den Ketzern, die sie mit dem Gewicht ihrer guten Argumente zerrieben. Aber diese Menschen waren so tief in ihre Bosheit verstrickt, daß sie sie nicht zu bekehren vermochten. Als sie nach einiger Zeit feststellen mußten, daß ihre Predigten und Gespräche fast völlig erfolglos blieben, kehrten sie nach Frankreich zurück« (Pierre de Vaux-de-Cernay, S. 21/22).

64 Pedro Berruguete: Inquisitionstribunal unter Dominikus. Anfang 16.Jh.

Die Zisterzienser zogen sich wieder aus dem Katharerland zurück. Dominikus aber harrte aus. Über seine Rolle während des Kreuzzugs ist nichts bekannt. Man nimmt an, daß er weiter seiner Predigertätigkeit nachgegangen ist. In dieser Zeit hatte er erkannt, daß er seine Arbeit nicht alleine verrichten konnte, daß auch die zeitweilige Unterstützung von Freiwilligen nicht ausreichend war. Er wollte deshalb eine Gruppe verläßlicher Männer um sich scharen, die ihr Leben derselben Aufgabe widmen wollten wie er selbst.

Im Frühjahr 1215 gründete Dominikus in Toulouse seinen Orden. In dem Bestätigungsschreiben, das Bischof Fulko erließ und das den neuen Mönchen Einkünfte zusicherte, hieß es:

»Allen gegenwärtigen und zukünftig Lebenden sei kundgetan, daß Wir, Fulko, durch Gottes Gnade demütiger Diener des Bischofssitzes Toulouse, den Bruder Dominikus und seine Gefährten zu Predigern in Unserem Bistum einsetzen, um die häretische Verkehrtheit auszutilgen und die Laster zu vertreiben, die Menschen in den Grundlehren des Glaubens zu unterrichten und ihnen gesunde Sitten beizubringen« (Lohrum, S. 47).

Da Dominikus die Wichtigkeit der Schulung und der ausschließlichen Hingabe erkannt hatte, wurden nur Priester Ordensbrüder. Sie durften dann predigen und die Lehren der Kirche verkündigen – anders als die Franziskaner, die Laien waren, und nur mit der Bußpredigt beauftragt wurden. Außerdem waren die Gefährten des Dominikus Wanderprediger. Damit war ein neuer Typus von Mönchsorden entstanden: die Bettelorden. Sie hatte es vorher nicht gegeben. Der alte Grundsatz, daß sich das Leben des Ordensbruders hinter den Klostermauern abzuspielen habe (Seßhaftigkeit, *stabilitas loci*), wurde damit aufgegeben. Waren noch wenige Jahrzehnte zuvor die Wanderprediger zu Klöstergründungen genötigt worden, da ihnen sonst drohte, als Ketzer zu gelten, so hatte sich unter Innozenz III. eine grundlegende Wandlung vollzogen. Die bettelnden Wanderprediger wurden jetzt in der Form anerkannter Orden in die Kirche integriert und vom Ruch der Ketzerei befreit.

Obwohl der Orden nur die bischöfliche Approbation benötigte, erstrebte Dominikus die päpstliche Bestätigung, auch um vom Bischof unabhängiger zu werden, dessen Nachfolger die Entscheidung seines Vorgängers ja mißbilligen konnte. 1215 hielt er sich in Rom auf dem vierten Laterankonzil auf. Dieses hatte neue Ordensgründungen verboten und sich vor allem gegen neue Ordensregeln ausgespochen. Wer wie Dominikus einen neuen Orden gründen wollte, mußte sich für eine der bereits anerkannten Regeln entscheiden. Dominikus und seine Gefährten wählten die Augustinerregel. Ende 1216 wurde der Orden von Papst Honorius III. bestätigt, dem Nachfolger Innozenz III. Im Jahr darauf erhielt er durch päpstliche Bulle einen generellen Predigtauftrag. In den nächsten Jahren wirkte Dominikus weiter an der Ausbreitung seines Ordens und der Fortführung des Predigtwerkes. 1221 starb er, lebte aber in seinem Orden und dessen antiketzerischem Geist fort.

Denn sowohl das Schulungs- als auch das seelsorgerische Programm Dominikus´ verband sich mit den Notwendigkeiten der Inquisition. Im Jahre 1231 ernannte der Papst erstmals ausgewählte Männer, die nur die Aufgabe der Ketzerbekämpfung hatten. »Von Inquisition gegen Ketzer wird gesprochen, wenn ein ausschließlich zur Ketzerbekämpfung delegierter Richter sich zeitlich unbegrenzt damit beschäftigt. Er führt dabei das Ermittlungs- wie das Hauptverfahren selbst und selbständig durch« (Kolmer, S. 216). Mit der Inquisition, die bis dahin in den Händen der Bischöfe lag, wurden zunächst die Dominikaner betraut. Zur Kontrolle zog der Papst ab 1235 auch Franziskaner heran. Neben den neuen Inquisitionsgerichten blieb die bischöfliche Inquisition aber bestehen.

Das Wort *Inquisition* bedeutete zunächst nur Untersuchung. Die prozessuale Form, die diese dann gewann, richtete sich anfänglich nicht gegen die Ketzer, sondern war von Innozenz III. eingeführt worden, um den aufmüpfigen Klerus besser disziplinieren zu können. Erst später erwies das Verfahren seine

Brauchbarkeit auch gegen Ketzer. Heute ist der Inquisitionsprozeß auf die Bedeutung des Ketzerprozesses zusammengeschrumpft.

Wenige Jahre nach dem Frieden von Meaux und Paris wurden auch im Languedoc erstmals Inquisitoren eingesetzt. Aber die Inquisition konnte sich zunächst nicht durchsetzen. Sowohl die Bevölkerung als auch die adelige Führungsschicht leisteten Widerstand. Keine der üblichen Methoden verfing, weder Milde noch illegale Härte. Ab etwa 1241 gelang es den Inquisitoren, das Schweigen der Bevölkerung zu brechen, die Katharer immer stärker in die Defensive zu treiben. »Der eiserne

65 Die Inquisition verteidigt die Kirche gegen Ketzer und Todsünden. Frankreich, 15. Jh.

Wille der Päpste, vor allem Innozenz´ IV., der sich immer wieder schützend vor seine Inquisitoren stellte, und der Fanatismus der von ihrer Aufgabe besessenen Mönche haben allmählich die Widerstände gebrochen; langsam hat sich das Verfahren herausgebildet und ist zu einer gnadenlosen Maschinerie entwickelt worden, die die christliche Welt von der Ketzerei, von der Gefahr für die Seelen der Gläubigen befreien sollte« (Borst, Katharer, 103).

Um diese Zeit, nämlich im Jahre 1244, fiel die Burg Montségur, Symbol des katharischen Widerstandes. Diese Auseinandersetzungen waren nur noch militärische Nachgeplänkel; denn das Land war fest in königlicher Hand und Montségur nicht die letzte der von den Katharern verteidigten Burgen. Erst 1255 wurde die letzte Burg, Quéribus, an die königlichen Truppen übergeben, um ab da als Grenzfeste gegen das Königreich Aragon zu dienen.

Auch die theologische Formation der katholischen Kirche hatte inzwischen ihre scholastischen Bollwerke errichtet. Die katholische Traktatliteratur gegen die Katharer schwoll in den 30er Jahren des 13. Jh. an. Die Hochscholastik blühte, und ihre herausragendsten Vertreter waren Dominikaner. Thomas von Aquin schrieb wenig später.

Aber alles das hatte noch nicht zum Untergang der Katharer geführt. Auch der Verlust und der große Scheiterhaufen von Montségur versetzte ihnen nicht den Todesstoß, wie oft behauptet wird. Es wäre zu einfach, ihren Untergang allein auf die bisher betrachteten äußeren politischen, kirchlichen oder dogmatischen Umstände und Entwicklungen zurückzuführen. Wir können ihren Untergang nicht verstehen, ohne die inneren Probleme der katharischen Bewegung mit zu berücksichtigen. Dies möchte ich an einigen Beispielen plausibel machen.

Einer der Gründe des Erfolgs der Katharer lag in dem im 12. Jh. lebendigen Ideal der apostolischen Nachfolge. Sie radikalisierten dieses Ideal in einer vorher nicht bekannten Weise und realisierten ihre christlichen Forderungen im täglichen Leben, nicht hinter Klostermauern. Diese Radikalität, mit der sie die

Bevölkerung, aber auch den Klerus konfrontierten, fiel auf fruchtbaren Boden: Sie zeigte, daß ein radikales christliches Leben in der Welt doch möglich war. Möglich nicht nur für die katholische Elite in ihren abgeschlossenen Zirkeln, sondern für jedermann. Diese Botschaft war revolutionär. Und sie bestätigte sich über lange Zeit für jeden Beobachter.

Das Ideal der Nachfolge Christi und der Apostel hatte auch im 13. Jh. noch nichts von seiner Anziehungskraft verloren. Aber es mußte wegen der ununterbrochenen Auseinandersetzungen verstärkt in einen plausiblen Zusammenhang mit einer religiösen Lehre, mit einer theologischen Rechtfertigung und mit einem spirituellen Weltverständnis treten. Das war bei den Katharern umso nötiger, als die katholische Kirche den Schwerpunkt ihrer Angriffe nicht auf die apostolische Lebensweise legte, sondern auf die dogmatischen Grundlagen, den schwachen Punkt ihres Gegners. Wir haben gesehen, daß es den Katharern um diese Grundlagen zunächst gar nicht ging. Aber hier waren sie angreifbar. Bei ihnen zirkulierte eine große Zahl von Mythologemen, von mythischen Erzählungen, aber sie verfügten über kein kohärentes System, das wenigstens halbwegs gegen die Angriffe der Scholastik gesichert gewesen wäre. Es fehlt ihnen also an einer Einheit von Leben und Lehre.

Hier wurde fühlbar deutlich, daß die dogmatische Begründung des *consolamentum* ungenügend war. Da seine Wirksamkeit von der Würdigkeit des Spenders abhing, schwebte über den Vollkommenen immer das Damoklesschwert der Entdeckung eines Fehls des Spenders. Damit wäre ihr eigener Status hinfällig geworden. Auch dogmatisch war deshalb kein fester Kern der Kirchengemeinschaft sicher gewährleistet. Das macht andererseits das Beharren auf dem Engelsstatus der Vollkommenen verständlich; denn dieser sollte genau die notwendige, aber vermißte Sicherheit bringen.

Eine weitere große Schwierigkeit, die vom Enthusiasmus der Praxis und den tiefen Überzeugungen der ersten Jahre bis weit in das 13. Jh. hinein verdeckt wurde, bestand in der negativen Sicht der Welt. Kein Mensch hat hier auf Erden eine andere

Chance, als in dieser Welt zu leben und zu wirken. Sie war für die Katharer aber negativ, nichtig, ein böses Nichts. Das weltliche Leben in seiner Negativität konnte aber in seiner Umwelt keinen Haltepunkt mehr finden. Ein solcher Punkt mußte – notwendig, wie er war – also im Inneren gefunden werden. Eine andere Möglichkeit gab es nicht. Dieses Innere nun war auch nicht rein. Überall stand es unter dem Einfluß der Welt. Jede Selbstprüfung mußte zu diesem Ergebnis kommen. Stolz, Habsucht, Triebhaftigkeit, Gelüste, ja Hunger und Durst sind die deutlichsten Zeichen des Verfallensseins an diese Welt.

Nur aus einer radikal negativen Moral ließe sich eine solche Vorstellung leben – aber ließ sie sich wirklich leben? Vermutlich war das ohne den sozialen Zusammenhang einer starken Gruppe nicht möglich, in der sich alle wechselseitig die Richtigkeit des eigenen Tuns und seiner grundlegenden Bedeutung versichern. Also war ein starkes, gegen außen abgesichertes Gruppenleben erforderlich, in dem man sich untereinander stützte, wie es die Waldenser dann praktiziert haben. Dazu trug wohl auch das Programm des Dauergebetes bei. Die Betenden nahmen dann die Welt nicht mehr richtig wahr, sondern erlebten sie nur noch hinter dem Schleier des ununterbrochen gemurmelten Gebetes, das der Welt ihren Schein von Realität und Wichtigkeit nahm.

Die von den Gegnern gegeißelte Moral, die angeblich alles frei gab, die keine Verbote mehr kannte, weil alles schlecht war, konnte auf Dauer keinen Lebenssinn festhalten und bekräftigen. Den Gegnern mochte eine solche Moral, die praktisch nichts mehr verbot, auf den ersten Blick blasphemisch oder verlockend erscheinend. Aber das ist wohl nur auf der Folie unserer eigenen Moral und ihrer Verbote haltbar. Sofern man die katharische Lehre als völlig libertär verstand, die alles zuließ, was sonst Sünde und verboten war, gab es keine Alltagsmoral mehr, die lebbar gewesen wäre. Die von den Katholiken mit Grauen gemutmaßte Freisetzung der Sexualität und die rigiden Lebensvorschriften, die für die Vollkommenen galten, waren für die Gläubigen auch nicht tauglich.

Deshalb mußte die übliche allgemeine, also katholische Moral im Alltag weiterhelfen. Denn die katholische Kirche war ja überall präsent. Sie füllte alle Lücken des Katharischen aus. Es lag überall Weihrauch in der Luft. Das darf man nicht unterschätzen. Es ist deutlich geworden, welchen Sprung der Ketzer in seinem Alltag wagte, indem er viele seiner sozialen Bezüge aufgab und sich ›outete‹. Bei den Katharern aber haben wir durch den radikalen moralischen und kosmischen Dualismus auf der einen, durch die organisatorische Trennung in Vollkommene und Gläubige auf der anderen Seite eine merkwürdige Zwischenlage. Wie sollte der Gläubige ihr auf Dauer gewachsen sein? Der Vorteil, nur halb dazuzugehören, sich noch nicht entscheiden zu müssen und weiter die katholische Kirche besuchen zu können, war – so gesehen – ein Nachteil: Er bot dem Gläubigen in der Krise keine ausreichenden Identifikationsmöglichkeiten.

Die Lebensgrundlage der Katharer, die kein Glück, keine Freude, keinen Genuß, nichts Positives in der Welt zuließ, geißelte alles und jedes als negativ. Jede Regung von Freude, Genuß oder Liebe wurde schon von vornherein dem Teufel zugerechnet. Ein solches Leben war wegen der allgemeinen Alltagserfahrungen, in denen Glücksgefühle, Liebe und Zuneigung oder Lebendigkeit als positive Erfahrungen unmittelbar gegenwärtig sind, nur für die extremen religiösen Virtuosen lebbar. Die unvermeidliche positive Erfahrung mit der Welt und ihrer Materie mußte aber von der verinnerlichten religiösen Instanz in jedem Moment verneint werden.

Nun bot die katholische Kirche, die in der Politik, der Religion, der Kunst, überhaupt in jedem Lebensbereich das Monopol hatte und auch die Mentalität tief prägte, im 13. Jh. ein außergewöhnliches Modell an, das Askese und Armut mit Lebensfreude verband: Franz von Assisi. Die teuflische Weltschöpfung der dualistischen Katharer, die jede irgendwie positive Welterfahrung ausschloß, vertrug sich nicht mit einem ursprünglichen Lebensimpuls, vertrug sich ganz und gar nicht mit dem, was Franz von Assisi im seinem Sonnengesang sang:

»Gelobet seist Du, Herr,
mit allen Wesen, die Du geschaffen,
der edlen Herrin vor allem, Schwester Sonne,
die uns den Tag heraufführt und Licht
mit ihren Strahlen, die Schöne, spendet;
gar prächtig in mächtigem Glanze:
Dein Gleichnis ist sie, Erhabener.

...

Gelobt seist Du, Herr,
durch unsere Schwester, die Mutter Erde,
die gütig und stark uns trägt
und mancherlei Frucht uns bietet
mit farbigen Blumen und Matten
...« (Durant, S. 491).

Was die Katharer auseinandergerissen und voneinander geschieden hatten, gehört bei Franziskus zusammen. Was bei den Katharern untrennbar zusammengehört: Armut und Weltabgewandheit, Verneinung und Entsagung, Negativität aller Materie und die Leugnung der Schönheit, gehört bei Franziskus nicht mehr zusammen. Er will und kann die Schönheit der Schöpfung preisen, sich an ihr freuen und zugleich das armselige Leben eines Büßers und Beters führen. Er wendet sich nicht von der Schöpfung ab, sondern feiert sie. Die Welt kann schön und der Mensch zugleich ein Sünder sein. Die radikale katharische Trennung des Guten von der Welt, die der Erfahrung widerspricht und deshalb nur durch einen starken sozialen Zusammenhang als verbindlich etabliert werden kann, der diesen Glauben plausibel macht –, diese Trennung ist nicht wahr, singt uns Franziskus zu. Er trifft damit einen Erfahrungskern, dem die Katharer schon an seiner Wurzel widersprechen mußten. Die Theologie des Franziskus legt einen Grund der katharischen Überzeugungen bloß, die sich in der Welt nur schwer rechtfertigen ließen. »Durch die Rehabilitierung der Materie zerstört die katholische Theologie die eigentliche Grundlage des Katharertums«, meint Duby zu Recht (Kathedralen, S. 257).

66 Der hlg. Franziskus. Assisi Unterkirche, Kapelle S. Martino.

Ein Weiteres trat hinzu: der esoterische Charakter der Katharer, das Geheimnis. Stets waren sie bemüht, ihre Lehren geheimzuhalten. Das Geheimnis verlieh Macht. Vor allem, wenn sich in ihm der einzige Weg zum Heil und zur Erlösung verbarg. Aber nur solange das Geheimnis interessierte, war es mächtig. Wurde es uninteressant, so konnte sein Inhaber damit keine Macht mehr ausüben. Das Geheimnis der Katharer lief auf eine Trennung des Geheimnisses von der Macht heraus und wurde deshalb banal.

Man kann die Lage der Katharer nicht mit der des Christentums in den ersten Jahrhunderten seiner Existenz vergleichen. Denn der römische Staat war kein religiöser Staat. Er war nicht auf einen einheitlichen und dogmatischen Glauben verpflichtet wie die Staaten des europäischen Mittelalters. Insofern standen die Katharer und alle christlichen Ketzer des Mittelalters einem monopolistischen Gegner gegenüber. Die Hypothese, die Katharer hätten eine Geschichte durchlaufen können, die der des frühen

Christentums entspräche, ist deshalb, wie ich meine, völlig unrealistisch. Denn das Monopol der römischen Kirche richtete sich auf die Auslegung und das Verständnis des ganzen Daseins. *Alles* stand im Licht des Christlichen, besser: des Römisch-Christlichen. Und daß sich die Katharer als Christen verstanden, machte die Sache doppelt schwer.

Alle Lebensbereiche waren von katholischem Geist geprägt. Vielleicht kann man das exemplarisch an der Kunst verdeutlichen, einem Bereich, der den Katharern denkbar fern lag. Die romanische, dann die gotische Kunst sind Ausdruck dieses Zeitgeistes. Die Kathedrale als Kosmos des Lichts, des göttlichen Lichts der Schöpfung, wie es Dionysius Areopagita lehrte, erstand in einem Glanz, der in seiner Transparenz und Durchsichtigkeit dem Ideal der scholastischen Theologie entsprach - und dem Denken der Katharer widersprach. So repräsentierten die weiten und leuchtenden Kirchen der Bettelorden auch den Sieg über die Ketzerei.

Ich denke deshalb, daß die allmähliche Auflösung der katharischen Kirche zwar durch den äußeren Druck vorangetrieben worden ist – das Leben im Untergrund, der Auszug der Prominenz in die Lombardei, die Inquisition, die verbreitete Angst, sich den Katharern anzuschließen. Daß aber die genannten inneren Gründe und Widersprüche auch wesentlich dazu beigetragen haben, scheint mir sicher. Wären die äußeren Umstände günstiger gewesen, so ist nicht auszuschließen, daß die katharische Kirche sich länger gehalten hätten. Eine langfristige Perspektive hatte sie im christlichen Mittelalter aber kaum.

So war das Leben der katharischen Gläubigen und Vollkommenen immer schwerer geworden. Die Unterstützung durch die Bevölkerung blieb aus. Die Inquisition forschte flächendeckend und mit dem untrüglichen Gedächtnis der sorgfältigen Protokolle, in denen auf die Namen der Verhörten der größte Wert gelegt wurde, um in späteren Jahren noch Zusammenhänge aufspüren und Lügen entlarven zu können. Die strengen Lebensregeln konnten wegen der äußeren Umstände immer weniger eingehalten werden. Die Organisation konnte nicht mehr aufrechterhalten werden. Die Theologie, die man zu entwickeln begonnen hatte, wurde vergessen. Es ging um das reine Überleben. Zu Beginn des 14. Jh. flackerte der Katharismus noch einmal auf, vor allem durch die intensive Missionsarbeit von Peter Autier. Darüber sind wir durch die Inquisitionsprotokolle aus Pamier gut informiert. Aber diese Ketzer waren für die Kirche kein Problem mehr. Und so wurde als letzter Vollkommener Wilhelm Bélibaste 1321 in Toulouse verbrannt.

Damit ging eine Bewegung zugrunde, die in ihrem Fundament der katholischen Lehre widerstritt. Für sie gab es keine Schuld des einzelnen, keine Furcht vor dem Jüngsten Gericht (siehe Farbtafel 3) und der ewigen Verdammnis. Die Katharer »boten das erregende Schauspiel einer Religion ohne Angst und Furcht, die ohne Fegefeuer und Hölle auskam, da das konkret erlebte Menschsein, das noch nicht durch das *Consolamentum* befreit war, bereits das schlimmste Vorstellbare war« (Müller, Katharer, S. 28). Sie wollten ihre Anhänger nicht mit Druck und Zwang zu ihrem Glück nötigen. Diesem Aspekt eines angstfreien Lebens entspricht aber keine Vorstellung eines glücklichen Lebens. Deshalb ist er auch nicht überzubewerten.

Den Untergang der Katharer können wir also nicht einfach der römischen Kirche mit ihrem Kreuzzug und der Inquisition anlasten und auch nicht dem französischen König, dem Nutznießer dieses Kreuzzuges. Der Katharismus hatte strukturell, in seiner Dynamik und in seiner Radikalität nur geringe Chancen, in einem katholischen Abendland zu überleben. Deshalb wird man wohl mit Borst sagen müssen, daß weder der Albigenserkrieg noch die Inquisition das Christentum gerettet haben. Die Inquisition »hat nur ausgeführt und beschleunigt, was schon entschieden war« (Borst, Katharer, S. 103). Und entschieden war es fundamental aufgrund der inneren Struktur und der daraus resultierenden Schwäche des Katharertums selbst.

Drittes Zwischenspiel
Über die Neutralität der Historiker in Ketzerfragen

Wer über Ketzer schreibt, befindet sich von Anfang an in einer Klemme: Das Wort *Ketzer* hat einen negativen Beigeschmack. Wer es umstandslos verwendet, reiht sich leicht in die Reihen derjenigen ein, die die Ketzer als Häretiker verurteilt und vernichtet haben. Er steht schon allein mit dem Wort auf der Seite der römischen Kirche. Er stellt sich an das Ende eines historischen Prozesses der Verketzerung und übernimmt dessen Ergebnis, damit aber auch die Prämissen derjenigen, die diesen Ausschließungvorgang bestimmt haben. Andererseits ist das Wort gebräuchlich und wird unreflektiert benutzt. Wie soll oder kann man sich dieser mißlichen Lage entziehen?

Die Ketzer bildeten in der Geschichte des Christentums *la part maudite*: die Unbelehrbaren; die Halsstarrigen, die sich wider besseres Wissen nicht fügen wollten; die Verstockten, die sich der Wahrheit verschlossen; die vom Gift des ›Großen Feindes‹ Angesteckten; die pathologischen Fälle, die die Normalität der Welt und der Kirche nicht akzeptierten. In dieser Perspektive der Macht waren sie die immer schon Unterlegenen. Sie gehörten zu den Anderen.

Auch wer Sympathien für die Ketzer hegt, wird nur schwer um den Gebrauch des Wortes herumkommen. Eine Möglichkeit, dem Problem zu begegnen, besteht darin, das Wort zu vermeiden, indem andere Begriffe verwendet werden: etwa Heterodoxe, Häretiker, Abweichler, Dissidenten, Widerstandskämpfer, Verfolgte. Das ist aber nur eine Scheinlösung. Ketzerei kann nicht einfach in etwas Positives umgedeutet werden. Denn es geht sachlich eben auch um das Negative, das mit dem Wort (und der Sache) verbunden ist. Nennt man die Katharer nur mit den Namen, die sie sich selbst gegeben haben, etwa *gute Menschen*, so verschwinden die einordnenden und beurteilenden Wertungen und werden positiv. Damit wäre auch der an den Ketzern haftende Negativgeschmack aufgelöst. Eine solche Redeweise gewinnt dann, meine ich, dort eine gewollte Neutralität, wo eben keine Neutralität angebracht ist. Denn Ketzerei ist nicht neutral und ›schmeckt‹ auch nicht gut.

Eine andere Möglichkeit scheint darin zu bestehen, es mit einer Definition zu versuchen. Etwa: Ketzerei ist »das, was das Papsttum explizite oder implizite während des betreffenden Zeitabschnittes verdammte« (Lambert, S. 8). Auch das hilft nicht weiter. Die Schwierigkeit wird dadurch nur umgangen. Schon am Beispiel dieser Definition wird das deutlich: Was soll eine implizite Verdammung sein? Die Begriffsverwendung und die negativen Komponenten werden dabei nicht bedacht.

Das Problem spitzt sich zu, wenn man sich fragt, ob diese mißliche Lage nicht im Grunde zur Sache gehört, von der man erzählt. Denn es liegt auf der Hand, daß die Ketzer erstens immer schon negativ beurteilt wurden (und noch werden), weil die herrschende Meinung und die Macht nicht ihre Sache sind; daß zweitens die sprachliche Neutralität gegenüber dem Prozeß der Verketzerung letztlich fiktiv ist, weil der schlechte Beigeschmack ein Faktum ist und zur Ketzerei gehört; und drittens lehrt es, daß eine neutrale Begriffsbildung und Begriffsverwendung kaum möglich ist: Schon die mit einem Begriff beabsichtigte Neutralität verfälscht hier die Sache. Auch aller guter Wille sollte das berücksichtigen.

Diese Ambivalenz führt dazu, daß bereits in die Benennung des Gegenstandes der Ketzerei ihre Bewertung mit einfließt. Sie sollte deshalb die Analyse des Gegenstandes mitbestimmen; denn diese Negativität gehört zur Ketzerei und läßt sich meines Erachtens nicht auflösen. Sie beschränkt sich aber nicht auf den Ausdruck Ketzer, sondern berührt die ganze Redeweise.

Ein Versuch, neutral über die Ketzer zu berichten, über ihre Lehren und ihr Leben, wird also vermutlich fehlschlagen, weil die Begriffe nicht neutral sind. Besonders schwierig aber wird es, wenn die Macht, von der die Ketzer einst definiert wurden und die sie verdammte, eine Institution bildet, die heute noch besteht; wenn es um einen Glauben geht, der damals von den Heterodoxen bestritten oder kritisiert wurde und dem der Historiker von heute vielleicht noch anhängt. Die Schwierigkeit vergrößert sich, wenn positive gefühlsmäßige Beziehungen und emotionale Nähe bestehen, wenn der Historiker – bewußt oder unbewußt – christliche Geschichtsschreibung betreibt. Aber sogar wenn das nicht der Fall ist, wenn er nur die abendländische Tradition gegen die fremden Einflüsse verteidigen zu müssen glaubt, wird sich das in seinem Text niederschlagen. Ein weiteres Problem liegt darin, daß es um religiöse oder metaphysische Grundfragen des Lebens geht, um Seele, Tod oder Heil und in unserem speziellen Fall auch um Rechtfertigungen für historisches Unheil wie Krieg und Scheiterhaufen.

Es gibt auch den umgekehrten Fall, der nicht minder fragwürdig ist. Das gilt gerade für die Katharer, die ein gewisses Lokalkolorit aufweisen und manchen *homme du Midi* zu enthusiastischen Lobpreisungen hinreißen können. Der unkritische Katharerverehrer, für den der Katharismus eine der großen Weltreligionen ist, oder der Esoteriker, der dem Schicksal der Katharer eine welthistorische Dimension beimißt, wird den Lauf der Geschichte beklagen und die katholische Kirche als die diabolische Macht brandmarken, die ihren Untergang verursacht hat.

Ich möchte dieses Dilemma an einigen Beispielen erläutern. Bei den zeitgenössischen Chronisten des Mittelalters tritt es nicht auf, denn diese Mönche sagen klar, wo sie stehen und wie sie die Ketzerei beurteilen. Anders bei den heutigen Autoren:

67 Scheiterhaufen mit vier Ketzern, die direkt in die Hölle gelangen. 1509. Zwickau, Ratsschulbibliothek, 12.6.18/31.

Sie gehen von ihrer Neutralität aus, ohne ihre eigene Befangenheit deutlich zu machen. Denn natürlich ist jeder Historiker immer auch Interpret. Und als solcher arbeitet er mit seinen eigenen normativen Vorgaben, projiziert er seine eigenen Probleme in die Vergangenheit, sind es seine eigenen Kriterien, nach denen er das Wichtige vom Unwichtigen trennt. Das alles sollte wenigstens ansatzweise transparent gemacht werden. Und nicht nur für die Ketzergeschichte.

Diese Probleme betreffen die Geschichtsschreibung im allgemeinen. Der Streit um ihre Neutralität ist uralt. Er wurde schon zur Zeit der Antike ausgetragen. Die Geschichtsschreibung ist für das eigene Selbstverständnis und die Ortung in der Zeit zwar notwendig. Aber da sie immer in ihrer eigenen Zeit steht, ist sie notwendigerweise immer auch voreingenommen, oder modern ausgedrückt: konstruiert sie sich ihren Gegenstand. Für die meisten ihrer Beurteilungen findet sich an anderer Stelle, bei einem anderen Autor eine entgegengesetzte Wertung. Sie kann das damalige Geschehen nie erreichen, nie sagen, wie es wirklich gewesen ist. Andererseits muß sie – das ist ihre Aufgabe – genau davon sprechen. Sie steht deshalb immer im Spannungsfeld von Faktum und Fiktion. Man hat gefragt, ob es das Faktum eigentlich gibt und ob es nicht erst in der Erzählung des Historikers entsteht. Und hier spielt der Standpunkt des Historikers, seine eigene Prägung eine wesentliche Rolle: »Das Problem der Voreingenommenheit taucht ... auf als Frage nach der Rolle des Forschers bei der Erschaffung des Forschungsgegenstandes« (Burke, S.59). Also: Objektivität ist nicht erreichbar. Neutralität ist eine Fiktion.

Deshalb gibt es keine objektive Geschichtsschreibung und keine objektive Geschichte der Katharer. Aber abgesehen von diesen allgemeinen Grundfragen geht es bei der Ketzerei ganz spezifisch um die oben angesprochenen Prägungen des Glaubens. Denn es gibt gewisse Darstellungsarten, die ihrem Gegenstand untergründig eine negative Richtung geben. Ich will das für die Katharer an einigen Beispielen konkretisieren.

Zunächst habe ich das den damaligen Forschungsstand zusammenfassende Standardwerk von Arno Borst im Auge, um das man nicht herumkommt, wenn man sich über die Katharer informieren will. Fast erschöpfend ist das Quellenmaterial eingearbeitet. Seine Neuauflage nach fast 40 Jahren war an der Zeit. Aber das Buch ist von einer, wie mir scheint, heimlichen Parteinahme für die Katholiken (oder: »das Abendland«) und gegen die Katharer durchzogen. Es ist der Unterton, der hier die Hintergrundmusik macht. Die Katharer werden häufig so beschrieben, daß ihre negative Beurteilung durch die katholische Kirche naheliegend wird. Diese bildet die positive Folie, gegen die sich die Katharer ziemlich dunkel abheben. Eine solche Betrachtungsweise hat aber einen Haken: Was Borst den Katharern vorwirft, gilt spiegelbildlich oder in ähnlicher Weise für die Katholiken. Er spielt beide gegeneinander aus, wobei die Katharer schlecht wegkommen. Das ist tendenziös. Schauen wir, wie und was er schreibt. Alle Textangaben beziehen sich auf seine *Katharer.*

Die katharische »Kirche ist reich ...; sie schwimmt ... in Südfrankreich im Geld.« *Im Gegensatz zur armen katholischen Kirche.* ... »Die Ketzer ... treiben weltliche Geschäfte für ihre Kirche.« *Anders als die Bischöfe, die das wenigstens auf private Rechnung tun.* Ja, sie ziehen »als Kaufleute auf die Märkte, um neben dem Seelenfang auch den Verdienst zu fördern« (S. 86). *Was die katholische Kirche in der Tat nicht nötig hatte.* Man kann sogar sagen, daß der Katharer einen »Hang zum Geld« hat: er »überwindet den Gedanken von der evangelischen Armut völlig« (S. 98).

Immer wieder weist Borst darauf hin, wie wirr und unlogisch doch die katharische Theologie ist. Ihre Lehre ist nur ein »wirre(s) Geflecht von bogomilischer Lehre und abendländischem Leben« (S. 87). So sieht er ihre Sakramentenlehre nur als »ein absurde(s) Ineinander von bedingungsloser Reinheit und sakramentaler Sündenvergebung« (S. 134/135). *Im Gegensatz zu den im Neuen Testament eingesetzten Sakramenten.* Borst wirft ihnen vor, daß sie auf dogmatische Fragen mit Mythen antworteten: »Solche bizarren Bilder mochten die Masse der Katharer begeistern - die bohrenden Fragen verstummten nicht« (S. 112). *Dafür in der katholischen Kirche umso schneller.* »Die wuchernde Phantasie der Katharer« (S. 129) hat ihre Lehre in der Endphase »mit skurrilen und blumigen Einzelzügen aus dem Volksdenken nur noch ausgeschmückt« (S. 107). *Ganz anders als die strenge Volksfrömmigkeit der Katholiken.* Ja, sie gehen so weit, daß »sie das Fegefeuer leugnen« (S. 130). *Leugnen aber kann man wohl nur Tatsachen?* Zum Teil sei ihre eigene bogomilische Lehre von ihnen »im christlichen Sinne umgebogen worden« (S. 131), nämlich ihre Christologie; zum Teil aber hätten sie die christliche Lehre umgebogen, etwa das 5. Gebot *Du sollst nicht töten!*, indem sie es absolut setzten (S. 139). *Damit hatte die katholische Kirche allerdings keine Probleme.*

Das Ende der Katharer beschreibt er liebevoll so: »Isoliert und verachtet ... lebten die letzten Katharer ihr unbedeutendes Dasein zu Ende, das kaum noch an die große Zeit des Katharismus vor hundert Jahren erinnert« (S. 108). Seine Gesamtwürdigung spricht für sich: »Die Katharer haben den freien Willen geleugnet – ihr Untergang erscheint uns als naturnotwendig; sie haben die Welt verachtet – die Umwelt hat sie vernichtet; sie wollten keine Auferstehung des Fleisches – ohne Nachfolger sind sie vergangen. Ihr Glaube ist ihr Schicksal geworden« (S. 109).

In dieser Darstellungsweie wird dem Leser zwischen den Zeilen mitgeteilt, daß die Katharer die Bösen sind und daß auf der Seite der Kirche die Guten stehen. Denn es gibt bei Borst keine entsprechende Kritik an der katholischen Kirche, die ganz im Gegenteil nur als positiver Hintergrund gegen die wirren Katharer gesetzt wird. Die Ketzer verdienten also nichts Besseres als das, was ihnen widerfuhr. Meiner Ansicht nach liegt darin eine gewisse Häme, was der Qualität des Buches in meinen Augen Abbruch tut.

Man muß diese Ketzer nicht lieben. Aber mir scheint, die katharische Lehre ist weder weniger naiv noch weniger abergläubisch noch weniger willkürlich in ihrer Schriftauslegung als ihre große Gegenspielerin. Von französischer Seite ist Borst, wie Madaule schreibt, »sein völliger Mangel an Sympathie und folgerichtig an Verständnis derjenigen vorgeworfen worden, die er sonst mit so großer Sorgfalt studierte« (S. 14). Auch hat man darauf hingewiesen, daß Borst das Land der Katharer nicht gekannt habe und sie deshalb auch nicht habe verstehen können.

Nun mögen die verschiedensten Gründe für eine solche gefühlsmäßig durchsetzte Darstellung ins Feld geführt werden. Aber man kann sie, denke ich, nicht aufs Subjektive reduzieren. Mir scheint hier nur besonders deutlich das oben benannte Manko aller Geschichtsschreibung zum Vorschein zu kommen, das sie schon immer begleitet, aber bei »neutraleren« Themen weniger deutlich wird. In unserem Fall ist die Tendenz wohl stark durch das Thema determiniert; denn Borst ist kein ›Einzelfall‹.

Ähnliche unterschwellige Beeinflussungen wie Borsts Standardwerk hält in meinen Augen auch die sehr material- und lehrreiche Ketzergeschichte von Lambert bereit. Seine Definition der Ketzerei habe ich oben zitiert. Obwohl er an gleicher Stelle ausdrücklich betont, nicht als Theologe, sondern als Historiker zu schreiben, macht er sich implizit die Position der offiziellen Kirche zu eigen, obwohl er ein »wahrheitsgetreues Bild der Ketzer ... zeichnen« (S. 19) will. Aber vielleicht ist das wahrste Bild der Ketzer das, das die Kirche malte?

Oft ist es der Ton, der die ketzerfeindliche Musik macht. Ich vermisse alternative Darstellungsmöglichkeiten oder Kritik an der katholischen Kirche. Letztere ist hier nicht aus Gründen der sogenannten Ausgewogenheit nötig, sondern weil die römische Kirche immer als positiver Bezugspunkt vorausgesetzt wird. Wieder mögen einige Beispiele für sich sprechen. Ich habe eine Reihe von Textstellen aus dem Buch von Lambert zusammengestellt. Die folgenden, etwas isolierten Zitate stehen natürlich immer in einem Kontext. Aber ich hoffe, daß schon aus ihnen – wie auch bei Borst – Ton und Gemütslage deutlich werden.

Der Dualismus wirkte sich »auf das rechtgläubige Christentum ... grundsätzlich schädlich aus« (S. 22). »Ein beträchtlicher Kampf war erforderlich, um die Rechtgläubigkeit gegen sie (die Gnosis) aufrechtzuerhalten« (S. 22/23). – Im Bogomilismus scheint »fehlgeleitetes logisches Denken am Werk« (S. 33) gewesen zu sein. Er bedeutete einen »Rückfall ins Heidentum« (S. 34). – »Das Tückische der Ketzerei« (S. 74) bestand auch in ihrer fehlenden Systematik. – Heinrich der Mönch war »ein Ketzer von der gefährlichen Sorte« (S. 84). Zwar verlor er dann den Rückhalt in der Bevölkerung, »der Schaden war jedoch einmal angerichtet«. Er hatte eine »Laufbahn als Ketzeragitator« (S. 87) hinter sich. – »Die Saat ihrer Ketzerei« wurde auf verschiedenen Wegen ausgestreut. Peter hatte »schon die Anlage zum Ketzer in sich« (S. 90). – Zu Arnold von Brescia: »Es gab noch andere, die Sakramente betreffende Irrtümer in seinen Anschauungen« (S. 95). – Die Predigten Eckberts waren ein »Fortschritt auf dem Weg der kirchlichen Polemik gegen das kirchliche Ketzertum« (S. 101). – »Bogomilenverseuchte

Gebiete« (S. 105, FN 14). – »Für die Sanierung des verseuchten Gebietes Languedoc« (S.135) wurden Druckmittel benötigt. – Die Katharer »forderten geradezu die Entwicklung der Inquisition heraus« (S. 165). – Die Befragten wurden durch die Inquisition weiter überprüft, »wobei die Schuldigen allmählich ausgerottet wurden« (S. 201).

Die Texte alter Chroniken, in denen Mönche vom Sieg ihrer Kirche über die Pest der Ketzerei berichten, sind selbstverständlich in einem solchen Stil verfaßt. Aber unsere Autoren sind keine mittelalterlichen Mönche. Deshalb stellen sie auch kein Bekenntnis voran, sondern übernehmen die Positionen der Kirche, ohne es zu sagen; sonst wäre diese Redeweise nicht möglich. So etwa die These, daß die Katharer an der Inquisition selbst schuld waren. Und der Leser freut sich mit dem Autor, wenn »ketzerverseuchte« Gebiete endlich »saniert«, Frauen »errettet« und die Schuldigen »ausgerottet« werden.

68 Hieronymus Bosch: Der Garten der Lüste. Ausschnitt: Teil der Hölle. Madrid, Prado.

Wie kommt es aber zu solchen Darstellungen? Außer den oben genannten Faktoren ist möglicherweise der Sog der (fast ausschließlich) katholischen Quellen so stark, daß sich der Historiker ihnen nur mit Mühe entziehen kann. Auch gibt es einen Sog der »Wahrheit des Gewohnten«; denn das Alltägliche, das Gelernte, das Übliche hat immer den Vorzug der Wirklichkeit – es ist da und wahr. Das gilt wohl auch und vielleicht besonders in Glaubensdingen. Da man daran gewöhnt ist – sei es die Jungfrauengeburt oder der Satz von der göttlichen Dreifaltigkeit –, geht man von ihnen aus, hält sie für wahr. Dann aber hat der Zweifler die Beweislast zu tragen und den Gegenbeweis zu führen.

So fällt auch Herbert Grundmann, ein Altmeister der Ketzerforschung, dessen reflektierte Aufsätze sich dieser Problematik wohl bewußt sind, manchmal in die Redeweise der mittelalterlichen Mönche. Er schreibt, die Sekte der Katharer sei 1163 »bereits erschreckend verbreitet« (Ketzergeschichte, G 23 – aber worüber erschrickt er denn?) und sei »vor und nach 1200 die schlimmste, stärkste, gefährlichste Ketzerei im Abendland« (Ketzergeschichte, G 27). Auch er sieht die Katharer im Licht der kirchlichen Politik, hat doch »das Katharertum eine heilsame Krise und Wandlung der Kirche ausgelöst« (Ketzergeschichte, G 27).

Daß es auch anders geht, zeigen die Texte etwa von Baier oder Werner/Erbstößer. Ich habe deshalb versucht, nicht aus den Augen zu verlieren, daß es damals um die grundlegenden Fragen des Menschseins ging; daß die Entscheidung über Leben und Tod damals an Unterschieden hängen konnte, die für uns heute völlig nebensächlich, unwesentlich oder ganz unverständlich sind; daß es grundlegend um eine spekulative Einheit von Welt und Leben unter Berufung auf ein Jenseits ging; wie sich imaginäre Welten, Wahnwelten aufbauten – hier religiöser Art –, die die Welt bestimmten, weil sie für die Wirklichkeit genommen und mit ihr verwechselt wurden – und wie dieses gesellschaftliche Imaginäre unausbleiblich ist, also in jeder Gesellschaft auftreten dürfte. Das gilt auch für uns heute. Glauben wir nicht an Menschenwürde und Demokratie, obwohl wir täglich eines Besseren belehrt werden – warum eigentlich?

So versuche ich, eine Parteinahme zu vermeiden, ohne meine Sympathie für die Ketzer, die mir in anderer Weise nicht gefallen, zu verschweigen. Aber natürlich bleibt das allgemeine Problem: Was wissen wir wirklich von der Sorge um das Seelenheil des mittelalterlichen Menschen oder von seinen täglichen Vorstellungen? Das meiste bleibt zwangsläufig projektiv und selektiv.

Kathedralen des Imaginären
Katharer und Spiritualität heute

Es gibt sie nicht mehr, die Katharer. Sie sind untergegangen. Wer in den Orten, wo sie lebten, nach ihren Spuren sucht, wird enttäuscht. Nur die Ruinen der Burgen stehen noch, die ihnen als letzte Zuflucht gedient haben. Wir wissen nicht, wer in den 700 Jahren seit ihrer Vernichtung diese Burgen bewohnt, umgebaut und geändert hat. Die Vernichtung war umfassend. Eine plastische Anschauung können wir also nur mit viel Phantasie gewinnen. Und diese Phantasie blüht in unserem Jahrhundert.

Zwischen den Weltkriegen wird an den Kathedralen des Imaginären gebaut. Vor allem in Frankreich wirkte Maurice Magre mit seinen Romanen wie *Das Blut von Toulouse* und seinen 13 Bänden über Magie, östliche Religionen und das Übernatürliche. Er stellt die Katharer in eine lange Kette von Erleuchteten und esoterischen Traditionen. Sie werden zu »Buddhisten des Abendlandes«, der Katharismus zu einer »Blume der tausendjährigen Vedas«. Der famose Schatz der Katharer, den Otto Rahn dann vergeblich in den Höhlen der Pyrenäen suchte, wird von Magre spirituell verstanden. Er besteht nicht mehr aus Gold und Geld, sondern hauptsächlich aus alten orientalischen Manuskripten. Eines soll sogar von dem Religionsgründer Mani selbst stammen, von dessen Namen sich der Manichäismus herleitet. Und zum Inventar dieses Imaginären gehört natürlich auch der christliche Gral, die Schale, in der das Blut Christi aufgefangen worden sein soll.

Auf solche konfusen und nicht plausibel zu begründenen Ideen greift auch der deutsche Esoteriker Otto Rahn 1933 in seinem Buch *Kreuzzug gegen den Gral* zurück. Für ihn ist der Parsifal von Wolfram von Eschenbach das Katharerepos schlechthin. Historische Erkenntnis oder Quellenstudium sind nur wenig gefragt. Höchstens als ein Studium verschollener Manuskripte. In assoziativer Manier werden willkürliche Vermutungen aufgestellt, die schon im nächsten Satz zu Wahrheiten geworden sind. Alles hängt plötzlich mit allem zusammen, aber auf geheimnisvolle und geheime Weise. Richard Wagners Germanentum mischt sich mit altindischen Traditionen. Angeblich uraltes Menschheitswissen soll hier gepflegt, Kulte aus unvordenklichen Zeiten sollen bedeutungsschwer wiederbelebt werden. Kraus und phantasmorgisch wird hier völlig Heterogenes zusammengewürfelt und wieder getrennt, werden Zusammenhänge hergestellt und als geschichtliche unterstellt, die nur in den Köpfen dieser – uralten Geheimnissen nachspürenden – Pseudogelehrten zu finden sind.

Otto Rahn ist also nicht der Erfinder dieser Amalgame, in denen iberische, keltische und gotische Traditionen mit den Mythen von Thule, dem Hinduismus oder Buddhismus verknüpft werden. Diese Ideen waren schon vorher in französischen Esoterikerkreisen lebendig gewesen. Rahn hat sie nur zusammengestellt und mit einem eigentümlichen Germanismus verbunden. Die geheimen Quellen der nationalsozialistischen Ideologie und Rassenlehre werden später hierin gesucht. Intuition und Wille, Rasse und Blut sollen die Grundlagen sowohl der esoterischen mittelalterlichen Ketzer als auch der deutschen nationalsozialistischen »Eingeweihten« gewesen sein. So wird Otto Rahn zum Exponent eines katharischen Nazismus: *Le mystère Otto Rahn. Du catharisme au nazisme* heißt ein Buch von Christian Bernadac.

Er zeigt das SS-Mitglied Rahn – gestützt auf abgelichtete Fotos und Dokumente – als Katharerforscher im Auftrag Himmlers. Dieser Otto Rahn, der 1939 gestorben sein soll, hat, so die Entdeckung von Bernadac, seine Karriere als deutscher Botschafter in Rom fortgesetzt. Neuer Name: Rudolf Rahn. 1944 aber, als sich der Fall Montségurs zum 700. Mal jährte, feierten die Nationalsozialisten das Ereignis angemessen: Ein deutsches Jagdgeschwader formierte sich zu einem Keltenkreuz, und die Formation überflog die Burgruine der alten Katharerburg. Am Steuerknüppel: Otto Rahn. Oder in anderer Version: Ein einzelnes deutsches Flugzeug überflog den Montségur und »zeichnete mit weißem Rauch ein keltisches Kreuz an den Himmel ... Je nach Autor saßen hinter dem Piloten Rahn oder Rosenberg oder Himmler« (Bernadac, S. 316). Das 1978 erschiene Buch ist 1994 fast unverändert wieder aufgelegt worden. Neuer Titel: *Montségur et le Graal. Le Mystère Otto Rahn.* Auch der Anthroposoph Rudolf Steiner nahm sich dieses wie aller Themen an. Eugen Roll schrieb – auf Steiners Spuren wandelnd – sein Buch *Die Katharer.* Darin heißt es etwa über die Epoche:

»Zur selben Zeit wirkte in Europa noch ein keltischer Volksgeist, der darauf verzichtete, ein Archä zu werden, um eine besondere Mission zu übernehmen. Dieser Erzengel wurde der inspirierende Geist des esoterischen Christentums ... Diese Tatsachen (sic!) ... Das esoterische Christentum gehörte im Prinzip einer höheren Sphäre an, in der einst der Auferstandene selber wandelte ... Später erlangte diese Sphäre durch den heiligen Gral erneut an Bedeutung ...« (S. 164).

Diese »Tatsachen« samt Erzengeln und Gral kann man getrost auf sich beruhen lassen.

Aber auch in jüngster Zeit wurden die Katharer als ein tragender Pfeiler in die Geheimgeschichte Europas integriert. Das Buch *Der Heilige Gral und seine Erben* von den Fernsehjournalisten Lincoln, Baigent und Leigh widmet ihnen ein ganzes Kapitel. Der Band zieht die geheimen historischen Linien von damals bis zu Otto von Habsburg. Das verbindende Glied ist der Gral, um dessen Geheimnis die Katharer gewußt haben sol-

69 Das Paradies. Gent, Bibliothèque de l'Université, ff 20, 52r.

len. Aber noch mehr davon wußten – wie könnte es anders sein – die Templer.

Was macht die Katharer immer wieder so interessant, daß sich vor allem Esoteriker auf sie stürzen? Und nicht nur diese. Duvernoy meint: »Im Katharismus hat es etwas gegeben, das mit den Scheiterhaufen nicht erloschen ist.« Und Markale schreibt: »Es scheint, als hätten die Katharer uns etwas mitzuteilen«. Was aber ist dieses Etwas?

Die Renaissance der Katharer hängt nach meiner Ansicht bei uns mit einem erhöhten Interesse an Esoterik und Religion überhaupt zusammen, mit einem Interesse an dem Anderen, an möglichen Alternativen. Im Zeichen des modernen Tourismus wird so die Reise ins Innere angetreten. Daß die Katharer interessant sind, liegt hauptsächlich an uns – nicht an ihnen.

Der Katharismus war eine esoterische Religion. Er hielt den Kern seiner Lehre in einem »inneren Kreis« verborgen. Er ging davon aus, daß nur dem Eingeweihten das Geheimnis offenbart werden sollte, nicht aber anderen Menschen, die dafür nicht bereit und bereitet waren. Es mußte also Eingeweihte geben, die ihr Wissen weiterreichten, denn sonst wäre es verlorengegangen. Damit war ein organisatorischer Zusammenhang vorausgesetzt, da das Geheimnis nur den Berufenen anvertraut werden durfte. Dadurch bildeten sich Tradition und Organisation. Die Novizen mußten aber für ihre Aufgabe geeignet sein. Deshalb bedurfte es einer längeren Vorbereitungs- und Reinigungszeit. Aus diesem Grund figurieren die Katharer auch unter den Geheimgesellschaften (Frick, S. 174-188).

Dem Geheimnis wohnt auch inne, daß der Außenstehende nicht weiß, was sich in ihm verbirgt. Das hat eine doppelte Konsequenz: Das Unbekannte und vor dem Bekanntwerden Geschützte kann von außen sowohl negativ als auch positiv aufgeladen werden. Die Gegner werden das Übelste behaupten; die Befürworter das Beste.

Hier liegt der systematische Ansatzpunkt für die unsäglichen Erzählungen, die über die Katharer, die Mänichäer, die Ketzer überhaupt, über die Juden oder Sarazenen in Umlauf waren. Wir haben gesehen, daß sie zum Teil mit den Gruselgeschichten identisch waren, die im 2. Jh. über die Christen zirkulierten. Schreckt man damit nicht vor dem Fremden zurück, beschreibt es als ein Furchterregendes, von dem nichts Gutes zu erwarten ist? Das Fremde und das Unbekannte wirken negativ, aber nicht einfach, weil sie fremd und unbekannt sind, sondern weil sie nicht verstanden werden und nicht verstanden werden wollen. Wie sollten sie bedrohlich wirken, unterstellte man ihnen nicht von Beginn an solche Negativität?

Wieso fasziniert das Fremde aber nicht einfach? Wegen des Eigenen, das dem Fremden gegenüber Angst entwickelt und diese Angst dann auf das Opfer projiziert. Dessen Verteidigung ist fast unmöglich, weil es nicht verstanden wird, weil seine Vorstellungen, Welterklärungen, Mentalitäten oder Werte von den Gegnern nicht aufgegriffen werden können: Wie hätte der Inquisitor den Ketzer verstehen sollen? Denn unsere Geschichte hört ja mit den Ketzern nicht auf, sondern setzt sich – wenn wir diese Konstruktion wagen wollen – mit den Hexen und den Hexenprozessen fort. Müssen oder können wir nicht annehmen, daß solche Parias der Gesellschaft für sie unentbehrliche Funktionen wahrnehmen? Wie sollte sonst die Verfolgung dieser Ausgestoßenen, die sich durch die ganze abendländische Geschichte zieht, plausibel werden? Oder müssen wir mit Grundmann annehmen, daß hier »eine dunkle Seite der Seele« am Werk ist, die »Ersatz ... für ... einst gelebte Mysterien« sucht? Dann hätte der Katholizismus »dunkle Regungen der Phantasie nicht ignoriert, sondern befriedigt durch die Gruselgeschichten über die Ketzer ... als Widersatz zur *civitas dei*« (Grundmann, Typus, S. 327).

Neben diesen dunklen Seiten der Seele, die vielleicht ein bißchen altertümlich anmuten, sollten wir aber unsere heutige Lage nicht vergessen. In unserer Zeit der Politik der Menschenrechte gibt es eine allgemeine Sympathie mit denen, die um ihrer Meinung willen unterdrückt werden und die den Mut hatten, dafür einzustehen, darin Kontur und Identität gewannen. Wir identifizieren uns mit den Opfern, nicht mit den Tätern. »Jede wie auch immer geartete geistige Unterdrückung kommt in unseren Augen einem Angriff auf die Würde des Menschen gleich« (Markale, S. 208). Denn, so die verdeckte Voraussetzung, die Verfolgten sind die Guten, die Verfolger aber die Bösen. Wir stehen selbstverständlich auf der Seite der Guten.

Unsere Sympathie mit den Häretikern wird noch dadurch bestärkt, daß wir uns selbst in unserer besonderen Individualität als eine Art Häretiker empfinden und deshalb gegenüber den Instanzen, die uns verketzern könnten, vorsichtig oder ablehnend verhalten. Daß es heute eine objektive, vielleicht unausweichliche Tendenz zur Häresie gibt, hat Peter Berger mit dem Titel eines schönen Buches zum Ausdruck gebracht: Heute herrscht »Der Zwang zur Häresie«. Zwar gibt es keine allgemeine Wahrheit mehr, aber diejenigen, die trotzdem behaupten, sie zu besitzen, halten nach wie vor ihren Verdacht aufrecht. Ihnen gegenüber fühlen wir uns ein wenig wie Häretiker:

»Tatsächlich verführt uns die Häresie, weil wir uns selber mehr oder weniger als Häretiker empfinden. Aus diesem Grund üben wir den Opfern der Scheiterhaufen gegenüber so viel Nachsicht. Doch wir vergießen nur Krokodilstränen. Sie interessieren uns ausschließlich, weil sie für unsere unbewußten Neigungen stehen: auf den Grund des Unbekannten zu tauchen, ›um dort Neues zu finden‹, wie Baudelaire es ausdrückt« (Markale, S. 209).

In dem Prozeß der Verketzerung steht man moralisch besser nicht auf der Seite der Macht. Der Dispens, den man sich damit erteilt, ist aber bestenfalls provisorisch. Denn er denkt nicht an die realen Prozesse des Alltags, die zu dem unerwünschten Ergebnis der Ausschließung bestimmter Gruppen führen. Die moderne Gesellschaft beruht auf Differenzierungen, die neben ihren Demokratisierungen immer auch Ausschließungen produzieren. Verketzerung ist nur ein anderes, historisch aufgeladenes Wort für diesen Prozeß. Und das wird gerne übersehen. Man will weder ausschließen noch ausgeschlossen werden. Aber jeder nimmt an diesen Prozessen teil.

Daß viele sich in solchen Identifikationen und (falschen) Selbstbeschreibungen finden, führt zu Identifikationen mit fremden und fernen Unterdrückten, zur Ablehnung von fremden und fernen Unterdrückern. »Deshalb behält auch die *deutsche* Sympathie mit den Katharern und Okzitaniern etwas Zweifelhaftes, da sie den Opfern der *französischen* Rechtgläubigkeit gilt« (Baier, S. 195). Notwendig, so scheint es, stehen wir immer entweder auf der einen oder auf der anderen Seite. Tertium non datur, eine dritte Möglichkeit räumen wir uns und anderen nicht ein. Das ist die Logik des Unterschiedes und der Verneinung – Vernichtung? – des anderen. In ihr ist das Grundschema von Freund und Feind wieder zu erkennen, in dem Carl Schmitt das Wesen des Politischen sah. Wird hier die Weiche gestellt, an der der Weg entweder zur Macht oder zur Vernichtung führt, führen kann? Wenn wir meinen, wir hätten diese barbarische Alternative heute überwunden, so könnte sich das als ein folgenschwerer Irrtum erweisen. Denn die Macht – und auch Demokratie ist nur eine besondere Art der Machtverteilung – bedient sich der Ausschließung des anderen und benutzt seine Verketzerung als Legitimationsgrundlage. Erprobt und gelernt hat sie das schon in früher Zeit. Die Katharer und ihre systematische Vernichtung sind dafür nur ein Beispiel.

Literaturhinweise

Im Text zitiere ich die hier aufgeführten Werke unter dem Namen des Autors, wenn ich von ihm nur einen Titel aufführe. Bei mehreren Titeln zitiere ich ihn unter dem in Klammern angefügten und abgekürzten Titel.

1. Quellen

Die von mir herangezogenen Quellen sind auf deutsch, englisch oder französisch zugänglich. Ich zitiere aus den folgenden Quellen und Quellensammlungen. Übersetzungen stammen dabei meist von mir.

Duby, Georges, *L´an mil*. Présenté par G. Duby. Paris 1989. Collecions archives, dirigé par P. Nora et J. Revel. (L´an mil)

Glaber, Radulf, *Historiarum libri quinque*. Ed. and translated by John France. Oxford 1989.

Guillaume de Puylaurens, *Chronique. 1203 - 1275*. Texte édité, traduit et annoté par Jean Duvernoy. Paris 1976.

Hasenhüttl, Gotthold / **Nolte**, Josef, *Formen kirchlicher Ketzerbewältigung*. Düsseldorf 1976. (Texte zur Religionswissenschaft und Theologie. Hist. Sektion. Band II/1)

Moore, Robert I., *The Birth of Popular Heresy. Documents of Medivial History*. London 1975.

Sloterdijk, Peter / **Macho**, Thomas H., *Weltrevolution der Seele. Ein Lese- und Arbeitsbuch der Gnosis von der Spätantike bis zur Gegenwart*. Zürich 1993.

Tertullian, *Apologeticum. Verteidigung des Christentums*. Lateinisch und deutsch. Hrsg., übers. und erläutert von Carl Becker. 3. Aufl. München 1984.

Thouzellier, Christine (Hrsg.), *Livre des deux principes. Introduction, texte critique, traduction, notes et index*. Paris 1973. (Sources chrétiennes 198)

Thouzellier, Christine (Hrsg.), *Rituel Cathare. Introduction, texte critique, traduction et notes*. Paris 1977. (Sources chrétiennes 236)

Vaux-de-Cernay, Pierre des, *Historia Albigensis*. Nouvelle traduction par P. Guébin et H. Maisonneuve. Paris 1951.

Wakefield, Walter L./ **Evans**, Austin P., *Heresies of the Middle Ages*. New York 1969.

2. Literatur

Baier, Lothar, *Die große Ketzerei. Verfolgung und Ausrottung der Katharer durch Kirche und Wissenschaft*. Berlin 1987.

Beck, Hans-Georg, *Vom Umgang mit Ketzern. Der Glaube der kleinen Leute und die Macht der Theologen.* München 1993. (Mit Quellenanhang aus dem byzantinischen Christentum)

Bejick, Urte, *Die Katharerinnen. Häresieverdächtige Frauen im mittelalterlichen Süd-Frankreich.* Freiburg 1993. (Herder Spektrum)

Bernadac, Christian, *Le mystère Otto Rahn. (Le Graal et Montségur) du catharisme au nazisme.* Paris 1978.

Bernadac, Christian, *Montségur et le Graal. Le mystère Otto Rahn.* Paris 1994. (Fast unveränderte Neuauflage des vorgenannten Bandes)

Bloch, Marc, *Die Feudalgesellschaft.* Frankfurt-Berlin 1982.

Borst, Arno, *Die Katharer.* Mit einem Nachwort von Alexander Patschovsky. Freiburg u.a. 1991. (Erstmals erschienen 1953.)
(Katharer)

Borst, Arno, *Lebensformen im Mittelalter.* 4. Aufl. Frankfurt-Berlin 1987.
(Lebensformen)

Bultmann, Rudolf, *Das Urchristentum im Rahmen der antiken Religionen.* 5. Aufl. Zürich - München 1986.

Burke, Peter, *Geschichtsfakten und Geschichtsfiktionen.* In: Freibeuter 62 (Dezember 1995). Vierteljahreszeitschrift für Kultur und Politik. S. 47 - 68.

Diers, Michaela, *Vom Nutzen der Tränen. Über den Umgang mit Leben und Tod im Mittelalter und heute.* Köln 1994.

Duby, Georges, *Die drei Ordnungen. Das Weltbild des Feudalismus*. Frankfurt 1986.
(Ordnungen)

Duby, Georges, *Die Zeit der Kathedralen. Kunst und Gesellschaft 980 - 1420*. 2. Aufl. Frankfurt 1984.
(Kathedralen)

Durant, Will, *Das frühe Mittelalter*. Übers. von Ernst Schneider. Frankfurt u.a. 1981 (Kulturgeschichte der Menschheit, Bd. 6)

Duvernoy, Jean, *L´Histoire des cathares*. Toulouse 1979. (Histoire)

Duvernoy, Jean, *La religion des cathares*. Toulouse 1976. (Religion)

Fichtenau, Heinrich, *Ketzer und Professoren. Häresie und Vernunftglaube im Hochmittelalter*. München 1992.

Griffe, Élie, *Les débuts de l´ aventure cathare en Languedoc (1140 - 1190)*. Paris 1969.

Grundmann, Herbert, *Religiöse Bewegungen im Mittelalter. Untersuchungen über die geschichtlichen Zusammenhänge zwischen der Ketzerei, den Bettelorden und der religiösen Frauenbewegung im 12. und 13. Jahrhundert und über die geschichtlichen Grundlagen der deutschen Mystik. Anhang: Neue Beiträge zur Geschichte der religiösen Bewegungen im Mittelalter*. 4. Aufl. Darmstadt 1977.
(Bewegungen)

Grundmann, Herbert, *Oportet et haereses esse. Das Problem der Ketzerei im Spiegel der mittelalterlichen Bibelexegese*. In: ders., Ausgewählte Aufsätze, Teil 1: Religiöse Bewegun-

gen, Stuttgart 1976, S. 328 - 363. (MGH Schriften 25, 1)
(Problem)

Grundmann, Herbert, *Ketzergeschichte des Mittelalters.* 3., durchgesehene Aufl. Göttingen 1978. (Die Kirche in ihrer Geschichte. Ein Handbuch. Bd. 2, Lieferung G)
(Ketzergeschichte)

Grundmann, Herbert, *Der Typus des Ketzers in mittelalterlicher Anschauung*. In: ders., Ausgewählte Aufsätze, Teil 1: Religiöse Bewegungen, Stuttgart 1976, S. 313-327. (MGH Schriften 25, 1)
(Typus)

Hanssler, Michael, *Katharismus in Südfrankreich. Struktur der Sekte und inquisitorische Verfolgung in der zweiten Hälfte des 13. Jahrhunderts.* Diss. Regensburg 1991.

Kolmer, Lothar, *Ad capiendas vulpes. Die Ketzerbekämpfung in Südfrankreich in der ersten Hälfte des 13. Jahrhunderts und die Ausbildung des Inquisitionsverfahrens*. Bonn 1982.

Kroeschell, Karl, *Deutsche Rechtsgeschichte 1 (bis 1250)*. Hamburg 1975. (rororo studium 8)

Lambert, Malcolm, *Ketzerei im Mittelalter. Eine Geschichte von Gewalt und Scheitern*. Freiburg 1991.

Le Roy Ladurie, Emmanuel, *Montaillou. Ein Dorf vor dem Inquisitor 1294 bis 1324*. Übers. und bearbeitet v. P. Hahlbrock. Frankfurt u.a. 1986

Lincoln/Baigent/Leigh, *Der Heilige Gral und seine Erben. Ursprung und Gegenwart eines geheimes Ordens. Sein Wissen und seine Macht.* Übers. v. H.E. Hausner. 4. Auflage. Bergisch Gladbach 1984.

Lohrum, Meinolf, *Dominikus. Beter und Prediger.* Mainz 1984. (Topos-Taschenbücher 143)

Madaule, Jacques, *Le drame albigeois et l´unité française. Édition revue et augmentée.* Paris 1973 (collection idées 300)

Maier, Johann, *Geschichte der jüdischen Religion. Von der Zeit Alexanders des Großen bis zur Aufklärung mit einem Ausblick auf das 19./20. Jahrhundert.* Freiburg u.a. 1991. (Herder Spektrum)

Markale, Jean, *Die Katharer von Montségur. Das geheime Wissen der Ketzer.* Aus dem Französischen von Kollektiv Druck-Reif. München 1990.

Müller, Daniela, *Albigenser – Die wahre Kirche? Eine Untersuchung zum Kirchenverständnis der "ecclesia dei".* Diss. Würzburg 1986.
(Kirche)

Müller, Daniela, *Stichwort "Katharer"*, in: Theologische Realenzyklopädie, Bd. 18, S. 21 - 30.
(Katharer)

Nelli, René, *Le phénomène cathare. Perspectives philosophiques et morales.* Toulouse 1988.
(Phénomène)

Nelli, René, *La vie quotidienne des cathares du Languedoc au XIIIe siècle.* Paris 1990.
(Vie)

Oldenbourg, Zoé, *Le bûcher de Montségur. 16 mars 1244.* Paris 1959 (1989). (Trente journées qui ont fait la France)

Patschovsky, Alexander, *Wie wird man Ketzer? Der Beitrag der Volkskultur zur Entstehung von Häresien.* In: P. Dinzelbacher / D.R. Bauer (Hrsg.), Volksreligion im hohen und späten Mittelalter. Paderborn 1990. S. 145-162.
(Ketzer)

Patschovsky, Alexander, *Stichwort "Häresie".* Lexikon des Mittelalters.
(Häresie)

Rahn, Otto, *Kreuzzug gegen den Gral. Die Geschichte der Albigenser.* (1. Auflage: 1933). Überarbeitete Neuausgabe in Anlehnung an die von K. Rittersbacher überarbeitete Ausgabe, die 1964 erschienen war. Stuttgart u.a. 1985.

Treiber, Hubert / **Steinert**, Heinz, *Die Fabrikation des zuverlässigen Menschen. Über die "Wahlverwandtschaft" von Kloster und Fabrikdisziplin.* Mit einem Vorwort von Adolf Holl. München 1980.

Schmitz-Valckenberg, Georg, *Grundlehren katharischer Sekten des 13. Jahrhunderts. Eine theologische Untersuchung mit besonderer Berücksichtigung von ADVERSUS CATHAROS ET VALDENSES des Moneta von Cremona.* München u.a. 1971. (Veröffentlichungen des Grabmann-Instituts NF 11)

Spiegelberg, Frederic, *Die lebenden Weltreligionen.* Aus dem Amerikanischen von D. Fischer-Barnicol. Frankfurt 1986.

Werner, Ernst / **Erbstößer**, Martin, *Kleriker, Mönche, Ketzer Das religiöse Leben im Hochmittelalter.* Freiburg u.a. 1994. (Herder Spektrum)

Abbildungsnachweis

Agentur Anzenberger, Wien (Foto: Gérard Sioën) Frontispiz, 1
Archiv für Kunst und Geschichte, Berlin Umschlagvorderseite, 6, 9, 65, 68, Farbtafel 11
Artothek, Peissenberg Farbtafel 5 und 9
Bayerische Staatsbibliothek München 4
Biblioteca Apostolica Vaticana, Vatikanstadt 39
Bibliothèque Nationale, Paris 2, 12, 28, 29, 31, 38, 48, 49, 50, 55
Bildarchiv Foto Marburg 21
Bridgeman Art Library, London / Interfoto, München 35
British Library, London 26, Farbtafel 8
Diözesanmuseum, Bamberg 13
Edimedia, Paris 69
Hamburger Kunsthalle, Hamburg 7
Kestner Museum, Hannover 43
Koninklijke Bibliotheek, Den Haag 30
Kungliga Biblioteket, Stockholm Farbtafel 2
MAS, Barcelona 64
Museo del Prado, Madrid 54
Österreichische Nationalbibliothek, Wien 53
Photo Giraudon, Paris / Interfoto, München 40, Farbtafel 7 und 10

Privatbesitz 32
Ratsschulbibliothek, Zwickau 67
Rheinisches Bildarchiv, Köln 33
Scala Istituto Fotografico Editoriale, Florenz 5, 17, 18, 20, 22, 42, Farbtafel 3
Stiftsbibliothek, Einsiedeln 51
Thüringer Universitäts- und Landesbibliothek, Jena 36, 37
Walters Art Gallery, Baltimore 52
Wittelsbacher Ausgleichsfonds, Schloß Nymphenburg Farbtafel 9
Zentralbibliothek Zürich 3

Die Rechte der nicht aufgeführten Bilder liegen beim Verlag oder konnten nicht ausfindig gemacht werden.

Personenregister